国企数字化转型

姚建明　著

中国经济出版社
CHINA ECONOMIC PUBLISHING HOUSE
·北京·

图书在版编目（CIP）数据

国企数字化转型 / 姚建明著. -- 北京：中国经济出版社，2024. 3

ISBN 978-7-5136-7665-6

Ⅰ. ①国… Ⅱ. ①姚… Ⅲ. ①国有企业-企业管理-数字化-研究-中国 Ⅳ. ①F279. 241-39

中国国家版本馆 CIP 数据核字（2024）第 047985 号

责任编辑　严　莉
责任印制　马小宾
封面设计　任燕飞设计室

出版发行　中国经济出版社
印 刷 者　河北宝昌佳彩印刷有限公司
经 销 者　各地新华书店
开　　本　710mm×1000mm　1/16
印　　张　15. 75
字　　数　255 千字
版　　次　2024 年 3 月第 1 版
印　　次　2024 年 3 月第 1 次
定　　价　78. 00 元
广告经营许可证　京西工商广字第 8179 号

中国经济出版社　**网址** www. economyph. com　**社址** 北京市东城区安定门外大街 58 号　**邮编** 100011
本版图书如存在印装质量问题，请与本社销售中心联系调换（联系电话：010-57512564）

前言 PREFACE

党的二十大报告指出，要建设现代化产业体系，坚持把发展经济的着力点放在实体经济上，推进数字中国建设。要加快发展数字经济，促进数字经济和实体经济深度融合。党的二十大报告指出，要深化国资国企改革，加快国有经济布局优化和结构调整，推动国有资本和国有企业做强做优做大，提升企业核心竞争力。国有企业是我国国民经济的重要支柱，是中国特色社会主义的重要物质基础和政治基础，也是我们党执政兴国的重要支柱和依靠力量，自诞生之日起就与国家命运紧密相连。2023 年 3 月 5 日的《政府工作报告》强调，要深化国资国企改革，提高国企核心竞争力。要大力发展数字经济，提升常态化监管水平。2024 年 3 月 5 日的《政府工作报告》再次提出，要完善中国特色现代企业制度，打造更多世界一流企业。要深入实施国有企业改革深化提升行动，做强做优主业，增强核心功能、提高核心竞争力。要建立国有经济布局优化和结构调整指引制度。

深化国资国企改革，推进国有企业的数字化转型，是发展数字经济、建设数字中国的重要内容，是发展新质生产力、推进新型工业化，建设现代化产业体系以及实现国家经济和社会高质量发展的必然要求。国企改革三年行动收官之后，面对蓬勃兴起的新一轮科技革命和产业变革，如何更好地推进国有企业的数字化转型，推进国有企业的高质量发展，提升核心竞争力是新一轮深化国企改革需要探讨的核心问题。

细数过往光辉历程，国有企业为我国经济社会发展、科技进步、国防建设、民生改善做出了突出的历史性贡献。在中国经济高速腾飞的几十年中，国有企业不仅承担着国家经济、政治、社会、文化、生态等各方面建设和发展的重任，肩负着服务国家战略、增强国家综合实力的重要责任，还肩负着提高我国国际竞争力、领跑新一轮全球产业变革的重大历史使命。

当前，世界正处于百年未有之大变局，国内国际形势复杂，危机并存。在国际上，尽管和平与发展仍是时代主题，但是随着新一轮科技革命和产业变革的深入发展，国家之间的力量对比发生了变化，导致国际关系也发生了深刻变化。世界主要国家已经开始抢占未来科技和产业发展的新高地，国际环境中的不确定性因素也随之增加。国内的形势同样是机遇与挑战并存，一方面，我国经济形势长期向好，物质基础雄厚，社会大局稳定，制度优势显著，继续保持稳定发展具有多方面优势和条件；另一方面，国内的各项改革、发展和稳定任务艰难繁重，发展不平衡不充分问题仍然存在，重点领域关键环节的改革任务仍然艰巨。

国内国际的复杂形势给我国经济发展和社会治理带来诸多新的挑战，同时也赋予了国有企业新使命、新任务与新担当，即为新时代推进中国特色社会主义现代化建设提供重要物质基础和政治基础的使命、着力解决发展中出现的不平衡不充分问题的新任务和培育具有全球竞争力的世界一流企业的新担当。但同时，肩负着重大历史使命的国有企业在发展中还存在着供给质量与效益不够高、企业经营管理水平有待进一步提升等问题。盈利能力、价值创造和技术创新等核心竞争力在国际竞争中还存在一定的差距，仍有进一步提升的巨大空间。

为了实现我国经济和社会的全面高质量发展，提高国际竞争力，国有企业应当抓住当前数字经济发展的重要历史机遇，坚持数字化转型发展之路，通过先进数字技术的支撑与赋能，实现数字技术和模式创新与国有企业改革发展的深度融合，在国有企业提质增效的同时带动我国传统产业的整体协同发展，培育世界级先进产业集群，向全球产业链、价值链的中高端不断推进和延伸，更好地创建世界一流企业。如何推动国有企业数字化转型，对于加快建设我国现代化产业体系、实现中国式现代化的战略部署、实现国家经济和社会的全面高质量发展具有重要意义。因此，我们需要一本具有清晰的体系框架思路指导，具有可操作、可落地工具和方法指导的针对国有企业运行特征的数字化转型参考书。

不同于其他从局部（如客户营销数字化、财务办公数字化、智能制造等）或技术（如信息系统架构设计、中台战略布局等）入手的企业数字化转型书籍，本书紧密围绕国有企业的定位和经营管理的特点，从国企管理的全方位、立体化、系统性视角，对国有企业的全方位数字化转型进行阐述，为国有企业做好数字化转型提供系统性的全局指导。

在综合分析我国国有企业经营管理中面临的普遍问题基础上，以国家发展国有企业的政治定位和政策部署为指导，梳理了国有企业推进数字化转型中面临的重点问题。在此基础上，提出了国企数字化转型的系统框架以及相应的转型理念、逻辑、工具和方法。同时，在本书的写作过程中，也引入了大量的国企数字化转型案例。

本书内容主要通过2篇（13章）进行系统阐述：

第1篇：形式与问题——国企经营形势与数字化转型趋势，包括第1章至第4章；第2篇：理念与方法——如何做好国企数字化转型，包括第5章至第13章。

时代的洪流中，一代人有一代人的使命，一代人有一代人的担当。革命前辈们披荆斩棘，实现了我国经济社会的跨越式发展，为后辈们奠定了空前雄厚的物质基础。如今，建成社会主义现代化强国，实现中华民族伟大复兴的接力棒已经传递到我们的手上，中国梦、强国梦必定要经过我们这一代人的奋斗才能实现。

“志之所趋，无远弗届，穷山距海，不能限也。志之所向，无坚不入，锐兵精甲，不能御也。”千帆竞发，百舸争流，未来可期。愿我们携手共进，顶峰相见。

在本书的出版过程中，中国经济出版社的毛增余社长给予大力支持，在此表示衷心感谢。

在本书编写过程中，感谢中国人民大学中国企业创新发展研究中心李民、吴阳、锁立赛、王墨竹、刘畅、史贺赟、许灵靖元、单子郁、李鸿民、高楚童、邵语晨等老师和同学所做出的贡献。

希望本书的出版能够帮助读者清晰理解国家发展数字经济的重要意义，理解数字经济新时代的重要历史机遇期，进而把握新趋势、挖掘新机遇，做好国企数字化转型，为更好地推动我国国企的新一轮改革事业贡献力量。

姚建明
中国人民大学中国企业创新发展研究中心
中国人民大学国企改革与发展研究中心
数字经济产业创新研究院
2024年3月

目录 CONTENTS

第1篇 形式与问题——国企经营形势与数字化转型趋势

第2篇　理念与方法——如何做好国企数字化转型

第1篇

形式与问题

——国企经营形势与数字化转型趋势

第1章　国企的经营形式与机遇

众所周知，国有企业（包括央企）是中国特色社会主义重要物质基础的创造者和政治基础的支撑者，是我们党执政兴国的重要支柱和依靠力量。长期以来，我国国有企业为我国经济社会发展、科技进步、国防建设、民生改善做出了突出的历史性贡献。习近平总书记指出，国有企业特别是中央管理企业，在关系国家安全和国民经济命脉的主要行业和关键领域占据支配地位，是国民经济的重要支柱，在我们党执政和我国社会主义国家政权的经济基础中也是起支柱作用的。他还多次强调，要坚定不移地把国有企业做强做优做大。

1.1　国民经济的重要支柱

国有企业在国民经济中具有非常重要的地位和作用，不论是在国家经济总量中的占比，还是在响应国家战略、攻坚克难中扮演的重要角色，以及发挥社会责任等方面都具有不可替代的重要作用。

（1）国家经济总量中的占比

国有经济是我国经济的重要组成部分。改革开放后，国家大力发展民营经济、私有经济，同时也逐渐打开市场，欢迎外资外企到中国投资。40多年来，民营经济的比重不断提升，外资作用也在不断提升。当前，国有经济从GDP总量上来看，占比已经不到40%，从业人数不到30%，民营经济和外资占比达到60%~70%。关于国有经济“进”和“退”的问题其实早已引起广泛讨论，要正确认识这一问题，不应仅仅将目光放在国有经济和民营经济之间的比重变化上。事实上，国有经济不论是“进”还是“退”都应该根据国家的发展需要进行调整，只有国家控制国民经济命脉，国有经济的竞争力得到加强，国有企业的数量和经济占比才不会影响国有经济在总体经济中发挥的主导作用。

随着我国经济逐渐步入新常态，国有经济的发展方式也由以前的粗放式发展转变为高质量发展，而高质量发展的核心就是实现发展的均衡（公平）与持续。在这一转变过程中，国资委下属央企数量有大幅度下降，但竞争力得到了显著提升。

比如，在2020年的世界500强企业榜单中，中国（含香港）企业上榜数量达到124家，历史上第一次超越美国（121家），而1997年，中国内地只有4家企业上榜。在这124家500强企业中，国有企业有92家，其中央企有48家。

由上述数据可知，虽然国有企业的数量占比在下降，但并未使其在总体经济中的重要性下降，而是使其更好地聚焦于一些壁垒较高、难以为民营经济所承担的关键行业，比如能源、化工、银行等。《2019中国国有经济发展报告》梳理了党的十八大以来我国国有经济的发展历程。随着国有资本调整和国有企业重组力度加大，国有经济布局和结构调整取得了重要进展。

从国有企业的产业布局领域看，党的十八大以来，国有经济在第一产业中所占比重均在1%以下；国有经济更多布局在第二、第三产业。其中，第二产业国有企业资产总额占全部国有企业资产总额的32%左右，且自2013年以来一直呈现缓慢收缩的趋势；而第三产业国有企业户数占全部国有企业户数的比重在64%左右，且呈逐年递增的发展态势。国有经济布局和结构的调整虽然降低了国有经济在经济总量中的占比，但有效实现了国有企业的做强做优做大，同时，也更好地将一些适合民营经济的行业更多地让与市场，实现了经济的综合协调发展局面。

（2）响应国家战略

国有企业也是国家推动重要政策和发展战略最主要和最有力的执行者。国资委的数据显示，截至2019年4月，央企共参与了3120个覆盖基础设施建设、能源资源开发、国际产能合作以及产业园区建设等方面的“一带一路”建设项目，在已开工和计划开工的基础设施项目中，央企承担的项目数量占比达60%，合同额占比近80%。同时，在我国加快经济领域改革和经济转型升级的过程中，国有企业在各行业均起着重要的引领和推动作用。近年来，随着国家对数字经济发展的重视和推进，国企在数字经济发展和创新、推进企业数字化转型方面也起到了引领和示范作用。

由于国有企业体量大，在转型升级过程中积累的经验可以较好地为其他类型的企业发展和运行提供重要的参考经验和相关借鉴。因此，国有企业的转型成功与否在一定程度上对国家整体的转型起着重要的影响作用。国有企业在一些如基础性、高科技、民生等领域的主导地位也有利于推动国民经济和社会向更高层次发展。一般来讲，国民经济基础性产业的发展周期长、见效慢，而且通常需要大量的投资，仅靠市场调节难以保证其发展。在一些诸如原子能、宇航、高精尖电子工业以及其他与军事生产有关的技术高风险行业中，国有企业往往占据了主导地位，只有在国家支持下进行长期不间断的投入才能保证和促进这些领域的持续发展。

2020 年是我国“十三五”收官之年，也是“十四五”规划之年。在经济新常态背景下，资本和劳动力等生产要素对经济发展的驱动作用不断减弱，而科技和数据的引领作用越来越强。2020 年 4 月发布的《中共中央 国务院关于构建更加完善的要素市场化配置体制机制的意见》提出，要加快发展技术要素市场，健全职务科技成果产权制度，完善科技创新资源配置方式，培育发展技术转移机构和技术经理人，促进技术要素与资本要素融合发展，支持国际科技创新合作；加快培育数据要素市场，推进政府数据开放共享，提升社会数据资源价值，加强数据资源整合和安全保护。2020 年 5 月出台的《中共中央 国务院关于新时代加快完善社会主义市场经济体制的意见》再次明确，加快培育发展数据要素市场，建立数据资源清单管理机制，完善数据权属界定、开放共享、交易流通等标准和措施，发挥社会数据资源价值。可见，技术和数据已成为中国经济发展的两大新生产要素。更加注重数字化、智能化的“新基建”将成为重要的发展方向，有助于促进我国产业结构优化升级，形成新的增长动力，推动我国经济实现高质量发展。国有企业必然将在推动我国经济和社会的全方位数字化转型、支撑新基建方面起到更大的作用。

（3）社会责任的担当

一直以来，国有企业为确保国民经济持续、稳定、健康发展发挥了重要作用，并且长期以来成为国家财政收入的主要来源。如财政部 2021 年发布数据显示，2021 年 1—12 月，国有企业营业总收入 755543.7 亿元，同比增长 18.5%，两年平均增长 9.9%。其中中央企业 417279.3 亿元，同比增长 17.7%，两年平均增长 7.8%；地方国有企业 338264.4 亿元，同比增长

19.5%，两年平均增长12.7%。1—12月，国有企业利润总额45164.7亿元，同比增长30.1%，两年平均增长12.1%。其中中央企业28610.0亿元，同比增长27.0%，两年平均增长12.4%；地方国有企业16554.7亿元，同比增长35.9%，两年平均增长11.5%。1—12月，国有企业应交税费53559.9亿元，同比增长16.6%。其中中央企业36234.1亿元，同比增长14.0%；地方国有企业17325.8亿元，同比增长22.6%。12月末，国有企业资产负债率为63.7%，上升0.3个百分点。其中中央企业负债率为67.0%，上升0.5个百分点；地方国有企业负债率为61.8%，上升0.3个百分点。

2006年国资委开始对中央企业承担社会责任的问题进行深入系统的研究，最终形成《中央企业社会责任报告》。以该报告为参考依据，2008年国务院国资委印发了一号文件《关于中央企业履行社会责任的指导意见》。经过两年多的探索和实践，2011年9月，国资委印发了《中央企业"十二五"和谐发展战略实施纲要》，将中央企业社会责任工作的重要性上升到战略层面。2012年5月国资委中央企业社会责任指导委员会成立，旨在进一步指导与推动中央企业履行社会责任。2013年4月，国资委中央企业社会责任指导委员会提出：要将社会责任工作融入企业的生产经营，融入企业的职能管理，把社会责任落到实处。2014年，国资委启动《中央企业"十三五"社会责任战略规划》编制工作，提出"十三五"中央企业社会责任总体目标：形成一批社会责任管理体系较为完善的优秀企业、形成一批引领行业履行社会责任的优秀企业、形成一批模范履行社会责任且具有国际影响力的优秀企业。2016年6月，国资委印发《关于国有企业更好履行社会责任的指导意见》，对当前和今后的一个时期，包括中央企业在内的广大央企更好履行社会责任提出了明确的指导思想、基本原则、主要目标和重要方向，成为央企履行社会责任的重要指导性和约束性文件。习近平总书记也强调，国有企业确实要担当社会责任，树立良好形象，是一项根本性、紧迫性、战略性的建设任务。

再比如，在抗击新冠疫情过程中，国企全力有序地保障了民生和国民经济的正常运行，在疫情较严重的2020年3月，97家中央企业、4.8万户央企子企业以及46万多家各类国有企业的复工率超过九成，认真做好了"六稳"工作、落实了"六保"任务，发挥了国民经济"稳定器"和"压舱石"的作用。

1.2　新形势与新机遇

2016 年 7 月 4 日，在全国国有企业改革座谈会召开时，习近平总书记就国有企业改革作出重要指示，坚定清晰地指出了国有企业发展的战略地位和根本目标，为国有企业改革发展指明了前进的方向。习近平总书记指出：国有企业是壮大国家综合实力、保障人民共同利益的重要力量，必须理直气壮做强做优做大，不断增强活力、影响力、抗风险能力，实现国有资产保值增值。

党的十九大开幕会上，习近平总书记所作的十九大报告是我们党迈进新时代、开启新征程、续写新篇章的政治宣言和行动指南。党的十九大报告提出的新时代、新思想、新矛盾、新征程一系列论述，勾勒了我国经济发展所面临的新形势，也给国企改革与发展指明了方向，带来了新的机遇。

党的十九大报告指出："经济体制改革必须以完善产权制度和要素市场化配置为重点，实现产权有效激励、要素自由流动、价格反应灵活、竞争公平有序、企业优胜劣汰。要完善各类国有资产管理体制，改革国有资本授权经营体制，加快国有经济布局优化、结构调整、战略性重组，促进国有资产保值增值，推动国有资本做强做优做大，有效防止国有资产流失。"

"深化国有企业改革，发展混合所有制经济，培育具有全球竞争力的世界一流企业。全面实施市场准入负面清单制度，清理废除妨碍统一市场和公平竞争的各种规定和做法，支持民营企业发展，激发各类市场主体活力。深化商事制度改革，打破行政性垄断，防止市场垄断，加快要素价格市场化改革，放宽服务业准入限制，完善市场监管体制。"①

2022 年 10 月，党的二十大报告中指出，要加快构建新发展格局，着力推动高质量发展。要构建高水平社会主义市场经济体制。要坚持和完善社会主义基本经济制度，毫不动摇巩固和发展公有制经济，毫不动摇鼓励、支持、引导非公有制经济发展，充分发挥市场在资源配置中的决定性作用，更好发挥政府作用。深化国资国企改革，加快国有经济布局优化和结构调整，推动国有资本和国有企业做强做优做大，提升企业核心竞争力。要完善中国特色现代企业制度，弘扬企业家精神，加快建设世界一流企业。深化简政放

① 《央视财经》：权威发布：十九大报告全文，2017 年。

权、放管结合、优化服务改革。构建全国统一大市场，深化要素市场化改革，建设高标准市场体系。完善产权保护、市场准入、公平竞争、社会信用等市场经济基础制度，优化营商环境。健全宏观经济治理体系，发挥国家发展规划的战略导向作用，加强财政政策和货币政策协调配合，着力扩大内需，增强消费对经济发展的基础性作用和投资对优化供给结构的关键作用。健全现代预算制度，优化税制结构，完善财政转移支付体系。深化金融体制改革，建设现代中央银行制度，加强和完善现代金融监管，强化金融稳定保障体系，依法将各类金融活动全部纳入监管，守住不发生系统性风险底线。健全资本市场功能，提高直接融资比重。加强反垄断和反不正当竞争，破除地方保护和行政性垄断，依法规范和引导资本健康发展。2023 年 3 月 5 日的《政府工作报告》再次强调，要深化国资国企改革，提高国企核心竞争力。

对国有企业而言，认清新的发展形势，把握新的发展机遇，积极探索新的转型路径，挖掘新的价值，对于增强国有经济的竞争力、培育具有全球竞争力的世界一流企业具有重要的战略意义。

第 2 章　数字经济及其发展趋势

进入 21 世纪以来，国际环境发生着复杂而深刻的变化，一场始于信息科技革命的时代变革正在从技术领域拓展到经济、社会、文化领域，成为重塑经济模式、社会治理模式甚至国际竞争格局的结构性和创新性力量。这股力量引导着世界进入以信息技术为主导的经济发展新时期，数字经济逐渐成为全球经济发展中必不可少的助推力和新引擎。

当前，数字技术革命以前所未有的速度和规模改变了我们的生产、生活方式和社会形态，给社会各主体带来了巨大的发展机遇，同时也使其面临严峻的挑战。从全球范围来看，数字技术的进步在短期内创造了巨大的经济和社会价值，尽管仍然存在发展不均衡的现象，但数字经济的发展趋势势不可当。

2.1　数字经济发展趋势

2021 年联合国《数字经济报告》指出，从全球范围来看，数字技术的发展影响着所有国家、部门和利益相关方。当今世界，数字化进程缓慢的国家和高度数字化的国家之间的差距越来越大。随着我国经济和社会的不断发展，我国在数字经济领域发展态势良好。

例如，在最不发达国家，只有 1/5 的人使用互联网，而在发达国家，有 4/5 的人使用互联网。在其他利用数字技术和前沿技术的领域，其差距还要大得多。例如，非洲和拉丁美洲合起来拥有的主机代管数据中心占世界总数的不到 5%。从近年来的全球发展来看，数字经济一直由美国和中国共同领导。例如，这两个国家占了区块链技术相关专利的 75%、全球物联网支出的 50%，以及全球公共云计算市场的 75% 以上。最引人注目的是，它们占全球 70 个最大数字平台市值的 90%。而欧洲在其中的份额为 4%，非洲和拉丁美洲的总和仅为 1%。

可以说，在许多数字技术发展方面，世界其他地区，尤其是非洲和拉丁美洲，远落后于美国和中国。新技术，特别是人工智能，将不可避免地导致劳动力市场发生重大转变，包括某些行业领域的一些工作将消失，而在另一些行业领域将创造出大量的机会。数字经济将需要一系列新的不同的技能、新一代的社会保障政策，构建工作和休闲之间的新关系。

同时，《数字经济报告》也指出，数字经济带来机遇的同时也带来了新的风险，从网络安全漏洞到便利非法经济活动和挑战隐私等。社会各界必须共同努力进行研判并寻找新的解决途径。

作为继农业、工业等传统经济之后的新经济形态，数字经济以使用数字化的知识和信息作为关键生产要素，以现代信息网络作为重要载体，以通信技术、人工智能计算技术的有效使用作为效率提升和经济结构优化的关键动力，已经成为驱动全球经济社会发展和技术变革的主导力量，正在推动新一轮科技革命和产业变革。

众所周知，支持工业经济增长的主要动力往往来自传统基础设施、生产商、资金、土地和劳动力等因素，而推动数字经济增长的动力来源已发生深刻变化，正在向信息基础设施、信息技术、数据、数据处理和计算技术、数据治理技术以及消费者的数据关联需求转换。基础设施的内涵正在延伸和拓展，新型网络设备、通信设备、数据处理和计算设备、物联网设施设备等信息基础设施已经像道路、交通等传统市政基础设施一样，成为数字经济发展的新基石，数字经济中的核心要素——（大）数据，正逐步发挥着资金、土地等传统生产要素在促进经济发展中的重要作用，成为促进经济社会发展的关键和核心要素。

和以往相比，数字经济时代具有一些较为明显的特征：

首先，互联互通范围广泛。随着互联网、移动互联网以及物联网的快速发展并不断渗透到社会各个领域，越来越多的不同资源（人、财、物等及其他无形资源）已经被纳入信息网络之中。物资流（包括人员流）、资金流、信息流、商流等在社会经济运行的各个领域各个层面形成网状结构，相互之间互联互通的依存度增强，传统单向、封闭的经济状态和社会结构向跨界、融合、开放、共享的互联互通状态发展，推动着智能制造、智慧服务、智慧生活、智慧城市、智慧社区等智能化生产生活方式的加速到来。特别是随着新的数字技术（主要包括数据技术、网络技术以及计算技术）如新型传感技术、5G、人工智能（AI）、区块链等技术和设施的进一步发展和普及，社会经济运行的互联互通局面和运行水平将有进一步的提升，为未来真正实现"万物互联"打下了基础。

其次，人工智能的普及和应用广泛而普遍。人工智能对当今社会以及未来的影响，不亚于 20 世纪 70 年代的计算机、20 世纪 90 年代的互联网。人工智能正引发链式突破，推动生产和消费从工业化向自动化、智能化、智慧化转变，生产效率再次实现质的飞跃，推动工业经济社会重新洗牌。网络、信息、数据、知识开始成为经济发展的主要要素，深刻改变了传统经济结构中的生产要素结构。与传统经济相比，知识、数据等价值创造占比持续增加，经济形态呈现新的智能化、知识型特征。当前，零售、金融、交通、工业、医疗等已经成为人工智能的主要应用领域。例如，在金融领域，人工智能已应用于财务机器人、智能投顾、智能客服、安防监控等。在交通领域，人工智能正成为优化交通和改善出行的重要技术。在医疗领域，人工智能已应用于网络智能接诊、病例筛查、检验诊断、智能医疗设备、智慧养老等。在工业制造领域，智能机器人、智能制造、智能装配和仓储系统的应用日趋广泛。

再次，在数字经济时代，数据作为新的生产要素，是基础性资源和战略性资源，也是重要的生产力。从经济的全球化特征来看，经历以国际贸易驱动为特征的"1.0 版本"，再到以国际金融驱动为特征的"2.0 版本"，全球化正步入以数据要素为主要驱动力的"3.0 版本"，这从前文提及的《数字经济报告》中可见一斑。数据作为新生产要素的重要作用日益凸显，数据的开放、共享和应用能够优化传统要素配置效率和效果，提高资源、资本、人才等全要素的配置和利用水平。

最后，随着国际社会逐渐把数字经济作为开辟经济增长的新源泉，人类财富的形态随之发生了改变。虚拟货币（如比特币、数字货币等）、虚拟物品登上历史舞台，虚拟财富与货币兑换的路径被打通，财富数量开始与占据或支配信息、知识和智力的数量和能力相关联。当前，全球数字经济正在以超预期的增长速度加快发展，呈现出不断扩张的态势。

数字经济的出现对个人、社会和企业均产生了深远的影响：

在个人层面，网购、新零售、互联网金融、线上教育、远程医疗、网约车、在线娱乐等已经使人们的生活状况和水平发生了根本性的变化，极大地改善了生活的便利性和商品、服务的可获得性。例如。通过传统渠道很难买到的商品或配件，在“万能的淘宝上”都能够方便地搜索到。

在社会治理层面，公民越来越多地通过数字渠道参与到社会治理事务中，行政管理的理念和方式也因此而改变，不同地区间的沟通往来更加频繁，不同文化之间的交流和融合更加密切。

在企业层面，在数字经济环境下，企业组织架构可以进一步趋向扁平化、平台化，处于网络节点的生产者与消费者可直接互联互通，降低了传统中间商存在的必要性，从而显著降低了交易成本，提高了经济效益。同时，更多的跨部门、跨专业的协作正在建立，不同的商业模式正在交融整合、迭代创新。

本书后文中会指出，数字经济是以数字技术（主要包括数据技术、网络技术、计算技术等）为支撑（赋能）的给社会创造价值的活动。同理，企业的数字化转型则是由数字技术（主要包括数据技术、网络技术、计算技术等）支撑起来，使企业更好地创造价值的转型过程。企业在通过数字化转型创造价值时，必须同时考虑如何给供需双方以及社会都创造价值的问题。

数字经济的快速发展不仅改变了经济社会发展方向与人类的生产生活方式，更成为国家实现经济可持续发展的重要依托。整体来看，数字产品与技术已经在经济、政治、教育、文化等领域产生了深远影响。互联网、移动互联网、物联网、云计算、大数据、人工智能、区块链、量子计算、机器人、增程式打印等数字技术（包括关联技术）及其创新应用层出不穷、日新月异，并不断催生一大批新产业、新业态和新模式。数字经济的快速发展及其产生的巨大活力，已经引起各国政府的广泛关注，纷纷将数字经济作为推动本国经济发展的新动力、新引擎，将发展数字经济作为促进经济发展、提高国际竞争能力、改善社会福利的必经之路。

例如，英国政府为了实现本国数字经济的健康发展，早在2010年4月8日就颁布并实施了《数字经济法2010》，将音乐、游戏、电视、广播、移动通信、电子出版物等列入数字经济的范畴；澳大利亚政府将数字经济视为促进生产、提高国际竞争地位、改善社会福利的必然选择，并在《数字产业指南》中将内容制作、数字咨询或专业服务、数字/广告公司、多媒体/流媒体服务、搜索技术、社交媒体等24个产业部门列入数字经济范畴；日本政府也制定了《2015 年 i - Japan 战略》，旨在建立安全而又充满活力的数字化社会，实现信息技术的方便使用，突破数字技术使用的各种壁垒，确保信息安全，试图通过数字技术和信息在社会经济中的渗透扩散来打造全新的日本。

同时，全球人工智能等数字技术领域的竞争日益白热化。2018 年以来，欧盟将人工智能作为未来数字经济领域竞争的核心，纷纷发布人工智能战略。2018 年 4 月，欧盟委员会制定了欧盟人工智能行动计划，提出三大目标：一是增强欧盟的技术与产业能力推进人工智能应用；二是要求从教育、培训、就业等角度为迎接社会经济变革做好准备；三是为人工智能确立合适的伦理和法律框架，并提出未来三年内将通过欧洲战略投资基金向人工智能领域投资不少于 5 亿欧元。2018 年 5 月，法国发布《法国人工智能战略》，提出法国人工智能发展将优先聚焦于健康、交通、环境、国防和安全等领域。

我国作为全球经济和市场体量大国，同时也是数字经济大国，近年来数字经济发展水平持续快速攀升，数字经济与经济社会各领域融合的广度和深度不断拓展。经过近些年的发展，各主体对于数字经济概念和内涵的认知也逐渐趋向成熟，各行业对于如何通过数字化赋能进行新动能的获取基本取得了共识并进入务实操作的新阶段，数字经济正在成为引领我国各地区培育现代化经济体系新动能和推动实体经济转型升级的重要力量。

我国在发展数字经济方面拥有较大的优势。首先，我国是一个人口大国和网民大国，规模经济和范围经济优势明显。我国的网民规模正在逐年攀升，互联网普及率稳健增长。尤其是近些年来，随着网络基础设施和信息产品的普及，边远地区和后进的互联网群体也都可以方便地学习和使用互联网，全民互联的时代即将来临，庞大的网民数量赋予了中国数字经济巨大的市场和发展潜力。其次，我国的制度优势有利于凝聚全国共识，使政策迅速落地生根，为数字经济发展提供强有力的保障。中国实行的是社会主义制度，在统筹协调、组织动员、包容发展等方面的制度优势在信息时代表现得更为突出，对于促进数字经济健康快速发展非常有利。伴随着建设网络强国、数字中国的战略部署，发展数字经济已成为全国共识，国家和地方各级政府也对数字经济发展和数字化转型高度重视，为数字中国建设提供了重要的政治保障。

正如信通院发布的《中国数字经济发展白皮书（2020 年）》显示，2019 年我国数字经济增加值规模 35.8 万亿元，占 GDP 比重 36.2%，同比提升 1.4 个百分点，按可比口径计算，2019 年我国数字经济名义增长 15.6%，高于同期 GDP 名义增速约 7.85 个百分点。《中国数字经济发展白皮书（2021 年）》显示 2020 年我国数字经济增加值规模 39.2 万亿元，占 GDP 比重 38.6%，数字经济增速达 GDP 增速的 3 倍以上。《中国数字经济发展白皮书（2022 年）》则显示 2021 年我国数字经济规模达到 45.5 万亿元，同比名义增长 16.2%，高于同期 GDP 名义增速 3.4 个百分点，占 GDP 比重达到 39.8%。可以看出，我国的数字经济发展态势非常强劲。

这些优势为我国企业的数字化转型提供了坚实的基础和丰厚的土壤。

但同时，我国数字经济发展也面临着一些考验。首先，国家层面对数字经济发展的宏观性和整体性的战略规划仍有待提升和全面铺开。近些年来，已有不少发达国家，如美国、英国、德国及日本等，把数字经济作为经济转型、技术创新、产业变迁的战略重点。而中国经济正在从中高速增长阶段迈向高质量发展阶段，身处复杂的国际环境，面临激烈的竞争。因此，应将数字经济作为中国经济高质量发展的核心战略导向，从国家层面更进一步制定宏观性、整体性的数字经济发展规划和指导性框架。其次，我国数字经济发展的饱和度和均衡性有待进一步改善。我国的数字经济质量尤其是数字核心技术与发达国家相比仍有差距。同时，数字经济发展的均衡性也有待提升，不同地区、城乡之间均存在着发展的不均衡性问题。还有，数字经济创新能力和核心技术仍然需要进一步加强。中国的数字经济崛起更多依靠“人口红利”“网民红利”和“市场红利”，更是以“模式创新”为主。而基础性的数字技术研究、原始创新和基础产业与国际先进水平相比差距较大，一些核心技术的突破迫在眉睫。另外，行业壁垒、地域壁垒、条块分割导致“数据孤岛”和“数据烟囱”现象普遍，阻碍数据自由流动和开放共享，海量数据难以开放共享和挖掘利用，这是制约数字经济发展不可忽视的一个重要方面。最后，从数字经济人才角度讲，前沿型和复合型人才仍然是一个缺口。与传统经济发展不同，数字经济的发展需要具备战略性能力复合型人才的支撑。当前，我国在基础技术、大数据、人工智能等数字技术前沿领域存在较大的人才缺口，在各行业推进数字技术应用领域的复合型人才更为短缺。在数字经济相关人才的教育培训领域，不仅缺乏相应的专业设置和课程设计，更缺乏体系化、规模化的实训教学。还有需要关注的是，数字经济发展中的安全、隐私和消费者保护等方面也面临着需要改进的问题。在数字经济时代，消费者和企业越来越依赖网络、计算机和终端设备。近些年，全球互联网的快速发展引起网络犯罪迅速繁殖，为消费者在线交易，尤其是跨境交易，以及电子支付和移动支付带来了一系列财物安全问题。政府面临着如何平衡数字经济发展与数据隐私保护、网络安全之间关系的重大挑战。这些问题也是企业在进行数字化转型时应该关注的。

2.2　理解数字经济与数字化转型

>>> 什么是数字经济

自从“数字经济”的概念诞生以来，人们都希望对其有一个清晰的理解，以便在理论和实践创新和应用中能够更好地落地。理解“数字经济”及其本质，是理解企业数字化转型的前提，也是做好国有企业数字化转型的前提和根本。

要理解“数字经济”，我们需要将其拆开来看。“数字经济”是由“数字”和“经济”二者组成的。“数字”是数字技术的简称，“数字技术”是电子技术专业中的一个物理概念，是区别于“模拟技术”的。“经济”是经济活动的简称，经济活动是“创造价值”的活动。

因此，“数字经济”就是用数字技术支撑起来、更好地创造价值的活动。我们可以这样来简单界定，**“数字经济”是用数字技术支撑的创造价值的活动。**

当前，数字技术的“支撑”也常被阐述成数字技术的“赋能”，以便使其创造价值的过程更加形象，同时也体现出更为深刻的意义，进一步突出了数字技术的重要作用。

>>> 如何理解数字技术

由于“数字经济”是用数字技术支撑（赋能）的经济活动（创造价值的活动），因此“数字技术”是开展数字经济活动的必要前提和基础性保障。

人们在谈到数字技术的时候，往往会想到大数据、云计算、人工智能、物联网、区块链等耳熟能详的技术，如有的将数字技术归纳为“大（大数据)、人（人工智能)、物（物联网)、云（云计算)"，有的将其归纳为"ABCD"（A——人工智能、B——区块链、C——云计算、D——大数据)，等等。

但是，如果仅仅这样理解数字技术就非常浅显了。因为一个重要的问题是，当我们在数字技术支撑（赋能）下开展不同的经济活动时，显然需要用到的数字技术是不同的。上述这些技术是否都需要？需要的程度如何？需要的时间如何？……比如，什么样的活动应该用区块链技术？什么样的活动应该用云计算？上云是上公有云还是私有云？……一系列问题必须弄清楚，否则技术一旦运用错误，一方面很难发挥出应有的作用，另一方面我们开展的活动也很难创造出价值。

例如，在某些技术还不够成熟的领域完全用技术替代人工，不仅得不到应有的赋能效果与效率，还会造成安全风险的增加，同时也会导致社会资源配置和利用的不均衡性。

因此，如果抛开"数字技术"的物理概念范畴，我们需要明确地理解"数字技术"到底应该包含哪几类技术，以及这几类技术的作用是什么。

一般来讲，不论用来支撑（赋能）何种经济活动，"数字技术"主要应该包括三大类技术，即与数据有关的技术、与网络有关的技术以及与计算有关的技术（简称为数据技术、网络技术和计算技术)。

"与数据有关的技术（数据技术)"主要负责的是"数据"如何获取的问题，"与网络有关的技术（网络技术)"主要负责的是"数据"如何传输的问题，"与计算有关的技术（计算技术)"主要负责的是"数据"如何分析计算进而驱动决策的问题。

例如，当前年龄较大的独居老人会因为身边没有人照料而出现危险情况，如摔倒后不能自己起来、得不到及时救治等。我们在构建智慧城市和智慧社区时都希望能够通过数字技术的运用解决独居老年人监控的问题。

针对这一问题，很多地方都进行了尝试，比如上海市的举措是通过检测老年人家里的水表和电表的用量，来判断老年人是否出现了身体问题。这样做虽然方便，但是明显不够精准。也有的地方是通过在家里装摄像头、提供可穿戴式终端设备（如腕表、随身心率监测仪等）等手段来解决这一问题。

当然，再精准一些也可以考虑通过在鞋上装配传感器或在地板上铺设传感器的方式获取老年人的状态。以地板上铺设传感器为例，平时两只脚踩在地上，通过传感器能够随时感知受力面积和行走轨迹，一旦跌倒，整个人躺在地上或者半躺在地上，受力面积就会发生变化。

可以看出，不论采取什么样的技术手段，针对独居老人监控问题的技术必须能够实现如下三个基本功能：首先，不论是监测水表电表，还是安装摄像头或者传感器，其目的都是要获取老年人的即时状态数据（如是否摔倒了没有起来等），这就属于“数据技术”的范畴；其次，获取数据之后，必须能够传输出去，否则救助人员就不可能知道，这就需要“网络技术”；最后，我们必须要能够基于获取的数据判断出下一步应该如何去救助老人，这就需要对数据进行分析和计算，这就属于“计算技术”。

再举个教育方面的例子。如果小孩不爱学习，即使家长在家里安装一个摄像头随时盯着孩子的举动，也不一定能够知道他对着电脑是在学习还是在胡思乱想。但如果我们利用更深层次的识别技术来解决这个问题，比如在电脑上安装摄像头可以扫描小孩的面部表情，识别在什么样的面部表情下他是在认真学习和思考，在什么样的表情下他是在胡思乱想等。同时，还能记录他一天有多长时间在胡思乱想。再把这个信息分析结果传递给家长，就可以了解孩子的学习专注程度。

通过上例可以看出，首先，电脑上安装摄像头的目的是要获取孩子的即时面部状态数据，这就属于“数据技术”的范畴；其次，获取了数据之后，必须能够传输出去进行处理/存储或者告知家长，这就需要“网络技术”；最后，我们必须要能够基于获取的面部表情数据分析和计算出孩子是在认真学习思考还是在胡思乱想，判断出下一步应该如何去应对，这就属于“计算技术”。

显然，我们常说的“数据获取（摄像头、传感器等）、数据挖掘、数据清洗、数据加工、数据存储、数据治理等”都属于数据技术的范畴；“互联网、物联网、移动互联网等，2G、3G、4G、5G 等”都属于网络技术的范畴；“人工智能（AI）、分布式计算、并行计算、去中心化计算、图计算、优化算法、量子计算等”都属于计算技术的范畴。

由于相关技术繁多复杂，既有硬件技术又有软件技术，因此，针对不同的活动使用什么样的技术，需要回归到做活动的根本目的上，即“干什么”和“怎么干”，也就是如何用合适的数字技术赋能活动来实现“正确地做，正确的事”，才能更好地创造出价值。

比如，在网络技术领域，都知道5G是第五代通信技术，其应该绝对优越于4G、3G和2G网络，但是否在任何场景下，运用5G技术都比4G甚至2G合适呢？答案显然是否定的。比如，由于2G信号的频率低、波长长，具有便于跨越障碍物的明显优势，可以在一定程度上保证信号的覆盖范围（比如地下车库、地下矿井、施工隧道等），因此可以广泛应用于不需要太多流量的物联网领域。

再如，对于上述老年人监护的例子，如果老年人的居所已经配置了一个智能看护机器人，其功能是能够在老年人摔倒时第一时间将老年人扶起来。那么，从计算技术角度看，当智能监护系统获取到老年人摔倒的数据后，第一时间在就近的数据处理中心进行分析和计算（边缘计算）进而快速驱动看护机器人进行老年人的救助，远比数据上云后通过远端服务器进行计算（云计算）后再来驱动机器人要合适得多。因为，数据进行远端计算可能会存在因系统和设备故障、传输通道故障等原因不能及时救助的风险。

因此，利用数字技术，并非越“先进”越好。技术“先进”与否，也得看其能否解决我们要解决的实际问题、能否创造价值。很多企业在数字化转型时，不关心自己的问题和痛点，而是寻找世界上最“先进”的技术和系统进行上马，或者不要非著名、非知名公司提供的产品和系统等，但发现这样操作后并没有什么实际价值和效果，反而会因为投入产出不成比例而陷入迷茫。

综上所述，“数字经济”是由数字技术（数据技术、网络技术、计算技术）支撑（赋能）主体（企业、政府等各类主体）更好地创造价值的活动，如图2-1所示。

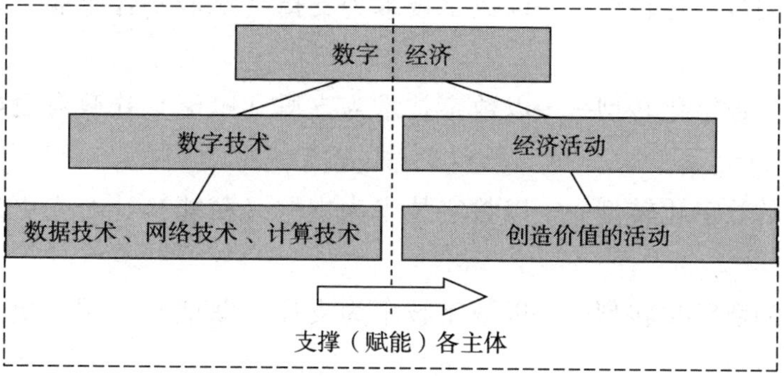

图 2－1　理解“数字经济”

数字经济的本质

前文指出，“数字经济”是以数字技术为支撑的创造价值的活动。因此，**数字经济的本质是“创造价值”。“数字经济”绝对不是，也不应该是一个行业，因为各行各业的主体都可以用数字技术支撑（赋能）来更好地创造价值。**

我们在评判和衡量任何一个数字经济转型的活动是否方向正确时，关键在于判断其是否能够“创造价值”。

当然对于不同的经济活动主体，由于其文化视野和格局不同，所处的内外部环境不同，目标不同，决定了其对“价值”的认识也不相同。

我们以企业为例，有些企业的经营目的就是功利性的盈利，很少考虑社会价值的创造问题，因此，其对数字经济的认识也必然局限在如何用数字技术赋能自己的企业经营活动更好地赚取利润，甚至通过违法手段（如违规使用和倒卖消费者隐私数据等）牺牲别人的利益或者浪费社会的宝贵资源也在所不惜。

因此，数字经济的本质虽然简单，但对“价值”的理解却非常深奥。对“价值”的认识（也就是价值观）既是引导各主体行动的准绳，也是衡量数字经济活动的重要标准之一。关于“价值”的论述，将在后文详细阐述。

什么是数字化转型

前文指出，“数字经济”是以数字技术为支撑（赋能）从而更好地创造价值的活动。这个界定可以适用于其他任何主体的数字化转型，例如：

企业的数字化转型——以数字技术为支撑（赋能）让企业更好地创造价值。

政府的数字化转型——以数字技术为支撑（赋能）让政府更好地创造价值。

个人的数字化转型——以数字技术为支撑（赋能）让个人更好地创造价值。

国企的数字化转型——以数字技术为支撑（赋能）让国企更好地创造价值。

……

由此可以看出，“数字经济”是一个大范畴概念，任何主体通过数字技术的支撑更好地创造价值的转型活动都属于数字化转型。

“数字经济”并不是一个特定产业，也不是一个行业。

由此也可以看出，任何主体（政府、国有企业、民营企业、个人等）在数字化转型时必须明确几个核心关键点：

一是必须明确通过数字化转型到底要创造什么价值。

二是必须明确创造这些价值需要用什么样的数字技术进行支撑（赋能）。

三是必须明确如何用这些数字技术来支撑（赋能）。

在进行数字化转型时，如果弄不明白上述这三个关键点，必然会陷入“迷茫”，转型之路也很难走下去。

2.3　“十四五”数字经济发展蓝图

2021 年 3 月 12 日，新华社全文刊发了《中华人民共和国国民经济和社会发展第十四个五年规划和 2035 年远景目标纲要》（以下简称《纲要》），《纲要》共包含十九篇内容，其中第五篇的标题为“加快数字化发展　建设数字中国”，这是国家站在新时代新的历史起点上，首次围绕数字经济发展打造的全方位、立体化和系统性的发展蓝图，为未来数字经济的发展指明了方向。

《纲要》第五篇指出，要加快数字化发展，建设数字中国。要迎接数字时代，激活数据要素潜能，推进网络强国建设，加快建设数字经济、数字社会、数字政府，以数字化转型整体驱动生产方式、生活方式和治理方式变革。

在《纲要》第十五章“打造数字经济新优势”中明确指出：要充分发挥海量数据和丰富应用场景优势，促进数字技术与实体经济深度融合，赋能传统产业转型升级，催生新产业新业态新模式，壮大经济发展新引擎。重点从以下三个方面推进：

第一，加强关键数字技术创新应用。聚焦高端芯片、操作系统、人工智能关键算法、传感器等关键领域，加快推进基础理论、基础算法、装备材料等研发突破与迭代应用。加强通用处理器、云计算系统和软件核心技术一体化研发。加快布局量子计算、量子通信、神经芯片、DNA存储等前沿技术，加强信息科学与生命科学、材料等基础学科的交叉创新，支持数字技术开源社区等创新联合体发展，完善开源知识产权和法律体系，鼓励企业开放软件源代码、硬件设计和应用服务。

第二，加快推动数字产业化。培育壮大人工智能、大数据、区块链、云计算、网络安全等新兴数字产业，提升通信设备、核心电子元器件、关键软件等产业水平。构建基于5G的应用场景和产业生态，在智能交通、智慧物流、智慧能源、智慧医疗等重点领域开展试点示范。鼓励企业开放搜索、电商、社交等数据，发展第三方大数据服务产业。促进共享经济、平台经济健康发展。

第三，推进产业数字化转型。实施“上云用数赋智”行动，推动数据赋能全产业链协同转型。在重点行业和区域建设若干国际水准的工业互联网平台和数字化转型促进中心，深化研发设计、生产制造、经营管理、市场服务等环节的数字化应用，培育发展个性定制、柔性制造等新模式，加快产业园区数字化改造。深入推进服务业数字化转型，培育众包设计、智慧物流、新零售等新增长点。加快发展智慧农业，推进农业生产经营和管理服务数字化改造。

在《纲要》第十六章“加快数字社会建设步伐”中明确指出：要适应数字技术全面融入社会交往和日常生活新趋势，促进公共服务和社会运行方式创新，构筑全民畅享的数字生活。重点从以下三个方面推进：

第一，提供智慧便捷的公共服务。聚焦教育、医疗、养老、抚幼、就业、文体、助残等重点领域，推动数字化服务普惠应用，持续提升群众获得感。推进学校、医院、养老院等公共服务机构资源数字化，加大开放共享和应用力度。推进线上线下公共服务共同发展、深度融合，积极发展在线课堂、互联网医院、智慧图书馆等，支持高水平公共服务机构对接基层、边远和欠发达地区，扩大优质公共服务资源辐射覆盖范围。加强智慧法院建设。鼓励社会力量参与“互联网+公共服务”，创新提供服务模式和产品。

第二，建设智慧城市和数字乡村。以数字化助推城乡发展和治理模式创新，全面提高运行效率和宜居度。分级分类推进新型智慧城市建设，将物联网感知设施、通信系统等纳入公共基础设施统一规划建设，推进市政公用设施、建筑等物联网应用和智能化改造。完善城市信息模型平台和运行管理服务平台，构建城市数据资源体系，推进城市数据大脑建设。探索建设数字孪生城市。加快推进数字乡村建设，构建面向农业农村的综合信息服务体系，建立涉农信息普惠服务机制，推动乡村管理服务数字化。

第三，构筑美好数字生活新图景。推动购物消费、居家生活、旅游休闲、交通出行等各类场景数字化，打造智慧共享、和睦共治的新型数字生活。推进智慧社区建设，依托社区数字化平台和线下社区服务机构，建设便民惠民智慧服务圈，提供线上线下融合的社区生活服务、社区治理及公共服务、智能小区等服务。丰富数字生活体验，发展数字家庭。加强全民数字技能教育和培训，普及提升公民数字素养。加快信息无障碍建设，帮助老年人、残疾人等共享数字生活。

在《纲要》第十七章“提高数字政府建设水平”中明确指出：要将数字技术广泛应用于政府管理服务，推动政府治理流程再造和模式优化，不断提高决策科学性和服务效率。重点从以下三个方面推进：

第一，加强公共数据开放共享。建立健全国家公共数据资源体系，确保公共数据安全，推进数据跨部门、跨层级、跨地区汇聚融合和深度利用。健全数据资源目录和责任清单制度，提升国家数据共享交换平台功能，深化国家人口、法人、空间地理等基础信息资源共享利用。扩大基础公共信息数据安全有序开放，探索将公共数据服务纳入公共服务体系，构建统一的国家公共数据开放平台和开发利用端口，优先推动企业登记监管、卫生、交通、气象等高价值数据集向社会开放。开展政府数据授权运营试点，鼓励第三方深化对公共数据的挖掘利用。

第二，推动政务信息化共建共用。加大政务信息化建设统筹力度，健全政务信息化项目清单，持续深化政务信息系统整合，布局建设执政能力、依法治国、经济治理、市场监管、公共安全、生态环境等重大信息系统，提升跨部门协同治理能力。完善国家电子政务网络，集约建设政务云平台和数据中心体系，推进政务信息系统云迁移。加强政务信息化建设快速迭代，增强政务信息系统快速部署能力和弹性扩展能力。

第三，提高数字化政务服务效能。全面推进政府运行方式、业务流程和服务模式数字化及智能化。深化“互联网＋政务服务”，提升全流程一体化在线服务平台功能。加快构建数字技术辅助政府决策机制，提高基于高频大数据精准动态监测预测预警水平。强化数字技术在公共卫生、自然灾害、事故灾难、社会安全等突发公共事件应对中的运用，全面提升预警和应急处置能力。

在《纲要》第十八章“营造良好数字生态”中明确指出：要坚持放管并重，促进发展与规范管理相统一，构建数字规则体系，营造开放、健康、安全的数字生态。重点从以下四个方面推进：

第一，建立健全数据要素市场规则。统筹数据开发利用、隐私保护和公共安全，加快建立数据资源产权、交易流通、跨境传输和安全保护等基础制度和标准规范。建立健全数据产权交易和行业自律机制，培育规范的数据交易平台和市场主体，发展数据资产评估、登记结算、交易撮合、争议仲裁等市场运营体系。加强涉及国家利益、商业秘密、个人隐私的数据保护，加快推进数据安全、个人信息保护等领域基础性立法，强化数据资源全生命周期安全保护。完善适用于大数据环境下的数据分类分级保护制度。加强数据安全评估，推动数据跨境安全有序流动。

第二，营造规范有序的政策环境。构建与数字经济发展相适应的政策法规体系。健全共享经济、平台经济和新个体经济管理规范，清理不合理的行政许可、资质资格事项，支持平台企业创新发展、增强国际竞争力。依法依规加强互联网平台经济监管，明确平台企业定位和监管规则，完善垄断认定法律规范，打击垄断和不正当竞争行为。探索建立无人驾驶、在线医疗、金融科技、智能配送等监管框架，完善相关法律法规和伦理审查规则。健全数字经济统计监测体系。

第三，加强网络安全保护。健全国家网络安全法律法规和制度标准，加强重要领域数据资源、重要网络和信息系统安全保障。建立健全关键信息基础设施保护体系，提升安全防护和维护政治安全能力。加强网络安全风险评估和审查。加强网络安全基础设施建设，强化跨领域网络安全信息共享和工作协同，提升网络安全威胁发现、监测预警、应急指挥、攻击溯源能力。加强网络安全关键技术研发，加快人工智能安全技术创新，提升网络安全产业综合竞争力。加强网络安全宣传教育和人才培养。

第四，推动构建网络空间命运共同体。推进网络空间国际交流与合作，推动以联合国为主渠道、以联合国宪章为基本原则制定数字和网络空间国际规则。推动建立多边、民主、透明的全球互联网治理体系，建立更加公平合理的网络基础设施和资源治理机制。积极参与数据安全、数字货币、数字税等国际规则和数字技术标准制定。推动全球网络安全保障合作机制建设，构建保护数据要素、处置网络安全事件、打击网络犯罪的国际协调合作机制。向欠发达国家提供技术、设备、服务等数字援助，使各国共享数字时代红利。积极推进网络文化交流互鉴。

总结《纲要》中关于第五篇“加快数字化发展　建设数字中国”的内容可以得到表 2－1 所示的基本内容概览框架。

表 2－1　《中华人民共和国国民经济和社会发展第十四个五年规划和 2035 年远景目标纲要》关于数字经济发展的内容概要

加快数字化发展、建设数字中国	
数字经济	关键数字技术、数字产业化、产业数字化
数字社会	智慧公共服务、智慧城市和数字乡村、美好数字生活
数字政府	公共数据开放共享、政务信息化、数字化政务服务
数字生态	数据要素、政策环境、网络安全、网络空间命运共同体

《纲要》中对数字经济发展的全方位论述，不仅对国有企业如何在国家和经济社会的全面数字经济发展过程中实现战略转型和业务的开拓提供了明确的方向指引，也必将为国有企业自身做好数字化转型提供理念、技术、模式、场景等全方位的资源支撑。

可以说，国有企业的数字化转型与国家和经济社会的全方位数字经济发展是密不可分、共生共荣的关系。在新的历史时期，国有企业的数字化转型必须充分考虑如何与上述经济的数字化、政府的数字化、社会的数字化以及生态的数字化有机融合，才能使数字化转型工作卓有成效，为国家的数字经济发展事业贡献力量，进而有效地带动国家经济社会的高质量全面发展。

2.4　数字经济发展的紧迫性

习近平总书记在党的二十大报告中指出，要建设现代化产业体系。坚持把发展经济的着力点放在实体经济上，推进新型工业化，加快建设制造强国、质量强国、航天强国、交通强国、网络强国、数字中国。实施产业基础再造工程和重大技术装备攻关工程，支持专精特新企业发展，推动制造业高端化、智能化、绿色化发展。巩固优势产业领先地位，在关系安全发展的领域加快补齐短板，提升战略性资源供应保障能力。推动战略性新兴产业融合集群发展，构建新一代信息技术、人工智能、生物技术、新能源、新材料、高端装备、绿色环保等一批新的增长引擎。构建优质高效的服务业新体系，推动现代服务业同先进制造业、现代农业深度融合。加快发展物联网，建设高效顺畅的流通体系，降低物流成本。加快发展数字经济，促进数字经济和实体经济深度融合，打造具有国际竞争力的数字产业集群。优化基础设施布局、结构、功能和系统集成，构建现代化基础设施体系。

党的二十大报告中明确提出要加强网络强国和数字中国建设，要加快发展数字经济，促进数字经济和实体经济深度融合，这对未来我国发展数字经济，实现经济社会的全方位数字化转型指明了方向。最为重要的是，党的二十大报告着重指出要坚持把发展经济的着力点放在实体经济上，这对整个国家未来经济发展的方向和重点进行了战略部署，同时也对发展数字经济、建设数字中国的目标和方向进行了指引。发展数字经济、建设数字中国是为了更好地助力实体经济发展，赋能科技创新，构建新发展格局，实现经济和社会的全方位高质量发展，推进中国式现代化伟大进程，实现全面建成社会主义现代化强国的宏伟目标。

近年来，习近平总书记在多次重要讲话中对我国数字经济的发展指明了方向。2022 年 2 月，《求是》杂志发表习近平总书记重要文章《不断做强做优做大我国数字经济》。习近平总书记在文章中强调，近年来，数字经济发展速度之快、辐射范围之广、影响程度之深前所未有，正在成为重组全球要素资源、重塑全球经济结构、改变全球竞争格局的关键力量。

在《纲要》的基础上，2022 年 1 月 12 日，国务院印发《“十四五”数字经济发展规划》，明确了我国发展数字经济的总体要求和具体要点。

2022 年 3 月 5 日，第十三届全国人民代表大会第五次会议上的《政府工作报告》（以下简称《报告》）对促进我国数字经济发展部分作了新的总结和阐述，明确提出要加强数字中国建设整体布局；建设数字信息基础设施，推进5G规模化应用，促进产业数字化转型，发展智慧城市、数字乡村；加快发展工业互联网，培育壮大集成电路、人工智能等数字产业，提升关键软硬件技术创新和供给能力；完善数字经济治理，释放数据要素潜力，更好赋能经济发展、丰富人民生活。

《报告》将数字经济发展纳入2022年政府工作任务之中，并将其列入国家创新驱动发展战略，从系统的战略高度对我国数字经济的发展指明了方向，进一步阐明了我国发展数字经济的重要性和紧迫性。《报告》将数字经济发展与提升科技创新能力、加大企业创新激励力度、增强制造业核心竞争力等国家创新驱动发展战略中的几个核心问题共同提出，一方面阐释了发展数字经济在巩固和壮大实体经济、推进科技创新、促进产业优化升级、实现高质量发展等方面的重要驱动力量；另一方面进一步突出了数字经济发展在场景应用、技术引导、资源调配、模式创新和价值挖掘等若干方面对实现我国创新驱动发展战略的底座支撑作用。同时，《报告》明确提出了发展数字经济的若干重要着力点。这些着力点涵盖了数字经济发展的四大重要领域，即数字经济的整体布局、基础设施建设和应用场景、促进实体经济发展和关键技术创新、数字要素价值挖掘和综合赋能。这四个领域全面、系统地涵盖了当前以及今后一定时期我国数字经济发展的关键领域和重要的价值创新领域，而且都是和国家战略紧密关联的。

《报告》中所提出的发展数字经济的若干重要着力点，对于促进我国关键领域的技术突破具有明确的指导作用。比如，在数字产业化发展方面，有所侧重地明确提出了加快发展工业互联网，培育壮大集成电路、人工智能等数字产业，提升关键软硬件技术创新和供给能力，这将进一步引导资源的脱虚向实，向着有利于国家战略的核心技术领域发力。另外，《报告》中所提出发展数字经济的若干重要着力点，虽然涵盖四个不同层面的重要领域，但其系统性和关联性强，相互促进，不可或缺。同时，进一步突出了赋能经济和社会全面发展的若干重要方面，而这些方面不仅是对国家战略中某些具体内容（如乡村振兴战略、新基建战略等）的有力支撑，其本身也是这些具体内容的重要组成部分。

随着近些年我国数字经济发展的稳步推进，对数字经济创新实践和成果的不断总结，数字经济的发展也逐渐由浅及深、点面结合，在稳步推进中把握关键、攻坚克难，实现我国数字经济持续高质量发展的同时，有效助力国家经济和社会的全面发展已经成为一个明显的趋势。

2022 年 5 月 17 日，全国政协在京召开“推动数字经济持续健康发展”专题协商会，委员们认为，我国数字经济发展大国地位稳固，未来发展前景广阔。要推动数字经济和实体经济深度融合，引导中小企业数字化转型，充分挖掘工业互联网发展潜力。时任国务院副总理刘鹤出席会议并指出，要支持平台经济、民营经济持续健康发展，研究支持平台经济规范健康发展具体措施；增加政府直接投入，提高全民族数字化素质，支持数字企业在国内外资本市场上市。在此之前，2022 年 4 月 29 日，中共中央政治局召开会议强调，“要促进平台经济健康发展，完成平台经济专项整改，实施常态化监管，出台支持平台经济规范健康发展的具体措施”。

2022 年 12 月 19 日，中共中央、国务院发布的《关于构建数据基础制度更好发挥数据要素作用的意见》（以下简称“数据二十条”）指出，要系统性布局数据基础制度体系的“四梁八柱”，历史性绘制数据要素发展的长远蓝图。主要内容如下：

一是把握一条主线：坚持促进数据合规高效流通使用、赋能实体经济这一主线，以充分实现数据要素价值、促进全体人民共享数字经济发展红利为目标。

二是构建四个制度：①建立保障权益、合规使用的数据产权制度，探索数据产权结构性分置制度，建立数据资源持有权、数据加工使用权、数据产品经营权“三权分置”的数据产权制度框架；②建立合规高效、场内外结合的数据要素流通和交易制度，从规则、市场、生态、跨境等四个方面构建适应我国制度优势的数据要素市场体系；③建立体现效率、促进公平的数据要素收益分配制度，在初次分配阶段，按照“谁投入、谁贡献、谁受益”原则，推动数据要素收益向数据价值和使用价值创造者合理倾斜，在二次分配、三次分配阶段，重点关注公共利益和相对弱势群体，防止和依法规制资本在数据领域无序扩张形成市场垄断等各类风险挑战；④建立安全可控、弹性包容的数据要素治理制度，构建政府、企业、社会多方协同的治理模式。

三是推进四项措施：①加强党对构建数据基础制度工作的全面领导；②加大政策支持力度，做大做强数据要素型企业；③积极鼓励试验探索，支持浙江等地区和有条件的行业、企业先行先试；④稳步推进制度建设，逐步完善数据产权界定、数据流通和交易等主要领域关键环节的政策及标准。

2023 年 2 月，中共中央、国务院印发了《数字中国建设整体布局规划》，指出建设数字中国是数字时代推进中国式现代化的重要引擎，是构筑国家竞争新优势的有力支撑。加快数字中国建设，对全面建设社会主义现代化国家、全面推进中华民族伟大复兴具有重要意义和深远影响。《数字中国建设整体布局规划》指出，要全面赋能经济社会发展，首先必须做强做优做大数字经济。培育壮大数字经济核心产业，研究制定推动数字产业高质量发展的措施，打造具有国际竞争力的数字产业集群。推动数字技术和实体经济深度融合，在农业、工业、金融、教育、医疗、交通、能源等重点领域加快数字技术创新应用。支持数字企业发展壮大，健全大中小企业融通创新工作机制，发挥“绿灯”投资案例引导作用，推动平台企业规范健康发展。《数字中国建设整体布局规划》明确，数字中国建设按照“2522”的整体框架进行布局，即夯实数字基础设施和数据资源体系“两大基础”，推进数字技术与经济、政治、文化、社会、生态文明建设“五位一体”深度融合，强化数字技术创新体系和数字安全屏障“两大能力”，优化数字化发展国内国际“两个环境”。

《数字中国建设整体布局规划》对未来我国数字经济发展和数字中国建设进行了总体战略部署，涵盖了各行各业以及生产生活的方方面面，如图 2－2 所示。

除了在制度建设层面上推动数字经济发展，国家在机构改革上也在不断探索新的方案。2023 年 3 月 10 日，十四届全国人大一次会议表决通过了关于国务院机构改革方案的决定。方案中提出在国家发展和改革委员会下面新组建国家数据局，负责协调推进数据基础制度建设，统筹数据资源整合共享和开发利用，统筹推进数字中国、数字经济、数字社会规划和建设等。国家数据局的建立代表着国家层面上对于数字资源的整合管理，或将从宏观层面和制度层面，改变过去数据领域的多头管理现象和碎片化管理的问题，不仅有助于尽快构建统一的数据要素大市场，更有助于市场化的运营，并且为法律法规的不断完善提供政策依据。对于国有企业来说，国家数据局的组建有望加快数据驱动的企业数字化转型过程，一是对于数据资产管理的进一步明确将能够为国有企业提供更多商业机会；二是较高层面的标准及监管要求将

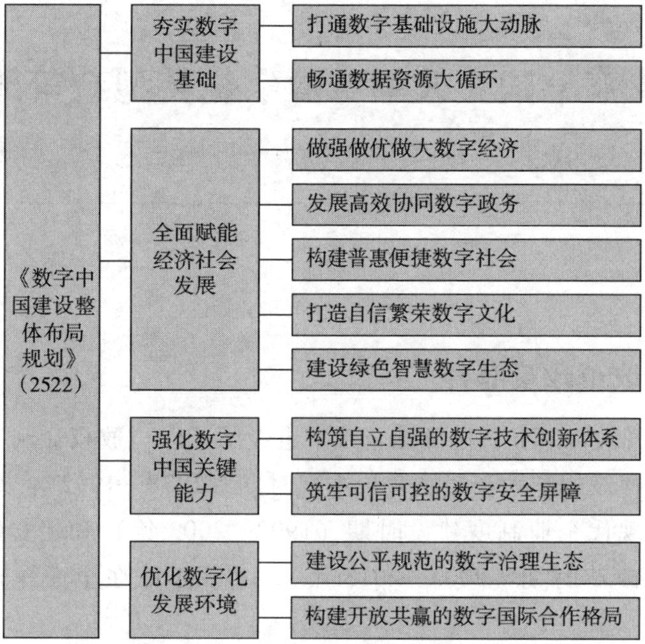

图 2－2　《数字中国建设整体布局规划》

能够提升国有企业的数据治理意识，从而建立良好的数据生态。

可以看出，发展数字经济已经是大势所趋，我们要充分认识发展数字经济的重要性和紧迫性，推动我国经济社会的全面高质量发展。

第 3 章　国企改革与数字化转型政策部署

3.1　国企改革政策部署

自改革开放以来，我国的国企改革也经历了以“放权让利”和“经营承包制”为代表的扩大企业经营自主权时期（1978—1992 年）、以产权改革为核心的现代企业制度建设时期（1993—2002 年）和建立健全国有资产管理体制改革时期（2003—2013 年），当下正处在全面深化国企改革时期。

国有企业属于全民所有，是推进国家现代化、保障人民共同利益的重要力量，是我们党和国家事业发展的重要物质基础和政治基础。改革开放以来，国有企业改革发展不断取得重大进展，总体上已经同市场经济相融合，运行质量和效益明显提升，在国际国内市场竞争中涌现出一批具有核心竞争力的骨干企业，为推动经济社会发展、保障和改善民生、开拓国际市场、增强我国综合实力做出了重大贡献，国有企业经营管理者队伍的总体素质得到提升，广大职工也付出了不懈努力。但国有企业目前仍然存在一些亟待解决的突出矛盾和问题，一些企业市场主体地位尚未真正确立，现代企业制度还不健全，国有资产监管体制有待完善，国有资本运行效率需进一步提高；一些企业管理混乱，内部人控制、利益输送、国有资产流失等问题突出，企业办社会职能和历史遗留问题还未完全解决；一些企业党组织管党治党责任不落实、作用被弱化。面向未来，国有企业面临日益激烈的国际竞争和转型升级的巨大挑战。在推动我国经济保持中高速增长和迈向中高端水平、完善和发展中国特色社会主义制度、实现中华民族伟大复兴的中国梦的进程中，国有企业肩负着重大历史使命和责任。这要求国有企业认真贯彻落实党中央、国务院战略决策，按照“四个全面”战略布局的要求，以经济建设为中心，坚持问题导向，继续推进国有企业改革，切实破除体制机制障碍，坚定不移做强、做优和做大。

党的十八大以后，我国逐步建立了以“1+N”政策为主体的全面改革政策体系，并通过“四项改革”、“十项试点”、“双百行动”和《国企改革三年行动方案（2020—2022 年）》等行动方案进行探索和细化。随着 2022 年底国企改革三年行动方案的圆满落地，国企的新一轮深化改革被提上日程并积极推进。

以下对国企改革的主要政策和内容进行阐述。

>>> “1+N”政策体系

党的十八大以来，中央全面深化改革领导小组提出一系列国企改革任务，国务院成立了国有企业改革领导小组统筹协调国企改革相关事宜。2015 年起，党中央、国务院颁布了《关于深化国有企业改革的指导意见》，出台了 22 个配套文件，形成了“1+N”政策体系，形成了顶层设计和“四梁八柱”的大框架，明晰了全面深化国企改革的主要思路：

一是分类推进改革，明确公益类、商业类国企的类别划分方式，区别对待、分类推进不同类型的国有企业改革；二是完善现代企业制度，健全法人治理结构，深入推进公司制股份制改革；三是完善国资管理体制，国资监管由“管资产”向“管资本”转变，改革授权经营体制，组建国有资本投资、运营公司，推动国有资本合理流动优化配置；四是稳妥推进混合所有制改革，鼓励国有资本“引进来”和“走出去”，允许符合条件的混合所有制企业实行员工持股；五是强化监督防止国有资产流失，强化企业内部监督，建立健全高效协同的外部监督机制，实施信息公开加强社会监督以及严格追究责任；六是加强和改进党对国有企业的领导，充分发挥国有企业党组织政治核心作用，进一步加强国有企业领导班子建设和人才队伍建设；七是为国有企业改革创造良好环境条件，完善相关法律法规和配套政策，加快剥离企业办社会职能和解决历史遗留问题，形成鼓励改革创新的氛围。

国企“1+N”改革政策体系分类如表 3-1 所示。

表 3-1 国企“1+N”改革政策体系分类

政策分类	政策名称
总体要求	《关于深化国有企业改革的指导意见》
分类推进国有企业改革	《关于国有企业功能界定与分类的指导意见》 《关于完善中央企业功能分类考核的实施方案》
完善现代企业制度	《关于进一步完善国有企业法人治理结构的指导意见》 《关于开展市场化选聘和管理国有企业经营管理者试点工作的意见》 《关于深化中央管理企业负责人薪酬制度改革的意见》 《关于合理确定并严格规范中央企业负责人履职待遇、业务支出的意见》
完善国有资产管理体制	《关于改革和完善国有资产管理体制的若干意见》 《关于推动中央企业结构调整与重组的指导意见》
发展混合所有制经济	《关于国有企业发展混合所有制经济的意见》 《关于鼓励和规范国有企业投资项目引入非国有资本的指导意见》 《关于国有控股混合所有制企业开展员工持股试点的意见》
强化监督防止国有资产流失	《关于加强和改进企业国有资产监督防止国有资产流失的意见》 《关于建立国有企业违规经营投资责任追究制度的意见》 《企业国有资产交易监督管理办法》 《上市公司国有股权监督管理办法》 《关于进一步加强和改进外派监事会工作的意见》
加强和改进党对国有企业的领导	《关于在深化国有企业改革中坚持党的领导加强党的建设的若干意见》
为国有企业改革创造良好环境	《关于支持国有企业改革政策措施的梳理及相关意见》 《关于印发加快剥离国有企业办社会职能和解决历史遗留问题工作方案的通知》
其他	贯彻落实《中共中央　国务院关于深化国有企业改革的指导意见》改革举措工作计划 贯彻落实《中共中央　国务院关于深化国有企业改革的指导意见》重点任务分工方案 《关于国有企业改革试点工作事项及分工的方案》

>>> “四项改革”——首批央企改革试点

2014 年 7 月 15 日，国务院国资委召开新闻发布会，将在其所监管的中央企业开展“四项改革”试点工作，标志着央企层面的改革工作正式展开。根据试点工作需要，国资委选择了国家开发投资公司、中粮集团有限公司、中国医药集团总公司、中国建筑材料集团有限公司、中国节能环保集团公司和新兴际华集团有限公司等六家央企作为改革试点企业。

依照国资委的部署，六家试点央企所进行的改革试点内容并不相同。“四项改革”即四项主要改革内容，具体来说如下：

首先，在国家开发投资公司、中粮集团有限公司开展改组国有资本投资公司试点，主要是探索以管资本为主加强国有资产监管的体制模式。一是通过探索国资委与国有资本投资公司的关系，研究国资委如何向以管资本为主转变；二是探索国有资本投资公司如何有效服务国家战略目标，调整优化投资方向和重点，提高国有资本的运营效率和效益。

其次，在中国医药集团总公司、中国建材集团有限公司开展发展混合所有制经济试点。一是探索建立混合所有制企业有效制衡、平等保护的公司法人治理结构；二是探索职业经理人制度和市场化劳动用工制度；三是探索市场化激励和约束机制；四是探索混合所有制企业员工持股；五是探索对混合所有制企业的有效监管机制；六是探索混合所有制企业党建工作的有效机制。

再次，在新兴际华集团有限公司、中国节能环保集团公司、中国医药集团总公司、中国建材集团有限公司开展董事会行使高级管理人员选聘、业绩考核和薪酬管理职权试点，主要是探索完善国有企业公司法人治理结构的工作机制，进一步明确国资委与董事会的职责权限，将国资委依法履行出资人职责和董事会自主决策有机结合，试点企业董事会将在国资委的指导下，完善各项制度，开展董事会行使高级管理人员的选聘、业绩考核和薪酬管理权试点工作。

最后，在国资委管理主要负责人的中央企业中选择 2 ~ 3 家开展派驻纪检组试点，主要是探索对国企负责人重点监督的纪检监察方式。具体来说，就是要强化对企业主要负责人和领导班子及其成员的监督，增强监督的相对独立性、权威性和有效性，加强对企业党风建设和反腐败工作的系统领导，推动中央企业反腐败体制机制创新。通过开展试点工作，进一步推动中央企业反腐倡廉建设，为深化国资国企改革、发展壮大国有经济提供重要保障。

为抓好试点工作，国资委专门成立了 4 个专项小组。由国资委改革局、产权局、改组局和国资委纪委具体负责，分管委领导担任专项小组组长。开展“四项改革”试点，是国资委和中央企业一起结合实际，深入学习贯彻三中全会精神，共同探索改革实践的具体举措，不是搞“盆景”，也不是搞政策"洼地"，目的是要试出新体制、新机制、新模式。

其目的和意义重大，一是探索以管资本为主加强国有资产监管的体制模式；二是探索发展混合所有制经济的有效路径；三是探索完善国有企业公司法人治理结构的工作机制；四是探索对国有企业负责人重点监督的纪检监察方式。

开展"四项改革"试点主要坚持的原则如下：一是坚持顶层设计与先行先试相结合。在加强对各项政策系统研究的同时，通过试点积累经验，完善政策，使顶层设计和试点工作有机结合、相互促进。二是坚持市场化方向与问题导向相结合。更加尊重市场规律、尊重企业发展规律，充分发挥市场在资源配置中的决定性作用，充分发挥企业改革主体作用。强化问题导向，着力解决不适应、不符合市场化要求的重点难点问题。三是坚持大胆探索与坚守底线相结合。以敢闯敢试、敢走新路的勇气，主动作为，勇于实践。坚持正确的改革方向，坚持基本经济制度，坚守改革底线，坚决防止国有资产流失。四是坚持整体推进与重点突破相结合。把探索以管资本为主加强国有资产监管作为贯穿"四项改革"试点的主线，加强试点之间的统筹协调和整体推进。同时，改革工作中要体现不同试点差异化、个性化特征，有针对性地研究和探索相应的政策、措施，鼓励各项试点能率先突破的就不等不停、先行先试。

此外，具体的实施步骤为：一是统一领导、分工负责。试点工作在国资委党委的统一领导下，由国资委改革领导小组统一组织，成立四个专项小组分别负责组织实施、协调推进和试点企业的指导服务。二是因企制宜、一企一策。由企业提出试点方案，牵头厅局与试点企业进行对接，确保可操作、能落实、有突破、出经验。对企业的方案经专项小组研究后，提交国资委改革领导小组审议，成熟一个、审议一个、实施一个。三是加强指导、大胆实践。结合简政放权，对取消或下放的审批事项，率先在试点企业落实到位。对试点需要解决的政策性问题，从有利于改革的角度研究解决，在不越法律法规"红线"、不碰国有资产流失"底线"的前提下，多开"绿灯"、少踩刹车。四是总结经验、完善政策。注意总结可推广、可复制的经验，从中提炼出可以指导全国相关改革的可操作办法和制度性安排，及时完善相关政策文件，具备条件的及早出台。五是梯次展开、逐步推广。及时把符合条件的企业纳入试点，逐步扩大试点范围；及时把试点的好做法、好经验推广出去，更好发挥试点的示范带动作用。

这“四项改革”清晰地勾勒出了我国未来国资国企改革的路线图，即改组国有资本投资公司，发展混合所有制经济，董事会行使高级管理人员选聘、业绩考核和薪酬管理职权，以及在国资委管理主要负责人的中央企业中派驻纪检组。

>>> “十项试点”——国企改革试点进入全面实施阶段

随着国企改革全面增速，央企推进第二批试点的时机逐渐成熟。2016年7月，国务院研究决定开展“十项改革试点”，“以点带面、以点串线”，形成经验和复制推广。“十项试点”即十个主要试点内容，相较于“四项改革试点”来说，“十项改革试点”内容更加具体，针对性更强，范围也进一步扩大，从央企层面扩展到地方国企，部分重要领域也启动试点。此次“十项试点”还包括了探索国企集团整体上市、多类型政府和社会资本合作、混合所有制企业员工持股等多个试点。主要内容如下：

（1）落实董事会职权试点。国资委将向试点企业董事会授予中长期发展战略规划、高级管理人员选聘、业绩考核、薪酬管理、工资总额备案制管理和重大财务事项管理等6项职权，通过试点有效调动董事会积极性，促进董事会作用的发挥。

（2）市场化选聘经营管理者试点。试点将落实董事会在经理层成员选聘、业绩考核、薪酬分配等方面的职权；界定国资监管机构、企业董事会、企业党组织在经营管理者选聘和管理工作中的职责等。试点工作将采取公开遴选、竞聘上岗、人才中介机构推荐等市场化方式，在各级履行出资人职责机构直接监管的国有独资、控股的一级企业进行，国资委和各省市将分别选择3~5户企业进行试点。

（3）推行职业经理人制度试点。在市场化选聘经营管理者试点基础上，探索推行职业经理人制度。从市场化选聘经营管理者试点的单位中，优先选择2~3家处于充分竞争领域的商业类企业作为试点，同时鼓励央企选择部分条件成熟的二级或三级公司开展试点。

（4）企业薪酬分配差异化改革试点。完善国有企业负责人薪酬分类管理制度，建立健全职业经理人薪酬管理制度。对市场化选聘的职业经理人实行市场化薪酬分配机制，建立科学合理的业绩考核评价体系。全面形成与国有企业负责人选任方式相匹配、与企业功能性质相适应的负责人薪酬管理办法和业绩考核评价办法。

（5）国有资本投资、运营公司试点。国资委将选择3～5家国有企业开展国有资本投资公司试点，推进诚通集团、国新公司改组为国有资本运营公司，探索完善的国有资产监管方式，探索有效的国有资本投资运营模式，探索市场化的企业经营机制。国有资本投资公司通过开展投资融资、产业培育和资本整合等，投资和发展国民经济的重要行业、关键领域、战略性新兴产业和优势支柱性产业；国有资本运营公司通过股权运作、价值管理、有序进退等方式，投资、持有和运营国有股权。

（6）中央企业兼并重组试点。国资委将根据国家战略需要，探索在中央企业之间集中优势资源，实施专业化重组、组建股份制公司的有效做法，减少重复投资和同质化发展。坚持成熟一户、推进一户。

（7）部分重要领域混合所有制改革试点。将在电力、石油、天然气、铁路、民航、电信、军工等领域开展混合所有制改革试点，通过引入非国有资本多元化投资，形成有利于参与市场竞争的治理结构和运行机制。

（8）混合所有制企业员工持股试点。试点主要探索在什么样的企业实行员工持股、以什么样的方式实行员工持股、员工怎样转股退股等，确保员工持股公开透明，防止利益输送。

（9）国有企业信息公开工作试点。计划在中央企业围绕董事会信息披露、财务信息公开等方面开展试点，指导地方国资委选择若干重点企业试点。国资委将建设统一的国有企业信息公开平台，为中央企业信息公开提供支持，为社会公众查阅信息提供服务。试点旨在促进企业完善公司治理结构，规范企业管理，健全国资监管体系，打造“阳光国企”，防止国有资产流失。

（10）剥离企业办社会职能和解决历史遗留问题试点。目前，国有企业仍存在大量办社会职能和历史遗留问题。计划选择2～3户中央企业整体推进所办教育机构深化改革试点，选择2～3个城市开展国有企业退休人员社会化管理试点。

››› “双百行动”——改革全面加速推进

2018年3月，国资委发布《关于开展“国企改革双百行动”企业遴选工作的通知》，国务院国有企业改革领导小组办公室决定选取百家央企子公司和百家地方国有骨干企业，在2018—2020年实施“国企改革双百行动”。共计404家央企子公司及地方国企入选，其中央企系统企业有近200家，地方国企有200多家，涉上市公司111家。2018年8月，《国企改革“双百行动”工作方案》发布实施。

2014年国企改革启动的“四项改革试点”和2016年启动的“十项改革试点”都是单项试点，本次的“双百行动”不再是搞单项试点，而是在前期试点工作的基础上，推动全面综合性改革，而且入选的地方国企占一半以上，表明国企改革试点范围正在扩大，由中央向地方全面铺开。相较于前几次改革试点，本次“双百行动”具有级别高、数量多、范围广的特点。

“双百企业”遴选标准有以下三条：

（1）选择的国有企业要有较强代表性。推荐企业主营业务突出，资产具有一定规模，在行业发展中具有较强影响力，原则上应当是利润中心，而非成本费用中心。

（2）企业要有较大发展潜力。推荐国有企业可以是深化改革与经营发展形势较好的核心骨干企业，可以是面临激烈竞争，亟须通过改革提高效率、提升核心竞争力的企业，也可以是暂时处于困难阶段，但有计划、有信心通过改革实现脱困发展的企业。

（3）企业要有较强改革意愿。推荐企业主要负责人及业务部门能充分理解掌握国企改革精神，能敢为人先、勇于探索、攻坚克难，能在改革重点领域和关键环节率先取得突破。

国企改革“双百行动”的特点：纳入国企改革“双百行动”名单的企业有三个特点：一是上市公司，试点内容主要集中在混改、员工持股等。二是此前做得较好的试点企业，比如“十项改革试点”等企业也进入“双百行动”名单。从此前的单项试点转向“一企一策”制定综合改革试点。三是经营困难企业。这类企业的试点主要集中在如何摆脱困境解决历史遗留问题。

国企改革“双百行动”的基本原则：坚持问题导向，弥补不足。要认清和抓住“双百企业”的短板和弱项，从问题出发，准确、持续地发力，通过打破改革的思想障碍和体制障碍，切实解决改革的重点和难点问题，确保改革政策措施落到实处。

（1）坚持探索创新，综合施策。建立健全容错纠错机制，鼓励“双百企业”大胆探索改革创新思路和方法，全面落实“双百企业”国有企业改革的有关政策要求，大力推广各项改革试点的经验和成果。

（2）要依法合规，一企一策。按照有关法律法规和企业章程，充分考虑不同企业的实际情况和功能，以及行业特点、发展阶段和竞争水平，并制定和实施个性化、差异化、多样化的综合性改革方案。

（3）坚持全过程指导，争取实效。加强从制定完善方案到组织实施方案全过程的指导，建立信息化工作平台，及时发现并推动解决推进过程中遇到的新情况和新问题，形成政策—实践—政策的良性循环。

与此同时，相关资料统计显示，2018 年 1 月至 7 月上市的国有企业共发生重组事项 580 件、股权转让 120 件。进入下半年后明显加速，2018 年 7 月单月 A 股国企发生重组 192 件、股权转让 38 件，均接近当年以来案例数的 1/3。其中，化工、机械设备、地产、汽车、电力、交运等板块上市国企股权转让及重组实施案例较多。“双百行动”将使得改革由点向面全面铺开，2018 年下半年试点进一步扩大并向纵深发展，更多地方国企加入试点行列，资本市场投资运作迎来高潮。

>>> “科改行动”和“双百行动”再部署

“科改行动”和“双百行动”是国资国企改革中的两大专项行动，自启动以来成果颇丰。2023 年 5 月 15 日，国务院国资委同日召开了两大专项行动的扩围深化现场推进会，围绕补短板、强弱项，对下一步改革工作进行再强调、再部署。

“科改行动”自 2020 年开始实施，支持和引导国有科技型企业在市场化改革和提升自主创新能力上取得新突破；“双百行动”于 2018 年启动，选取百余户中央企业子企业和百余户地方国有骨干企业，注重发挥基层改革创新“尖兵”作用，鼓励基层主动探索创新推进综合改革。

两大专项行动启动以来成果显著。其中，“科改行动”坚持市场化改革和提升自主创新能力“双轮驱动”，聚焦治理、用人、激励“三大机制”，加快健全有利于国有企业科技创新的体制机制。2022 年，“科改企业”研发总投入达 1582.4 亿元。近三年平均研发投入强度均超过 14%，2022 年平均研发投入强度达 17.7%，高于 2021 年科创板上市公司和中央企业平均水平，形成了科研投入持续稳定增长的长效机制。在体制创新加持下，多家企业在解决“卡脖子”问题上取得重要成果。

“双百行动”中则涌现出一批经营机制灵活、创新能力和市场竞争力显著提升的“改革尖兵”，探索出了一系列可复制、可推广的改革经验和改革模式。在推进股权多元化方面，30.8%的“双百企业”有序实施了混合所有制改革，有些已经成功上市，截至2022年底“双百企业”中292户为上市公司，有效放大国有资本功能；在激励约束机制方面，截至2022年底，93.5%的“双百企业”实现了工资总额增幅与效益基本匹配，激励约束机制业绩导向鲜明，2022年“双百企业”本级及各层级子企业管理人员收入差距倍数达到2.74倍；在完善市场化经营机制方面，“双百企业”实现了经理层成员任期制和契约化管理（含职业经理人制度）100%覆盖，并且严格全员绩效考核的刚性兑现和刚性退出，使市场成为资源配置的决定性力量。

对于“科改行动”的再部署，要准确把握深化“科改行动”的几个重点问题，补短板、锻长板。一是更大力度打造前瞻性战略性新兴产业，聚合优化资源抢占新赛道。具备条件的“科改企业”要更加突出原创性引领性科技攻关，加强基础性、紧迫性、前沿性、颠覆性原创技术研究，着力打造原创技术策源地，突破“卡脖子”问题。二是着力提升科技创新投入产出效能，更加注重“投入产出两手抓”，以精准化考核促进投入产出效能提升，加强企业主导的产学研深度融合，畅通成果转化和应用渠道。三是全面激发科技人才创新创造活力，更大力度强化创新激励。四是大力弘扬企业家精神和宽容失败的创新文化。

对于“双百行动”的再部署，要围绕优化公司治理、真正按市场化机制运营的目标，针对目前改革中的短板弱项，重点在以下方面取得新的突破：

一是在推动公司治理各项要求精准落地上走在前、作表率。着力提高前置清单的精准性和可操作性，更好推动集团公司授权放权与分批分类落实董事会职权有机衔接，下大力气提升外部董事履职能力。

二是在聚焦主业实业推进专业化整合上走在前、作表率。坚持突出主责主业，坚守实体经济根基，坚决防止“多层”“多元”“多债”。

三是在推动机制类改革任务更广更深覆盖上走在前、作表率。全面构建中国特色现代企业制度下的新型经营责任制，更大力度推进中长期激励，积极推进上市优化股权结构。

四是在提高企业价值创造能力上走在前、作表率。切实提高资本回报水平，强化考核引导作用，突出精益运营和精益管理。

在对两大专项改革行动下一步工作进行再部署的同时，国务院国资委也对示范企业名单进行了扩容和调整。“双百企业”的队伍增加了新鲜血液，从449户扩充至580户，这同时也对进一步深化“双百行动”提出了更高要求。“双百企业”是落实改革政策的“最后一公里”，要做推动改革落实落地、将改革成效转化为生产力的先锋，通过召开专题培训会、政策宣贯会等多种方式，进一步确保政策直达基层。鼓励“双百企业”在现有政策基础上深化创新实践，以点上突破带动面上推进。

“科改企业”则是从439户扩充至672户。其中不少都是承担本企业、本地区关键核心技术攻关，打造原创技术策源地等重任的主力军。“科改企业”的定位是国有科技型企业中的样板和尖兵，因此必须按照好上更好、优中更优的高标准来严要求。突出引领示范，强化考核评估。

未来，各中央企业、各地国资委要用好考核评估指挥棒，对工作力度弱、进展滞后的企业该通报的通报、该督办的督办，该与经营业绩考核等联动的联动；对改革创新力度大、举措实、效果好的标杆企业，要采用多种方式总结推广经验，促进形成争先创优和比学赶超的良性竞争机制，有效发挥引领示范和辐射带动作用。

>>> 国企改革三年行动方案

2020年6月30日，中央全面深化改革委员会第十四次会议审议通过《国企改革三年行动方案（2020—2022年）》，对深化国企改革进行了新的部署。国企改革三年行动方案内容如下：

（一）国企改革三年行动方案的重要意义

国企改革三年行动方案是未来三年落实国有企业改革“1＋N”政策体系和顶层设计的具体施工图，是可衡量、可考核、可检验、要办事的。做好这项工作，对做强、做优和做大国有经济，增强国有企业活力、提高效率，加快构建新发展格局，都具有重要意义。国务院国资委将坚定不移狠抓国企改革的责任落实、重点举措、典型示范，切实提升改革综合成效，增强国有经济竞争力、创新力、控制力、影响力、抗风险能力。

（二）国企改革三年行动方案主要解决的问题

国企改革三年行动方案主要考虑三方面问题：一是把党的十九大对国资国企改革的要求进一步具体化，落实到三年行动中去；二是把近年来“1 + N”改革政策进一步落实落地，没有落实到位的要在三年行动里加快落实落地；三是把近几年在“十项改革试点”“双百行动”等改革试点示范工程中基层所创造的经验，推广到下一步的国企改革过程中。

（三）国企改革三年行动方案的目标要求

通过实施改革三年行动，在形成更加成熟更加定型的中国特色现代企业制度和以管资本为主的国资监管体制上取得明显成效，在推动国有经济布局优化和结构调整上取得明显成效，在提高国有企业活力和效率上取得明显成效，做强做优做大国有资本和国有企业，增强国有经济竞争力、创新力、控制力、影响力、抗风险能力。

第一，国有企业要成为有核心竞争力的市场主体。国有企业首先必须发挥经济功能，创造市场价值，更好为党和人民服务。要加强党的领导，落实董事会职权，健全市场化经营机制，积极稳妥深化混合所有制改革。

第二，国有企业要在创新引领方面发挥更大作用。创新决定命运，硬实力畅通大循环。要以创新为突破口，进行大胆充分的激励，在关键核心技术攻关、高端人才引进、科研成果转化应用等方面有更大作为。

第三，国有企业要在提升产业链供应链水平上发挥引领作用。国有企业要对民营企业健康发展发挥带动作用和重要影响力。根据不同行业集中度要求，推动形成比较好的市场结构。国企民企要相互配合，推进兼并重组和战略性组合。中央企业要坚决压缩管理层级，防控好各类风险。

第四，国有企业要在保障社会民生和应对重大挑战等方面发挥特殊保障作用。要推动国有资本在提供公共服务、应急能力建设和公益性等关系国计民生的关键领域发挥更大作用，做好制度安排。对国有企业承担公益类业务，要进行分类核算和分类考核，建立健全符合国际惯例的补贴体系。

第五，国有企业要在维护国家经济安全方面发挥基础性作用。要坚持有进有退、有所为有所不为，推动国有资本向关系国家安全、国民经济命脉的重要行业和关键领域集中，让国有企业真正起到抵御宏观风险的托底作用。

（四）国企改革三年行动方案的主要内容和原则

国企改革三年行动方案的主要内容和原则如下：

第一，要突出抓好中国特色现代企业制度建设。

中央企业党委（党组）要把方向、管大局、保落实，结合不同层级、不同类型企业实际制定党委（党组）前置研究讨论重大经营管理事项清单，厘清各治理主体权责边界；董事会要定战略、作决策、防风险，全面依法落实董事会各项法定权力；经理层要谋经营、抓落实、强管理，全面建立董事会向经理层授权的管理制度，充分发挥经理层经营管理作用。开展对标世界一流企业管理提升行动，推进管理流程再造，优化资源配置。

第二，要突出抓好国有经济布局优化和结构调整。

围绕服务国家战略，聚焦主业主责发展实体经济，更好发挥国有企业在畅通产业循环、市场循环、经济社会循环等方面的引领带动作用，支持中央企业带动民营企业、中小企业协同发展，推动国有资本向重要行业和关键领域集中。要提升自主创新能力，加大研发投入，完善协同创新体系，在关键核心技术攻关、科研成果转化应用等方面有更大作为。巩固“压减”工作成果，加快剥离非主营业务和低效无效资产，深入推进“僵尸企业”处置工作。2020 年，基本完成厂办大集体改革，完成退休人员社会化管理主体工作，确保 2022 年剥离企业办社会职能解决历史遗留问题全面收官。

第三，要突出抓好深化混合所有制改革。

牢牢把握混合所有制改革方向，坚持“三因三宜三不”原则，积极稳妥，务求改革实效。重点推进国有资本投资、运营公司出资企业和商业一类子企业混合所有制改革。根据不同企业功能定位，合理设计和调整优化混合所有制企业股权结构。集团公司要对国有相对控股混合所有制企业实施更加市场化的差异化管控，推动建立灵活高效的市场化经营机制。要加强对混合所有制改革全过程的监督，坚决防止国有资产流失。

第四，要突出抓好健全市场化经营机制。

强化国有企业市场主体地位，切实维护企业法人财产权和经营自主权。大力推行经理层成员任期制和契约化管理，具备条件的企业特别是商业类子企业，按照市场化选聘、契约化管理、差异化薪酬、市场化退出原则，加快推行职业经理人制度。全面推进用工市场化，完善市场化薪酬分配机制，推动薪酬分配向做出突出贡献的人才和一线岗位倾斜。灵活开展多种方式的中长期激励，充分用好已有明确政策，并支持探索超额利润分享机制、骨干员工跟投机制，实施更加多样、更加符合市场规律和企业实际的激励方式。

第五，要加快形成以管资本为主的监管体制。

国资委将进一步深化职能转变，更加注重出资关系，更加注重国有资本整体功能，更加注重事中事后、分层分类，更加注重提高质量效益，把监管重点聚焦到管好资本布局、规范资本运作、提高资本回报、维护资本安全上来。优化管资本的方式手段，对不同功能定位、行业领域、发展阶段的企业，实行差异化的分类考核、分类监管、分类授权放权。充分发挥国有资本投资、运营公司在授权经营、结构调整、资本运营、激发所出资企业活力和服务实体经济等方面的功能作用。

第六，要突出抓好“双百行动”等工程。

充分发挥专项工程的示范引领和突破带动作用，扎实推进改革措施的综合运用和系统集成，凡是要求面上企业做到的，纳入有关试点和专项工程的企业要成为样板、率先实现。

第七，要突出抓好党的领导和党的建设。

充分发挥国有企业的政治优势，推进党建工作与生产经营深度融合，把提高企业效益、增强企业竞争力、实现国有资产保值增值作为企业党组织工作的出发点和落脚点。进一步加强对混合所有制企业党建工作的指导。大力弘扬企业家精神，对企业家高度信任、充分授权，对敢于负责、勇于担当、善于作为、实绩突出的企业领导人员，给予更大力度的物质激励和精神激励。同时，落实“三个区分开来”要求，切实营造尊重和激励企业家干事创业的良好氛围。

总之，国企改革政策的不断出台和改革举措的不断推出，对于做好新时代国有企业的全面改革具有重要指导意义，同时，也指明了国有企业推进数字化转型的基本方向。

>>> 三年行动之后的深化改革

国企改革三年行动收官之后，面对蓬勃兴起的新一轮科技革命和产业变革，如何更好地推进国有企业的数字化转型、推进国有企业的高质量发展、提升核心竞争力是新一轮深化国企改革需要探讨的核心问题。

以党的二十大召开为标志，国资国企改革进入新一轮的改革周期，2022年底举行的中央经济工作会议对国资国企改革进行新的部署。一方面是将“企业核心竞争力”赋予到国资国企改革中，提出国资国企不仅追求市场竞争力，还要在保障产业链供应链安全、建设现代产业体系、完成国家战略任务等方面发挥引领作用；另一方面是要坚持分类改革方向，处理好国企经济责任和社会责任关系，完善中国特色国有企业现代公司治理，真正按市场化机制运营。

同时，中央经济工作会议还指出2023年国资国企改革工作需要聚焦七大方面：一是推动国有企业提质增效稳增长，发挥带动作用，服务国家发展；二是推进国有资本布局优化和结构调整，深入推进战略性重组和专业化整合；三是加大国企科技创新工作力度，突出企业科技创新主体地位，加快原创技术策源地建设；四是加快推动现代化产业体系建设，积极承担现代产业链链长建设；五是抓好新一轮国企改革深化提升行动，深化完善中国特色国有企业现代公司治理；六是增强国有资产监管效能，不断巩固完善业务监督、综合监督、责任追究“三位一体”监督工作体系；七是坚决有力抓好风险防范化解工作，牢牢守住不发生重大风险的底线。2023年3月5日的《政府工作报告》再次强调，要深化国资国企改革，提高国企核心竞争力。

总的来说，数字化转型是新一轮国资国企改革的重点方向。未来将以提高核心竞争力和增强核心功能为重点，推动新一轮国资国企改革，做强做优做大国有资本和国有企业，为实现中国式现代化做出更大贡献。

3.2 多层次部署推动数字经济发展

除了本书第2章提到的国家对数字经济发展所提出的重要规划和部署之外，近年来国家层面和地方层面提出的一系列政策部署和具体举措都对我国数字经济的发展起着重要的指导和推动作用。

2021年3月5日的《政府工作报告》提出，“加快数字化发展，打造数字经济新优势，协同推进数字产业化和产业数字化转型，加快数字社会建设步伐，提高数字政府建设水平，营造良好数字生态，建设数字中国”。这已是“数字经济”第四次被写入《政府工作报告》。面对政策红利、产业转型和经济转型三大机遇，数字经济正在成为驱动中国经济高质量发展的重要引擎。在此背景下，多方正进一步加强顶层设计，持续完善我国发展数字经济的政策体系。

“十二五”时期，国家便高度重视大数据开发应用，先后出台多个文件强调加快数据强国建设。2015年7月，国务院办公厅印发《关于运用大数据加强对市场主体服务和监管的若干意见》，要求以社会信用体系建设和政府信息公开、数据开放为抓手，充分运用大数据、云计算等现代信息技术，提高政府服务水平，促进市场公平竞争，释放市场主体活力，进一步优化发展环境。同年 8 月，国务院发布《促进大数据发展行动纲要》，就全面推进大数据发展和应用、加快建设数据强国提出主要任务。“十三五”规划也提出实施国家大数据战略，大力推进数据资源开放共享。广东佛山、辽宁沈阳、四川成都等多地相继成立大数据管理局，由政府牵头，统筹公共数据开放，研究制定并组织实施大数据战略，引导和推动大数据研究和应用工作。北京、上海、武汉、浙江等地还推出政府信息资源开放平台，面向社会开放政府数据，促进数据资源开发利用。贵阳成立大数据交易所，面向全国提供完善的数据交易、结算、交付、安全保障、数据资产管理和融资等综合配套服务。随着国家大数据战略的实施，政府数据开放进程加快，将有更多省市设立大数据管理机构，建设数据开放平台，研究制定大数据战略落地实施政策，为政府数据有效流动提供有力支撑，大数据应用将逐步深入经济社会各个领域，为数字经济的发展奠定基础。

2021 年 3 月，《中华人民共和国国民经济和社会发展第十四个五年规划和 2035 年远景目标纲要》（以下简称《纲要》）发布。《纲要》明确提出，坚持创新在我国现代化建设全局中的核心地位，把科技自立自强作为国家发展的战略支撑，确立了创新在“十四五”时期的重要战略地位。在此基础上，《纲要》还将数字经济部分单列一篇，明确提出，迎接数字时代，激活数据要素潜能，推进网络强国建设，加快建设数字经济、数字社会、数字政府，以数字化转型整体驱动生产方式、生活方式和治理方式变革。同时，《纲要》首次提出数字经济核心产业增加值占 GDP 比重这一新经济指标，并明确要求我国数字经济核心产业增加值占 GDP 的比重要由 2020 年的 7.8% 提升至 10%。

2021 年 3 月，国新办举行第四届数字中国建设峰会新闻发布会。会上，国家发展改革委创新和高技术发展司负责人指出，落实“十四五”规划纲要内容，推动数字经济加快发展，国家发展改革委将重点做好六方面工作：一是进一步强化数字经济顶层设计；二是积极推进新型基础设施建设，夯实数字经济发展基础；三是加快培育数据要素市场；四是推动数字技术和实体经济深入融合；五是加强引导区域试点示范；六是营造规范有序的政策环境。

为了保障数字经济的顺利发展，作为衡量数字经济发展水平的重要统计标准，2021 年 5 月国家统计局发布了《数字经济及其核心产业统计分类(2021)》。该分类对数字经济的概念进行了界定，数字经济是指以数据资源作为关键生产要素、以现代信息网络作为重要载体、以信息通信技术的有效使用作为效率提升和经济结构优化的重要推动力的一系列经济活动。同时将数字经济产业范围确定为：01 数字产品制造业、02 数字产品服务业、03 数字技术应用业、04 数字要素驱动业、05 数字化效率提升业等 5 个大类。该文件的出台为我国数字经济核算提供了统一可比的统计标准、口径和范围，能全面、准确地反映我国数字经济及其核心产业发展状况，为我国数字经济的发展提供有效支持。

作为我国数字经济发展顶层布局的前期基础，近些年，我国也在积极部署“互联网 +”战略，相继出台一系列政策文件。商务部是第一个落实“互联网 +”专项行动计划的部委，提出《“互联网 + 流通”行动计划》，意图通过推动互联网与流通业双向深度融合，推动流通业实现高端化发展，同时促进改变服务方式，不断释放流通业消费潜力。国家能源局发布《能源互联网行动计划大纲》，设立了 12 个支撑课题，结合我国能源分布的实际情况，确定我国能源互联网发展方向及发展重点。2015 年 7 月，国务院印发《关于积极推进“互联网 +”行动的指导意见》，提出包括创业创新、协同制造、现代农业、智慧能源、普惠金融、益民服务、高效物流、电子商务、便捷交通、绿色生态、人工智能等 11 项具体行动。随后，国务院相继印发《关于深化制造业与互联网融合发展的指导意见》《关于加快推进“互联网 + 政务服务”工作的指导意见》，国务院办公厅印发《关于促进“互联网 + 医疗健康”发展的意见》等，加速互联网与经济社会各领域的融合，借“互联网 +”的力量促进传统产业转型升级，支撑政府管理和公共服务模式创新。

数字化既是经济高质量发展的驱动力，也是提升持久竞争力的着力点。以数字基础设施为代表的“新基建”对于扩大有效需求、应对风险挑战、推动高质量发展具有重要意义。2020 年 4 月 28 日召开的国务院常务会议部署加快推进信息网络等新型基础设施建设，明确“创新投资建设模式”“以应用为导向”等一系列要求，释放了加快“新基建”的信号，为“新基建”

的推进指明方向。会议提出，要根据发展需要和产业潜力，推进信息网络等新型基础设施建设。其中特别提出，创新投资建设模式，坚持以市场投入为主，支持多元主体参与建设。与此同时，以应用为导向，挖掘我国市场规模巨大的潜能，积极拓展新型基础设施应用场景等一系列要求，再次表明“新基建”的推进过程中，要更关注其对推动转型、孕育创新的作用。2020 年 8 月，交通运输部印发《关于推动交通运输领域新型基础设施建设的指导意见》，提出交通运输领域新型基础设施建设以先进技术赋能，使传统基础设施融入新要素、具备新功能、呈现新形态，促进交通基础设施网、运输服务网、能源网与信息网络融合发展。

同时，各省份也纷纷出台数字经济规划或战略，例如《北京市促进数字经济创新发展行动纲要（2020—2022 年)》《浙江省数字赋能促进新业态新模式发展行动计划（2020—2022 年)》《智慧海南总体方案（2020—2025 年)》《湖南省数字经济发展规划（2020—2025 年)》《广西数字经济发展规划（2018—2025 年)》《广东省培育数字经济产业集群行动计划（2019—2025 年)》等。各省份立足自身发展实际，大力发展数字经济决策部署，加快数字产业化、产业数字化进程，构建现代化经济体系，持续推动经济高质量发展。

2022 年上半年，各地方政府（如北京、河北、江西、重庆等）也相继出台促进数字经济发展的《数字经济促进条例》《数据条例》等，来规范和引导本地区数字经济的发展。

如北京市 2022 年颁布的《数字经济促进条例》第四十二条指出，本市公共机构应当通过多种形式的场景开放引导各类市场主体参与智慧城市建设，并为新技术、新产品、新服务提供测试验证、应用试点和产业孵化的条件。市科技部门会同相关部门定期发布应用场景开放清单。鼓励事业单位、国有企业参照前款规定开放应用场景，借助市场化力量，提升数字化治理能力和应用水平。

可以看出，国有企业在推进各地区数字经济发展过程中越来越发挥着重要的引领和支撑作用。

3.3　国企数字化转型相关部署

新一轮科技革命和产业变革正在迅猛发展，全球经济正处在一个前所未有的变轨期。国有企业需充分发挥国有经济主导作用，主动把握和引领新一代信息技术变革趋势，引领和带动我国经济在转型变革中占据国际竞争制高点。在这一趋势下，我国对国有企业数字化转型的政策支持力度正在日益增强，政策体系也在持续完善。

例如，2015 年 9 月，中共中央、国务院印发《关于深化国有企业改革的指导意见》（以下简称《指导意见》），这是“十三五”时期指导和推进国有企业改革的纲领性文件。把国有企业打造成为独立的市场主体，充分激发和释放企业活力，提高市场竞争力和发展引领力，是深化国有企业改革的着眼点和落脚点。《指导意见》明确提出，应发挥国有企业在实施创新驱动发展战略和制造强国战略中的骨干和表率作用。工信部副部长辛国斌提出，坚持两化深度融合，深化互联网在制造领域的应用，全面提升智能化水平是其中的重要方面。在随后的几年内，国资委和互联网企业深度接触，鼓励支持中央企业与互联网企业深化务实合作，推动数字经济与实体经济融合创新，以改革培育新动能、以合作推动新发展，实现互利共赢。

2018 年 4 月，科技部、国资委印发《关于进一步推进中央企业创新发展的意见》，提出中央企业作为国民经济发展的重要支柱，是践行创新发展新理念、实施国家重大科技创新部署的骨干力量和国家队。推动中央企业提高科技创新能力，走创新发展道路，是实现科技创新面向世界科技前沿、面向经济主战场、面向国家重大需求的必然要求。“十三五”期间我国国有企业改革更加深化，规模实力不断增强，数字化、智能化水平得到显著提升，有效发挥了“顶梁柱”和“压舱石”的作用。同时，我国国有企业战略性新兴产业投资力度进一步加大，2019 年中央企业完成战略性新兴产业投资 9505 亿元，同比增长 33%，占当年中央企业投资总额的 20%，较上年提高 4.5 个百分点。这些都为新时期国有企业更深层次地做好数字化转型奠定了良好的基础。

战略性新兴产业是以重大技术突破和重大发展需求为基础，对经济社会全局和长远发展具有重大引领带动作用，成长潜力巨大的产业，是新兴科技和新兴产业的深度融合，既代表着科技创新的方向，也代表着产业发展的方向，具有科技含量高、市场潜力大、带动能力强、综合效益好等特征。在《国务院关于加快培育和发展战略性新兴产业的决定》中把节能环保、信息、生物、高端装备制造、新能源、新材料、新能源汽车等作为现阶段重点发展的战略性新兴产业。具体而言，战略性新兴产业是以重大技术突破和重大发展需求为基础，对经济社会全局和长远发展具有重大引领带动作用，知识技术密集、物质资源消耗少、成长潜力大、综合效益好的产业，包括新一代信息技术产业、高端装备制造产业、新材料产业、生物产业、新能源汽车产业、新能源产业、节能环保产业、数字创意产业、相关服务业等 9 大领域，如图 3 – 1 所示。

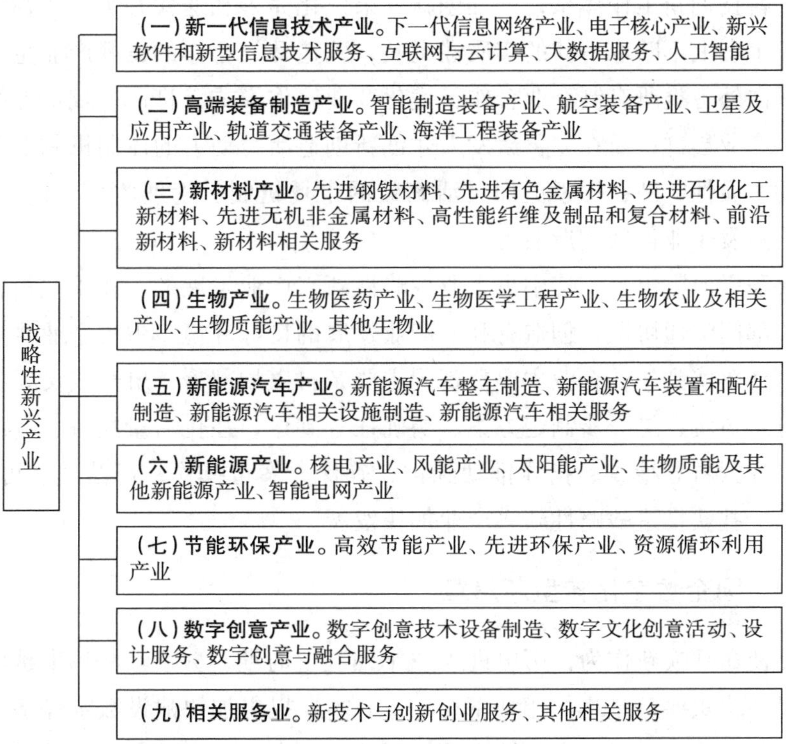

图 3 – 1　战略性新兴产业

2023 年 5 月 24 日，国务院国资委召开中央企业加快发展战略性新兴产业部署会指出，战略性新兴产业代表新一轮科技革命和产业变革的方向，也是国家培育发展新动能、赢得未来竞争新优势的关键领域。要深刻认识集中力量、加快布局和发展战略性新兴产业，是国资央企积极落实国家战略、实现高质量发展、服务构建新发展格局的重要举措。要深刻把握科技革命和产业变革趋势要求，找准主战场、融入主战场、决战主战场，为国资央企加快调整布局结构、转变发展方式蹚出新路。

中央企业发展战略性新兴产业，要在产业布局优化上不断取得新的实质性突破，坚持战略更聚焦、方式更灵活、视野更开放，及时把握产业演化发展新业态新模式，打造世界一流的产品、服务和品牌，加快培育“专精特新”和“单项冠军”企业，尽快形成体系化布局；要在关键核心技术上不断取得新的实质性突破，强化企业创新主体地位，围绕产业链部署创新链，提高科技投入产出效率，加大原创性、引领性技术研发投入，构建以实效为导向的科技创新工作体系，助推创新成果优化完善和迭代升级；要在形成良好产业生态上不断取得新的实质性突破，营造开放合作的良好产业生态，深化与国内外各类所有制企业合作，优化产业协作模式，打造一批世界级战略性新兴产业集群；要在完善激发人才创新创造活力动力的体制机制上不断取得新的实质性突破，探索更加灵活高效的市场机制、管理体系、包容机制，进一步激发企业创新创造活力。

要积极研究出台支持中央企业战略性新兴产业发展的一揽子政策，加强与相关部门沟通协调，创造有利于产业发展的良好环境。中央企业要加强领导、责任落实到位，企业主要负责同志要亲自谋划部署，班子成员要各司其职、分工负责，进一步制定方案、明确任务到位，强化力量配备、资源保障到位，加强督导检查、指导推动到位，确保方案可操作、可落地、可评估、可考核，扎实推进战略性新兴产业加快发展。

>>> 国企数字化转型新篇章

新使命呼唤新作为，历史进入“十四五”时期，数字经济越来越成为国家建设一个重要且基本的组成部分。《纲要》提出加快建设数字经济、数字社会、数字政府，以数字化转型整体驱动生产方式、生活方式和治理方式变革。在新发展理念引领下，国有企业也需要用数字力量为企业发展注入新的活力，加快企业改造升级，着力强化数字技术与实体经济深度融合，推进产品创新数字化、生产运营智能化、用户服务敏捷化、产业体系生态化，提升企业发展质量效益，走出具有中国特色的数字化之路，奔向数字经济新时代。

2020 年 9 月，国务院国资委印发《关于加快推进国有企业数字化转型工作的通知》（以下简称《通知》），就推动国有企业数字化转型做出全面部署。《通知》明确了国有企业数字化转型的基础、方向、重点和举措，开启了国有企业数字化转型的新篇章，积极引导国有企业在数字经济时代准确识变、科学应变、主动求变，加快改造提升传统动能、培育发展新动能。《通知》指出需通过推进产品创新数字化、推进生产运营智能化、推进用户服务敏捷化、推进产业体系生态化加快推进产业数字化创新，进一步夯实国有企业数字化转型基础，推动国有企业实现高质量发展。

《通知》明确国有企业数字化转型的重点工作：一是要提高认识，深刻理解数字化转型的重要意义。二是要加强对标，着力夯实数字化转型基础。包括：①建设基础数字技术平台；②建立系统化管理体系；③构建数据治理体系；④提升安全防护水平。三是要把握方向，加快推进产业数字化创新。包括：①推进产品创新数字化；②推进生产运营智能化；③推进用户服务敏捷化；④推进产业体系生态化。四是要技术赋能，全面推进数字产业化发展。包括：①加快新型基础设施建设；②加快关键核心技术攻关；③加快发展数字产业。五是要突出重点，打造行业数字化转型示范样板。包括：①打造制造类企业数字化转型示范；②打造能源类企业数字化转型示范；③打造建筑类企业数字化转型示范；④打造服务类企业数字化转型示范。六是要统筹部署，多措并举确保转型工作顺利实施。包括：①制定数字化转型规划和路线图；②协同推进数字化转型工作；③做好数字化转型资源保障。

同时，国务院国资委将加强对国有企业数字化转型工作的指导，组织数字化转型线上诊断，开展“一把手谈数字化转型”工作，遴选推广数字化转型典型案例和解决方案，推进数字化转型协同创新平台建设，组织数字化转型相关交流研讨，切实推动国有企业数字化转型工作。

国有企业是引领带动经济高质量发展的中坚力量，加快数字化转型将加速推进新技术创新、新产品培育、新模式扩散和新业态发展，推动企业更广更深融入并完善全球供给体系，促进我国产业迈向全球价值链中高端。

2021 年 1 月，国资委在国务院新闻办举行新闻发布会，为各大国企、央企的数字化转型更加清晰地指明了方向。数据显示，2020 年，央企的研发投入强度达 2. 55%，同比提高了 0. 3 个百分点，其中中央工业企业研发强度达 3%。目前，央企在数字化发展等方面，先后设立了多个产业协同创新平台，承建国家“双创”示范基地 13 个，建设各类创新平台 400 多个。

会议指出，国资委将把科技创新重大项目突破列入央企业绩考核范围。与此同时，为了使科技创新引领全面创新，实现发展动力的根本性变革，下一步，国资委还将把中央企业的科研投入在考核当中加回到中央企业的利润，即把科研投入视同利润进行考核。在资本金投入方面，国资委也将进一步加大力度，把国有资本经营预算大部分投入科技创新方面，进一步加快央企数字化、智能化转型升级。会议还指出，2021 年是国企改革三年行动攻坚之年，是承上启下的关键之年，国资委将按照“可衡量、可考核、可检验、要办事”的要求，倒排工期、挂图作战，全力打好攻坚战。力争到 2021 年底完成三年总体改革任务的 70% 以上，在重要领域、关键环节取得实质性突破。

2021 年 4 月，第四届数字中国建设峰会期间，以“数字赋能国企，创新引领未来”为主题的国有企业数字化转型分论坛在福州举行。会上指出，立足新发展阶段，国资委和国有企业将贯彻新发展理念，构建新发展格局，从国资国企发展全局出发，坚持整体推进、重点突破、生态赋能，更加坚定、更加全面、更加深入地推进国有企业数字化转型，助力做强做优做大国有资本和国有企业，充分发挥国有经济战略支撑作用，加快建设世界一流企业。同时提出了三大具体措施：一是坚持整体推进，实施专项行动计划，加快开创数字化转型新局面；二是坚持重点突破，打造试点示范标杆，积极探索数字化转型新路径；三是坚持生态赋能，共建协同创新平台，充分释放数字化转型新动能。

2023 年 4 月 27 日，国务院国资委负责同志在第三届国有企业数字化转型论坛上指出，要牢牢把握做强做优做大国有企业这一根本目标，抓住数字化网络化智能化融合发展契机，深入实施国有企业数字化转型行动计划，推动中央企业在产业数字化、数字产业化等方面取得积极进展，为数字中国建设增添成色亮色。下一步，国资委将立足“两个大局”，强化企业科技创新主体地位，推动国有企业深化统筹部署，强化重点突破，优化保障机制，进一步加快数字化发展，切实担负起在数字中国建设中的使命责任。

同时，论坛还发布了国有企业数字化转型 10 大趋势：理念革新，传统管理方式和体系正在革新，企业数字化转型提档加速；素养提升，数字化人才队伍加速建设，激发企业创新动力活力；数据激活，新要素价值体系逐步构建，加速数据资产化进程；场景创新，连点成线、聚线成面，不断催生新业态新模式；产业互联，数字化加速融通发展，不断拓展产业协同新生态；同频共振，能源革命与数字革命融合，数字化赋能绿色低碳；数实融合，催生出一批产业驱动的数科公司走上舞台，大大丰富了数字化供给能力；强基赋能，数字基础设施建设和规模化应用加快，数字经济底座更加坚实；智能引领，关键核心技术不断突破，不断开创数字技术创新新局面；安全护航，网络防护体系强化可信可控，筑牢数字空间安全屏障。

2023 年 6 月 27 日，国务院国资委召开深入推进国有企业数字化转型专题会，对深入实施数字化转型行动进行了安排部署。会议指出，国有企业要深入学习贯彻习近平总书记有关重要论述，进一步提高政治站位，深刻认识国企数字化转型重要意义，加强对标评估、推进试点示范、完善体制机制、加强合作发展，深入实施国有企业数字化转型行动计划，全面提升数字化智能化发展水平，加快世界一流企业建设，更好发挥国企科技创新、产业控制、安全支撑作用，为加快建设现代化产业体系、促进实体经济高质量发展做出更大贡献。

2023 年 9 月 28 日，国务院国资委召开国有企业改革深化提升行动专题推进会。会议指出，经过国企改革三年行动，各地方、各中央企业改革发展总体水平显著跃升，但因基础不同、条件差异，地区之间、企业之间的差距明显。新一轮改革要注重考虑这一实际，在统筹谋划、整体推进的同时，因地制宜、因企制宜，不搞“一刀切”。对于新一轮改革，国务院国资委提出，要深刻认识领会深化提升行动的新要求，始终坚持正确改革方向，更加注重突出“做强做专”；要区分功能使命性任务和体制机制性任务的不同特点，采用不同的路径和方法；既要全面落实、避免遗漏，又要突出重点、凸显自身特色；要更加注重分类改革，鼓励精准化、差异化、个性化改革探索。

会议指出，在开局起步乘势而上的关键阶段，国有企业需全面准确理解把握三方面新要求：一是更加注重突出做强做专。新一轮改革的鲜明导向就是要突出做强做专，绝不盲目求大。二是强化核心功能使命担当。功能使命性任务是这一轮改革的最大亮点。国有企业要急国之所急、应国之所需，尽己所能、服务国家战略，更好发挥战略支撑作用。三是积极践行三个属性统一。要增强核心功能、提升核心竞争力，切实履行战略安全、产业引领、国计民生、公共服务等功能，更好实现经济属性、政治属性、社会属性的有机统一。

在中央政策的引导下，各地政府也纷纷出台国有企业数字化转型工作的指导意见，将数字化发展视为国有企业转型的重要方向。如 2021 年 4 月，广州市国资委印发《关于加快推进广州国资国企数字化转型工作的指导意见》(以下简称《指导意见》)。《指导意见》基于数字化转型对国资国企改革创新、产业转型升级、核心竞争力提升、监管效能提高等方面的重要意义，提出以产业数字化、数字产业化为转型主线，以“上云用数赋智”为重点突破口，全力打造“三个一”工程，即打造一个智慧国资系统、一批数字化转型示范项目、一批竞争力强的重点数字化产业和企业，推动国资监管智能化水平不断提升，国有数字经济规模不断扩大、质量明显提高，并提出了一系列具体的转型措施。同时，近年来，各地方国企也在加大力度进行数字化转型的部署和培训工作。

可以看出，国有企业数字化转型是一项系统性工程，需要依靠全社会各方面的力量来集中推进。国有企业的数字化转型，也将带动全社会数字化进程的加快，进而为建设数字中国、实现经济和社会的全面高质量发展做出贡献。

第4章　国企发展和数字化转型中的问题

作为国家经济发展的一个重要组成部分，国企既是国家提供公共产品的重要来源，同时又要实现对国家资源宏观调控的落地，保障国家资源的安全，实现国家资源调控和经济发展的战略目标。显然，与其他所有制的企业相比，国企独有的特征决定了其在经济属性和社会属性方面都应该在国家发展中拥有举足轻重的地位。概括来讲，国有企业对国家的重要性突出体现在战略保障、经济保障、资源保障、安全保障以及发展保障等五个关联方面。

随着国民经济的快速发展，国有企业实现了迅速增长，但随着国企的快速发展，在新的国际国内形势下，国有企业自身存在的一些问题也逐渐显露出来。把握国企发展中存在的主要问题，对于助力国企深层次改革和数字化转型具有重要意义。

从企业经营管理的逻辑来看，一般来讲，任何企业的数字化转型所涵盖的范畴都应该包括企业管理活动的数字化转型和企业业务活动的数字化转型两个方面（见图4－1）。这两方面活动的数字化也涵盖了企业所有经营管理活动的数字化。

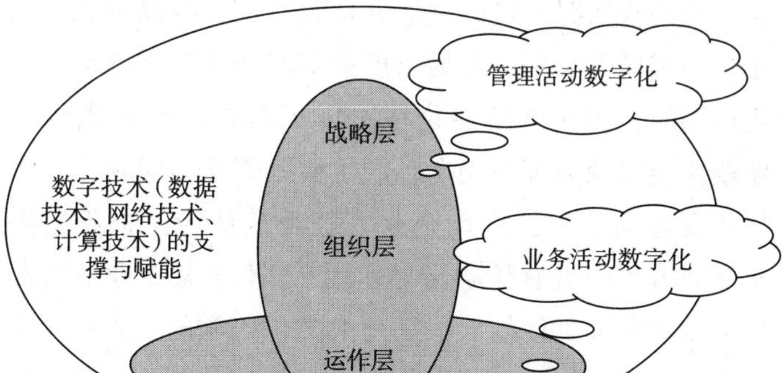

图4－1　企业全方位数字化转型的基本范畴

企业经营管理活动的数字化转型需要从战略层面、组织层面（企业内、外部的资源层面）以及运作层面综合推进。其中，运作层面也就是企业业务层面所需要考虑的问题。下面我们对国有企业运行的一般性和常见性问题以及数字化转型方面的问题进行总结讨论。

4.1 国企经营管理中的问题

近年来，国有企业在经营理念、管理模式以及技术水平等方面都得到了长足的发展。但国企的特殊性质也容易导致其在企业经营管理活动的战略层面、组织层面（资源层面）以及运作层面存在一些普遍的问题。

>>> 战略层面的问题——如文化、战略、责任、市场等问题

战略层是企业经营管理活动中的最高层面，包括企业的政治站位、企业的文化建设、企业的战略定位以及企业在社会经济活动中的定位及价值作用等。

对国有企业而言，战略层面存在的问题往往有市场竞争问题、企业文化建设问题、社会责任担当问题、战略决策的主观性和习惯性问题等。

从市场竞争方面来看：国有企业的性质和历史特点等决定了其在某些行业容易形成垄断地位，如石化、烟草等。对于某些没有市场化的行业，还存在大量靠行政垄断以及资源优势生存的企业。这一情况的存在，一方面，容易导致部分国有企业市场竞争意识相对滞后、市场竞争经验较为欠缺、核心竞争力培育迟缓和不足；另一方面，在某些非国有企业较难进入的行业和地区，国有企业的经营状况直接影响地方财政业绩，容易导致盲目投入而产能过剩、产业结构布局不合理，容易出现“僵尸企业”等现象，如钢铁、有色金属等行业；同时，国企的特点往往决定了其在产业链供应链中的主导地位，容易导致社会资源分配不均衡，产生腐败等社会问题。

从文化建设方面来看：现代企业管理观点认为，企业文化是企业的灵魂，在企业发展过程中具有核心指导作用[①]。不论是企业的战略、企业员工的行为还是企业对社会责任的认识都是由文化引领的。国有企业的历史决定了其拥有很多优良的传统和精神文化内涵，例如包括国家建设的热情，面对

① 姚建明．战略管理：新思维、新架构、新方法（第2版）［M］．北京：清华大学出版社，2022.

应急、灾难的奉献精神等，但如何更好地用现代企业管理理念提升文化建设还有待加强。

首先，文化是战略的引领，但很多企业在制定自己的战略时并没有考虑文化的引领问题。这一方面和国有企业的经营性质有关；另一方面很多企业的领导和决策者对企业文化的理解过于简单，认为企业文化仅是几句响亮的口号、几条经验和企业精神总结等，将其写在纸上、贴在墙上即可，认为企业文化建设对企业无法产生实际的经济效益，管理者并不愿意下功夫来打造和培育企业文化，导致企业文化建设流于形式。这种对文化的简单理解，并不能很好地支撑企业战略的制定和有效实施，往往容易导致企业在制定战略规划时仅从短期经济效益出发，而忽略高质量发展中关于均衡和持续发展的要求。例如，2021 年部分地方企业不顾国家政策，赶时间上马“双高”项目就是很好的例子。

其次，从企业文化的贯彻角度讲，一些企业对文化认识不到位，导致文化建设有所偏差，流于形式和口号，企业的凝聚力和向心力得不到支撑，企业养闲人，员工动力不足、混日子的情况也较为普遍。并且容易在认知上将国家财产当成个人财产进行侵吞和挥霍，违反党纪国法，造成国有资产的流失。这些都是不良的企业文化基因导致的，也是国有企业改革中需要下大力气解决的问题。同时，部分企业中领导直接说了算的非制度化现象也比较普遍。

从社会责任方面来看：国有企业特殊的资源属性决定了其在承担国家社会责任方面所肩负的历史使命。但部分企业在权衡短期经济利益和社会责任方面所做的平衡不到位，进而导致经营管理决策失误，对企业发展产生了很大的影响。

>>> 组织层面的问题——如产权、资源、组织、人力等问题

组织层面是企业经营管理活动中的中层层面，组织的对象是企业内、外部的各种有形的和无形的资源（如内部的人、财、物、技术、品牌等，外部的供应商、渠道、服务机构、金融机构、咨询机构等）。显然，组织层面探讨的核心问题是如何选择好、获取好和使用好企业内外部各种资源的问题。国有企业的特殊性决定了其产权、资源、组织、人力等方面的问题都是较为重要的问题。

从产权方面来看：一般来讲，与其他性质的企业相比，国有企业的产权是很清晰的。但部分国有企业产权结构的合理性有待进一步提升。特别是对于企业经营业务范围没有很好界定、多元化业务较多的企业，其产权结构往往值得探讨。比如，某些国有企业利用手中的资源和影响力，进入当时容易赚钱、市场需求旺盛的行业，造成企业多元化经营泛滥、涉猎行业过多，容易导致后续某些子公司变成企业累赘，缺乏产品创新和核心竞争力，一旦经济环境不好，将面临很大的风险。有的国有企业有各个层级的几十甚至上百个子公司，其中只有个别是盈利的。如何通过调整产权结构、优化组织架构，以核心竞争力为依托，制定明确的战略方向来指导企业的发展是非常重要的。

从资源管理方面来看：首先，部分国有企业对资源获取的准入标准不明确、不统一，走多条线，人为决策影响严重，对资源的把关与控制较薄弱，容易导致信誉度低、质量低、准入资格低的资源获得国有企业准入，产生后续一系列风险问题。其次，部分国有企业对供应链上下游资源的评价和选择重视不够，对上下游资源的管理工作不够严谨和细致，导致资源利用和合作风险增加。最后，部分国有企业对资源的管理制度不健全、落实不到位，也没有和供应商、经销商等建立良好合作关系，导致双方信任感不足，不利于长远合作发展，更难实现价值共创，同时还容易出现双方互相苛责与问题推诿的现象。

从组织方面来看：首先，部分国有企业为了安置“特殊”人员而采取“因人设岗”的做法仍然存在，导致岗位设置复杂、人浮于事现象比较常见。组织变革不能以降本增效为目的，容易导致部分员工远离市场，决策效率低下，内部沟通和决策成本居高不下。其次，部分国企机构复杂臃肿，办事效率低，企业管理行政化的现状仍然存在。尽管经过深化改革，通过改制优化了内部结构，剥离了若干附属机构，但部分企业组织机构仍十分复杂，效率较低。再次，在制度建设方面，在新形势和新环境下，国有企业在管理制度方面仍需要有较大变革的突破，避免同质化的制度建设。最后，在企业运营方面，国有企业对很多先进的管理理念和经验的吸收速度较慢，存在一定的机制体制限制。同时，国企领导和管理人员求稳的心态也在一定程度上影响了企业变革和创新的进程。

例如，某企业设备易耗品的审批要经过二十几个环节，由于审批速度过慢，基层只能多报计划多备件，企业易耗品库存占用资金严重、呆坏物资大量积累。但当需要对备品备件审批流程进行改进时，没有领导敢决定缩短审批流程。只有大家都在审批文件上签字后才能推进。这种领导干部集体承担责任的模式在一定程度上限制了效率的提升和创新进程的加速。

从人力方面来看：首先，国有企业的高层管理人员一般跨行业、跨专业领域空降者较多，对企业不熟悉。部分管理人员的企业经营管理思维、能力和实践经验较少，在企业文化的认识、战略的把控、企业内部管理、风险的防范等方面认知不够深刻，容易导致企业经营出现问题。其次，在人才引进和选拔机制方面，国企招聘、选人用人等方面的腐败问题仍然存在。再次，在薪酬管理方面，“一收就死、一放就乱”的问题仍然存在。不进行薪酬市场化改革，留不住优秀的人才；薪酬市场化改革力度太大，又出现其他问题。尽管“政府任命的限薪，经营团队市场化”举措也在一定程度上发挥了作用，但管理层中职务和薪酬倒挂的问题，对激励效果也有影响。对于员工的薪酬绩效而言，与管理人员收入差距较大仍然是突出问题。在员工考核过程中，如何将考核标准与企业战略目标有效结合，充分激发每个员工的价值创造，实现薪酬分配的公平性与合理性仍然是值得探讨的核心问题。最后，在人员配置方面，如何平衡“因人设岗”和“因岗用人”的关系，杜绝人才流失，推进人才梯队建设，提升培训的针对性、精准性和灵活性等仍然是值得探索的重要问题。

>>> 运作层面的问题——如业务、财务、营销等问题

从业务运营方面来看：国有企业的性质及其在社会经济中的地位以及资源状况，决定了国企的业务技术水平一般较有优势，相关资源支撑较好，设施设备相对齐全、完善，具有明显的比较优势。但由于受到体制机制等制约和各方面因素的影响，某些业务的运营效率往往具有很大的改善和提升空间。同时，受到各方面因素的影响，部分企业也存在一定程度的业务技术和模式创新的滞后性，导致某些行业和地方的国企也会在特定环境下面临经营困难的问题。

从财务方面来看：一方面，国有企业的特点和市场进入优势决定了部分

国企在一定程度上存在财务风险控制意识淡薄的问题，当逐渐引入市场竞争机制后，很可能因为没有足够的风险控制意识与机制而面临风险。另一方面，国企的行业属性决定了一般负债较高，债务周期长，资金流转周期长，这些都会在一定程度上给其带来财务风险。同时，由于部分国企仍延续计划经济时代的企业经营管理理念，对财务管理没有足够重视，对于财务风险反应比较迟缓，从而产生问题。

从营销方面来看：受历史原因影响，某些国企长期采用特定渠道和定点经营方式，营销理念没有随市场变化而调整，对前沿的营销模式和技术手段不熟悉，市场敏锐度较低，营销网络较窄，容易导致产品滞销或脱销、资金链断裂等问题。同时，部分企业缺乏品牌意识，创新思维和能力滞后，生产工艺陈旧，原始创新不足，将大量资源投入仿制过程中，不重视客户实际需求，忽视售后服务和客户关系等，导致竞争力下降。同时，专业的市场化营销人才短缺，离职和跳槽率也较高等。

>>> 传统信息化方面的问题

除了上述这些普遍存在的问题，国企在传统信息化方面也存在一定的问题。例如：企业对信息化认识和理解不全面，对信息化建设的重要性和作用认识不足，观念落后，有些企业不清楚如何实现信息化，有些企业对信息化所产生的经济效益以及对企业自身发展的重要性缺乏足够的认识，有些企业则对信息化所必需的投入心存疑惑，等等。一般来讲，信息化建设需要企业全体员工思想观念的变革以及全员的系统性参与，如果这个落实不到位，信息化建设就意义不大。

例如，据调查，80.4%的企业认为开展电子商务有助于宣传产品，77.7%的企业认为可以提高企业知名度，只有43.6%的企业选择了可以降低生产、销售、运营成本，可见企业对信息化作用的认识存在很大的片面性。在这些认识中，关键是某些国有企业管理者没有将信息化建设提升到全局、战略的高度，而是简单把信息化看成是技术部门的职责。实际上，企业的信息化是企业管理决策的核心和基础，每个国有企业管理人员都应该是信息资源的管理者和信息的提供者，信息技术部门只是整个信息化过程中的协调者和推动者。

在技术方面，信息化改造一般都是直接从国内外供应商处引进系统和技术，往往成本高，针对性和适用性不强。有的企业盲目跟风，买来的系统只用一段时间或者干脆不用，这不仅造成了资源的浪费，而且也打击了信息化创新的积极性。有的国企为片面追求一步到位而购买一套功能无所不包的系统，但在功能还没有得到充分利用之前，此系统就已经落后了，又给企业造成了巨大的浪费。

在信息化投入方面，除了技术和系统外，对信息人才培养的重视程度还有待提升，企业对员工的培训方式和培训考评模式仍需改善。目前，很多企业对培训需求的精准分析以及如何开展合理的培训和考评仍较为模糊。

同时，由于不同层次、不同部门、不同岗位人员对信息化建设的关注点不完全一致，协调困难，目标不一致甚至冲突。如企业领导认为信息化可以提高企业竞争力，但看到也听到不少企业实施信息化后并没有出现巨大的绩效改观，而且投入与产出严重不成正比；部门员工往往对信息化期望过高，希望能快速解决工作上的所有问题、提高效率。部门员工在系统的规划、功能设计、采购、招标等过程中，往往认为信息化是信息部门负责的事情，与自己关系不大，只要等待系统实现后自己操作就行了，而一旦出现信息系统不好用、没起作用或者故障等问题，又往往直接将责任推到信息部门，信息部门的信息技术人员可能面临与其他部门配合难等问题，尽管有时有高层领导的支持，但各部门之间的协作沟通仍然困难。

上述一系列问题的存在（但不限于），导致当前部分国有企业的信息化建设水平有待提升。当然，尽管数字化转型和信息化建设还有一定的差异，但上述问题在企业数字化转型中同样存在，需要企业不断关注。

可以看出，上述国有企业在不同层面（战略层、组织层、运作层）面临的一系列问题（不限于）不仅不利于增强国企的竞争力，还制约着国企改革的深入推进。为此，基于新的形势下国家对国有企业的发展定位和要求，国有企业在改革中要不断探索解决上述问题的途径，同时在国有企业的数字化转型推进过程中，也要全方位地围绕各种问题和痛点进行解决，这样，才能把数字化转型工作做好，从而推动我国经济的高质量发展以及国家战略目标的实现。

4.2 国企数字化转型中的问题及应对举措

>>> 对数字化转型理解不全面、不系统

前文指出，从企业数字化转型的逻辑来看，任何企业的数字化转型的范畴都应该包括企业全部经营管理活动的数字化赋能，即企业管理活动的数字化转型和企业业务活动的数字化转型两个方面。

在管理活动的数字化转型方面，目前，有些国有企业在做数字化转型时往往从部分环节切入：如营销的数字化、采购的数字化、财务和办公的数字化等。

例如，在采购的数字化产品开发中，很多数字化转型服务企业都提供具有类似功能的一些模块。比如：

供应商的管理模块，包括对供应商全生命周期的数字化管理，建立风控数据评估系统以动态监控供应商的风险，通过全面的供应商绩效管理与分析评估供应商绩效并建立动态筛选机制等。

供应商的寻源模块，包括多种寻源方案的组合，通过适配不同的供应商寻源场景以及智能化的采购价格管理机制来整合供应商，最大化地拓展寻源空间。同时，采用电子化的采购合同管理模式，实现合同管理全流程的高效便捷。

供应商管理的协同模块，包括供应商实现复杂业务场景的供应预期与订单协同管理，实现送收货协同管理、物流全程跟踪协同管理、质量品控全程追溯协同管理和财务结算协同管理等。

采购商城模块，服务客户对接各大主流电商平台，实现直采的同时畅享商城的全品类采购，提供跨平台商品自动比价服务，提供积分福利及规则优惠等模式，提供海量供应商目录化采购管理模式等。

特别对于国有企业用户而言，很多提供采购数字化转型的服务企业都围绕国有企业采购的制度和规则进行数字化产品的开发，比如规范的招投标、政采服务、机票采购、结算机制等。

相对来说，这些常见环节的数字化往往比较容易形成标准化的产品和服

务，并且已经有了相对统一和“成熟”的技术、系统和模式。比较而言，提供这样的数字化产品与服务的企业也较多，有时候，在它们的高压推销下，国企在不完全了解数字化转型目的和逻辑的前提下，也可能盲目购买它们的产品或服务。

在业务活动的数字化转型方面，国有企业的性质及其在社会经济中的地位以及资源状况，决定了国企的业务技术一般较有优势，相关资源支撑较好，设施设备相对齐全、完善、先进，具有明显的比较优势。比如，国家电网的智能化输配电系统、中石油智能加油系统方案等。

但从企业全方位经营管理活动来看，很多环节实施数字化改造还存在较大难度。比如，企业的文化和战略决策、治理和组织架构决策、规章制度决策、人员管理、管控决策等方面，特别是在如何真正实现各方面的智能决策方面还需要走很长的路。由于企业情况各不相同，转型时不同的经营管理活动需要考虑采用不同的数字技术（数据技术、网络技术、计算技术等）及数字化模式来支撑和赋能，需要供需双方经过较长一段时间的磨合匹配才能完成，而想要做成统一的方案和服务产品比较困难。我们要充分认识到，数字化真正支撑的是企业全面的经营管理活动，以及全链条的业务活动，而不仅仅是目前普遍关注的部分环节。

当前，越来越多的国有企业已经认识到企业数字化转型的全局性和系统性问题，也逐步开始推进全面的数字化转型规划。

例如，2021 年国家电网有限公司党组召开会议指出，公司上下要深入学习贯彻习近平总书记关于数字经济发展的重要讲话精神，加快推进全业务、全环节、全要素数字化发展，打造公司高质量发展数字引擎，为数字中国建设贡献国网力量。要围绕能源电力数字化，有力支撑能源互联网建设。推进先进信息通信技术、控制技术与先进能源技术深度融合应用，不断提高电网资源配置、安全保障、灵活互动能力，加快电网向能源互联网升级，提升能源综合利用效率，推动能源清洁低碳转型。要围绕运营服务数字化，全面提升运营服务效率效益。以数字化手段推进管理变革，推动实现经营管理全过程实时感知、可视可控、精益高效。深化大数据、区块链等技术在营销服务领域的应用推广，提升精准服务、便捷服务、智能服务水平。要围绕能源数字产业化，积极打造能源互联网产业生态圈。大力推进“一体四翼”业务协同联动，着力培育新业态新模式。深化北斗、5G等技术集成应用，加快能源电商、智慧车联网等创新发展，提升市场竞争力、价值创造力、产业带动力。

再例如，近年来，为顺应国家数字经济发展，助力广西打造“西部领先，全国前列”的交通大省战略规划需求，广西路桥集团积极推进数字化转型，为路桥基建行业的数字化转型探索思路。广西路桥集团在数字化转型过程中，注重数字化转型的全局战略规划引领，积极推动路桥集团通过数字化转型助力企业实现从道路施工向覆盖“投、建、管、养、运”等的全产业链服务转型。在数字化转型过程中，路桥集团通过以BIM+GIS数字孪生平台为代表的“BIM技术应用服务”“工程项目标准化管理平台”和以无人机收方自动算量平台为代表的“无人机技术应用服务”“物联网智慧工地建设服务”等数字技术的应用，为工程建设提供全周期的数字化服务，助力路桥集团和广西北部湾投资集团高质量发展。

>>> 数字化转型的推进路径不合理

很多国有企业受到内外部各方面的压力，容易急切地去做数字化转型，这就很容易在没有考虑清楚的前提下，盲目地上系统、上设备，效果往往不理想。

数字化转型的路径逻辑，一定要弄清楚“干什么、怎么干”，然后再“干”。

首先，要明确目标，弄清楚“干什么”。如转型到底要解决什么问题、转型后的企业发展方向是什么等。

然后，再考虑具体的转型举措，也就是“怎么干”的问题。转型过程中是否需要引入数字技术、怎样引入适宜的相关数字技术进行匹配与支撑等。

在引入数字技术的过程中，要注意一个问题，即技术与管理之间如何更好地匹配和融合。有时候，可能管理思维超前，在用数字技术手段来支撑（赋能）的时候，却无法真正实现。

例如，在新材料技术、传感器技术等还没有足够的水平进行“万物互联”支撑的情况下，要想真正地实现很多场景的智能化和智慧化实际上是比较困难的。这也限制了很多超前概念的应用和实际上的产业化落地。

同时，在设计数字化转型的总过程时，要全面考虑是否适度、合理，在遇到其他情况时，要有变通措施。

>>> 对数字化转型的本质和内涵把握不到位

除了上述谈到的企业对数字经济和数字化转型理解不全面之外，企业对数字化转型的本质与内涵理解和把握不到位也是一个突出的问题。例如，很多企业做数字化转型时，就是把原来线下的东西完全搬到线上，但弄不清楚为什么要这么做。有的企业仅仅是使用了自动化的设备、所谓“先进”的信息系统，来取代原来靠人工实现的活动和业务，但效果并不理想。这实际上属于自动化或信息化改造的范畴，并不属于数字化转型的范畴，这也是现在很多企业做数字化转型迷茫和困惑的地方。

一般来讲，我们将数字经济时代（数字化时代）视为人类历史上的第五大变革时代，前面还有农业时代、工业时代、电气时代、信息时代等四个时代，如图4－2所示。因此，我们得到的**第一个重要结论是：在数字经济（数字化）时代所做的转型活动应该不同于其他几个时代的转型活动。**

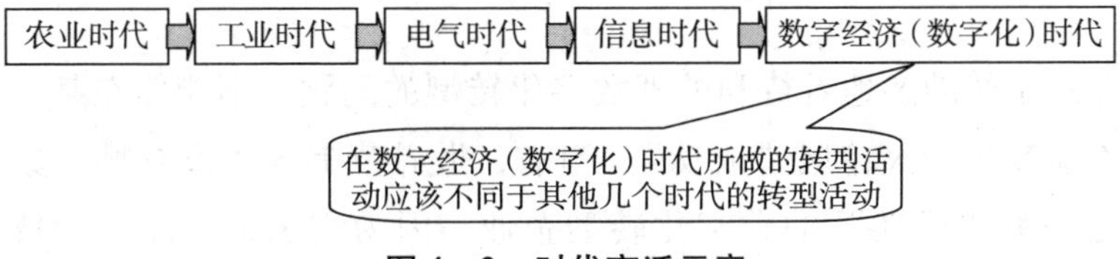

图4－2　时代变迁示意

对企业来说，真正的数字化转型，是要用数字技术把企业内外部的所有相关资源支撑起来，进而更好地创造出价值。数字化转型并不是用一种资源（特别是技术资源）来替代另一种社会资源，如简单的“机器换人”，而是要以数字技术为支撑，让社会上所有的资源发挥出作用、创造出价值。这才是数字经济的本质，也是数字化转型的目的所在，否则，我们做数字化转型又是为了什么呢？是让人下岗丢掉饭碗？显然不是这样的。任何社会经济和技术的发展，都是为人服务的，脱离开这一根本，变革也就无意义了。因此，我们得到的**第二个重要结论是：数字化转型不应该是为了实现“替代”而转型，而应该是为了实现“赋能”而转型**，即要以数字技术为支撑让所有的社会资源发挥出价值，如图4－3所示。

一般来讲，做“替换”是从“局部”入手来做，而做“赋能”需要从

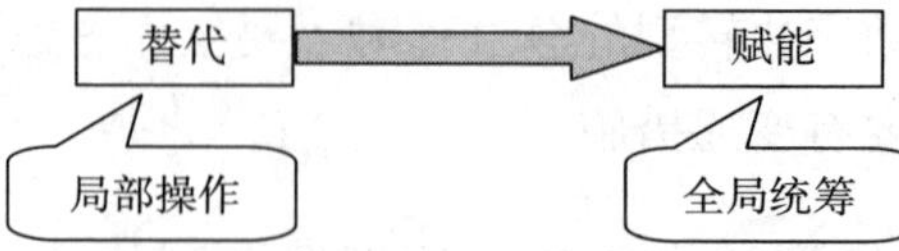

图4－3 数字化转型应该从做“替代”向“赋能”转变

“全局”来统筹。因此，我们得到的**第三个重要结论是：做数字化转型要全局统筹**。

>>> 对数字化转型这一动态过程认识不清

企业的数字化转型是一个不断推进的动态过程。

数字化转型对企业来说固然很重要，但并不绝对。数字化转型是未来的发展趋势，并不代表做出转型企业就一定“成功”。本质上来讲，我们想界定所谓企业的“成功”是很难的，因为环境和企业都是在不断发展、动态变化的。

企业能否基业长青，核心在于其看待问题是否全面，逻辑是否清晰，举措落地是否有效。如果看问题只停留在局部，一定无法跟上时代发展的步伐。

企业一定要动态地看待和处理数字化转型的问题，不能停在某一个时间点上，不能妄想一次转型“成功”。当前，世界范围内还没有哪一家企业敢说自己是一家“成功”的数字化转型企业，因为它永远在路上。技术在发展，模式在更替，一定要不断地调整，才能长远发展。数字化转型是企业整个生命周期需要随时考虑的问题，不是一蹴而就的短期行为，并且是一个动态发展、持续推进的过程。

>>> 对国企数字化转型的定位认识不能有偏差

国有企业的性质和特点决定了其在国家经济发展和社会生活中扮演的重要支柱性角色。一直以来，“服务国家战略”始终是国有企业的核心定位。国有企业的数字化转型，一定要首先考虑好政治站位和方向定位的问题，才能顺利推进。

作为国家经济的命脉，国有企业在数字化转型的过程中，除了需要考虑自身价值的创造，还需要更多地考虑如何更好地为社会创造价值的问题。在制定数字化转型发展思路和顶层规划的过程中，一定要考虑到有关国家长远发展的战略性目标，担负起国有企业的使命与责任。比如，通过国有企业的数字化转型更好地助力高质量发展的实现，更好地促进科技创新、创建世界一流企业、增强综合国力，更好地稳定经济、促进就业，更好地推动节能减排、实现双碳目标等。

国有企业还要考虑怎样更好地利用社会资源。国有企业属于社会资源的利用者，也是贡献者，在探讨内外部资源联动时，范畴要更大一些，层面要更高一些，必须和国家的发展战略保持高度一致。

>>> 对数字化转型的哲学思考应当清晰

实际上，不论是国有企业还是其他性质的企业，总体来说，**任何企业在推进数字化转型时，都需要平衡好三个关系：一是整体和局部之间的关系；二是长远发展和近期目标之间的关系；三是技术与管理的平衡关系**。这也是任何企业做好经营管理的基本哲学问题。

数字化转型助力企业和社会发展的思路，就是借助数字技术的支撑，把数据这一基础资源融入各种社会资源之中，进而更好地创造价值。这其实就是数字经济中常说的资源“跨界”“融合”“共享”“共生”与“共创”的思想。

从企业、客户、政府、社会、个人等任何主体角度来看，最终希望实现的目标就是创造价值。而其基本前提就是要有一个基础支撑，进而赋能各主体更好地创造价值。数字经济的核心思想是由数据作为基础的资源支撑，将其赋能到各个资源主体中，进而发挥出以前难以发挥出的价值。

未来的发展，更需要我们从不同类型的资源中挖掘价值，让这些资源更好地发挥出作用。反过来，挖掘出的价值也可以进一步提升资源的质量和水平，这是一个双向促进、相辅相成的发展过程。

现在各个层面的各主体在做数字化转型落地时，由于实际的角度不同，很多实践的过程、结果以及遇到的问题都不同。比如，从政府的角度来推进数字化转型，可以从顶层规划着手，通过搭平台、聚资源、推进新基建等举措入手。但台子搭好了，还需要“资源来唱戏”，而国有企业是社会资源的重要“代言人”，需要站在更高的层面、更长远的角度，看待资源的价值创造问题。

4.3 国企数字化转型迷茫的典型原因

>>> 国有企业数字化转型迷茫的影响因素

当前，随着我国数字经济的发展，进行数字化转型实践和探索的国有企业也越来越多，涵盖各行各业、各种规模。很多企业在进行数字化转型时，由于没有清晰的思路，因此很容易陷入迷茫。

当然，导致国有企业数字化转型陷入迷茫的原因也不完全在于企业自身，还有可能是第三方（如给企业提供数字化转型服务的提供商、咨询机构等）主体导致的。一般来看，导致国有企业数字化转型迷茫的影响因素如图 4－4 所示。

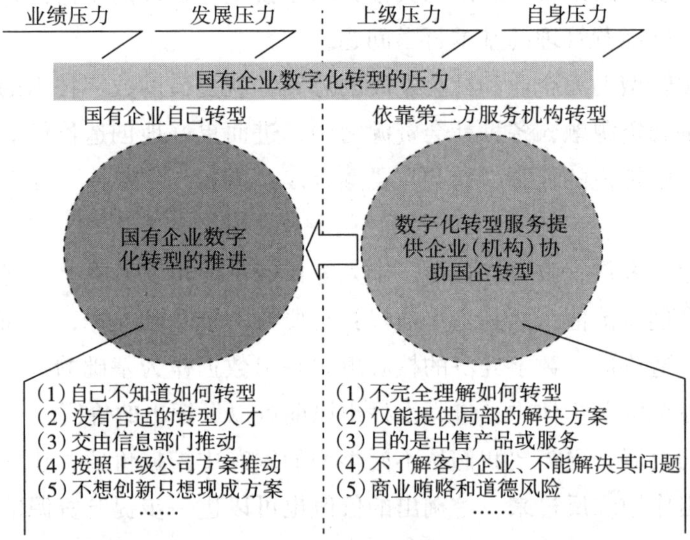

图 4－4　国企数字化转型迷茫的内、外部因素

压力因素方面，国企普遍面临着上级的业绩压力、自身的转型压力以及经济效益发展的压力等。有压力必然要带来数字化转型的动力，但同时也会因急于求成，效果不佳。很多国有企业为了赶时间、催进度、出方案，在密集的时间段内纷纷出台了自己的数字化转型方案，但多数较为宏观和空洞，并且较为雷同，针对性不强，能够落地实施的也较少，因为真正的落地举措还需要一定的时间进行研究和验证，特别是涉及一些新技术的运用问题更是如此。同时，由于对现有数字技术的运用领域和场景、发展阶段和趋势不了解，所推出的转型方案往往会将所有时髦的、“先进”的技术和概念全部应用到自己企业，由此带来的结果也是显而易见的——有可能投入和产出严重不成正比，导致数字化转型越做越迷茫。近年来，推出自己数字化转型方案的国有企业不胜枚举。

例如，中国诚通控股集团拟定的数字化转型方案为：开展集团数字化转型部署工作；通过推动新一代信息技术与产业深度融合发展，推进数字产业化、产业数字化，实现中国诚通企业数字化、智能化转型；致力于打造成为国有资本运营公司数字化转型标杆示范。

中国兵器工业集团拟定的数字化转型方案为：加快推进数字兵器建设：多层次、多维度开展数字兵器宣贯培训；进一步加强数字兵器组织机构建设；进一步完善数字兵器发展规划；要进一步提升数字化产业发展能力；体系化推动数字兵器建设；充分发挥数字兵器顶层设计的引领作用；创新数字兵器建设管理体制机制；进一步推动数字兵器发展规划的落地；聚焦中心职能定位，加强核心能力数字化建设，推动集团公司数字化转型。

中国中煤能源集团拟定的数字化转型方案为：以数字化转型为总方向，以工业互联网平台建设为总抓手，大力推动管控数字化、生产智能化、业务协同化、数据资产化、产业生态化的“数字中煤”建设，不断促进中煤集团“五力”协调提升，赋能高质量低碳创新发展；装备板块立足信息化、智能化、数字化“三化”发展方向，不断致力于煤矿智能化系统集成和智慧矿山建设。

中国有研科技集团拟定的数字化转型方案为：强化集团信息化顶层设计，制订完成集团“十四五”信息化规划；到 2022 年底，建成覆盖集团财务、人力资源、投资、科研、法务、党建、纪检等核心业务的统一管控平台；大力推动数字经济和实体经济融合，促进企业数字化、网络化、智能化发展；推进面向终端用户需求快速响应的数字化制造技术，实现自身高质量发展。

……

当然，除了压力的因素外，在数字化转型过程中导致国企迷茫的因素主要分为两类：一类是当企业自己进行转型时，由于不清楚如何转型，也没有合适的转型人才，往往将数字化转型工作交由企业的信息部门技术人员进行操作，但信息技术人员对企业全面的数字化整体把握不准，需要协调和调动资源（特别是人力资源）的能力有限，整体推进比较困难。同时国有企业独特的组织架构体系决定了集团公司和分子公司的关系较为紧密，汇报机制较为严格，各分子公司进行数字化转型时必然受到集团公司数字化整体规划的影响和制约，因而在一定程度上限制了分子公司数字化转型的灵活性和创新性。

例如，近年来，有些国企集团公司成立了信创公司或者机构专门负责集团的数字化转型整体推进，由于是集团公司层面设立的，因此其在数字化方案的规划、集团统一系统的规划设计以及软硬件产品的采购招标等过程中必然会更多地倾向于如何实现集团公司层面的诉求和目标。由此开发出的系统往往不能全面顾及集团公司下属分子公司以及具体操作部门的诉求，因而也产生了很多怨言。实质上，这一问题可以通过各主体求同存异的协调机制和途径来解决。

另一类是国有企业将数字化转型工作外包给第三方服务机构、企业等进行规划和实施，但由于这些机构在某种程度上也不太清楚客户企业转型的本质诉求和问题痛点，往往是将其一直从事的业务或成熟的产品（如云服务产品、数据采集设备、大数据营销方案及产品、数字化采购、财务和办公系统、数据中台方案等）直接销售给客户企业，并宣称使用这些现成的系统和设备会直接完成数字化转型，并且有效实现降本增效或提质增效。但实际上，这样的操作离真正的企业数字化转型还差得很远，也往往容易导致技术滥用、设备和系统使用效率低、企业投入产出严重不成正比、数字化转型越做越迷茫等现象出现。同时，由于国有企业的资源和竞争优势，又极易吸引各类公司和机构竞标数字化转型项目，因而不可避免地会产生贿赂风险或其他道德风险。

任何理论都是实践经验的总结和升华，以下，我们将总结近年来企业数字化转型中面临的典型问题，进而引出后续如何才能做好国有企业数字化转型的问题。

>>> 国有企业数字化转型中面临的典型问题

通过近些年对若干行业国有企业数字化转型实践的总结发现，当前面临的典型问题主要有如下几个方面，即目标不清、落地迷茫；操作急切、对标照搬；着眼局部、忽略整体；关注短期、忽视长远；人才匮乏、基础薄弱；一锤定音、就地徘徊。

(1) 目标不清、落地迷茫

一些国企做数字化转型的目标往往不是特别清晰，容易导致数字化转型和落地过程较为迷茫。目标不清、落地迷茫也就是没有弄清楚进行数字化转型到底要“干什么”和“怎么干”。

例如，当前很多企业都把数字化转型工作交由企业的信息部门来推动，导致转型工作多数从改造原有的信息系统和信息平台入手，但改造的逻辑却没有什么新的变化。但当改造工作推进落地的时候，特别是让企业各分子公司、各部门推进的时候，一系列的问题就出现了。

比如，原来的系统是否需要更换成新的系统？更换成哪一家供应商的系统最为合适？哪一家供应商的系统是最“先进”的系统？是购买供应商的系统还是自己开发新系统？系统更换应该投入多少成本？是局部更换还是全部更换？等等。

又如，对于国有企业而言，一般来讲其业务领域多，盘子大，分子公司和部门众多。历史上，各分子公司、各部门往往采购自己的系统，导致系统繁多，技术水平各异，基础架构也可能不同，各系统的使用情况和水平也参差不齐。如果不更换系统，这些不同的系统如何衔接？先对接哪个系统，后对接哪个系统？对接后传输数据时以什么数据为标准和规范？等等。

再如，随着数据从“资源”向“资产”转变的理念逐渐拓展，很多企业逐渐产生了“数据重要性”的意识，往往希望多存储一些数据以便将来能够“交易”。但企业中的数据种类和数量非常多，什么样的数据应该保留和存储（存储数据是要消耗成本的）？应该存在哪里（本地存储还是云存储）？存期应该是多长？存储时加密不加密？如何加密？存储后如何治理？等等一系列的问题就来了。

同时，除了这些“技术”方面的问题以外，还有实实在在的很多现实问题需要解决，如人力资源部门希望通过数字化转型解决其招聘人员时的智能搜索、智能挖掘和智能推荐人才的问题，档案管理部门希望数字化转型以后能够解决其档案管理的效率问题，财务部门希望通过数字化转型解决其财务核算时的人工对账和审核问题，法务部门则希望通过数字化转型给他们提供一个能够智能搜索和解读最新法律条文的系统。而每个事业部（业务线）的决策者则希望通过数字化转型给他们提供未来新业务的拓展点，采购部门希望通过数字化转型给他们提供智能化的采购决策方案，生产部门希望通过数字化转型给他们提供智能化的生产计划方案，库存管理部门希望通过数字化转型给他们提供智能化的库存决策方案，市场营销部门希望通过数字化转型给他们提供智能化的市场推荐和客户精准的营销指引……

企业中不同主体（如部门等）根据自己要解决的问题和诉求，对信息部门着手推动的数字化转型工作抱有极大的期望，但这也导致了问题“难”解决、时常陷入“迷茫”等已经成为企业信息部门在推动数字化转型时的常见状态，如图 4－5 所示。

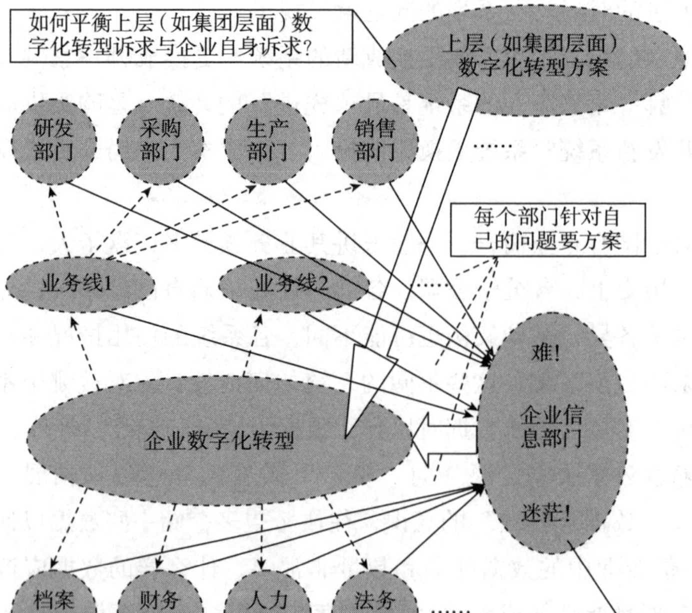

图 4－5　企业中不同主体对数字化转型的诉求

与此同时，国有企业的组织架构特点决定了其是一个联动体系，企业在推进自己的数字化转型、解决各部门主体诉求时，还得认真考虑如何平衡上层（如集团层面）数字化转型诉求与企业自身诉求之间的关系，否则难以推进。

因此，企业在进行数字化转型时，如果没有弄清楚到底通过转型要“干什么”“干到什么程度”以及“怎么干”等问题，就盲目地去“干”，必然会陷入迷茫。这已经不仅是企业的信息部门陷入迷茫了，整个企业都会陷入迷茫。

近年来，有的国企在目标和途径不明确的前提下推进数字化转型，从外界引进 CIO（首席信息官）多达十几人，转型的投入成本过高而又没有收益，导致陷入困难的境地。

（2）操作急切、对标照搬

近年来，数字经济发展热度不减。当前，推动转型的各方面因素有很多，有外部原因，比如想率先进入成功转型的行列，完成国家、部委、地方政府任务等，也有内部原因，如为了效率提升或业务拓展等。在此前提下，为了尽快实现数字化转型“成功”，很多国企都想尽快找到一个标杆企业进行转型方案的对标、照搬。

但事实是，从全球范围来看，目前还没有一家企业的数字化转型可以称为完美，所谓的“成功”都是需要打引号的。这是因为任何一家企业的数字化转型都应该是围绕自己企业的问题展开的，都应该是随着环境的变化不断探索和前进的，如果不假思考地照搬其他企业的做法不仅不一定能够解决本企业的特殊问题，反而可能导致较高的投入而得不到应有的产出。

例如，某大型家电生产企业，由于走进某“先进”手机生产企业的数字化工厂进行参观，数字化转型的自信心跌落。这不仅不利于本企业数字化转型工作的推进，真正地研究和解决自身的问题和痛点，反而还可能导致其盲目照搬一家连生产产品都不同的企业的做法或者技术和设备，这样的操作是万万要不得的。

我们需要注意的是，真正意义上的“对标”，并不是照搬其他企业的现成做法，而是研究和思考其他企业的做法，为自己的创新作参考。当前，国家提出的国有企业建设世界一流企业的行动就是很好的例证，足以看出“创新”在国企数字化转型中的重要意义。正如习近平总书记在中央全面深化改革委员会第二十四次会议中强调的，加快建设一批产品卓越、品牌卓著、创新领先、治理现代的世界一流企业，在全面建设社会主义现代化国家、实现第二个百年奋斗目标进程中实现更大发展、发挥更大作用。要推动国有企业完善创新体系、增强创新能力、激发创新活力，促进产业链创新链深度融合，提升国有企业原创技术需求牵引、源头供给、资源配置、转化应用能力，打造原创技术策源地。

（3）着眼局部、忽略整体

很多国企对数字化转型认识不够全面和系统，导致进行数字化转型时往往盯着企业局部的问题进行解决，如营销的数字化、采购的数字化、财务会计的数字化、办公的数字化等。当然，这些举措是企业在推进数字化转型时应该考虑的问题，同时，由于提供这些数字化转型具体服务的供应商比较多，产品比较成熟，因此也是很多企业数字化转型时比较容易切入的普遍的入手点。

但如果我们没有进行企业整体数字化转型的思考，只着眼于这些局部的问题来做，可能会陷入忽略企业整体数字化转型的误区。

例如，某些本身就属于数字化行业领域的互联网平台公司，虽然其数字技术的使用程度较高，但多数都是围绕其业务领域展开的，如大数据营销、大数据杀熟等，其数字化赋能往往做得并不全面。特别是在企业的管理决策领域，如在战略层面的战略和文化决策上，往往没有用数字化的思维和技术进行支撑和赋能，导致企业出现了很多问题，这些例子已不鲜见。归根结底，其原因是没有从企业管理的全局视角全面、系统地从相关数据中挖掘出真正的价值来引导决策。

因此，国有企业进行数字化转型时不仅不能盲目照搬，更重要的是需要从企业经营管理的整体系统角度出发，进行合理规划与落地。

（4）关注短期、忽视长远

一直以来，企业经营管理较难处理的是短期目标与长远发展之间的关系。对于数字化转型而言，其往往涉及技术的投入问题，而技术的投入成本又往往较高。如果不能很好地权衡转型的短期目标与长远发展的关系，一方面有可能因本次针对技术的投入不足而导致后续技术改良的成本上升；另一方面也可能因本次针对某技术的投入过高，但却没有把握好技术的发展趋势而带来未来较大的转型风险。因此，为了更好地权衡短期目标与长远发展的关系，企业需要不断地了解和洞察数字技术及其关联技术的发展阶段和发展趋势，洞察技术的本质和真正的应用场景，上技术时，要以解决短期和长远问题及痛点为原则，切不可盲目投入。

对于国有企业而言，由于其服务国家战略的定位较为突出，除了实现自己的经济价值之外，还需要考虑如何在助力国家现代化产业体系打造以及国家经济和社会高质量发展中做出贡献，因此，在进行数字化转型的方案设计时更需要权衡自身短期经济效益目标与服务国家战略长远目标之间的关系。

（5）人才匮乏、基础薄弱

近些年，随着我国经济与社会的综合发展，科学技术水平也比以前有了长足的发展和进步。尽管我们在数字技术领域（如人工智能、大数据、大模型、云计算、区块链等）取得了较大进展，但相关的基础性、原创性、资深技术人才仍然匮乏，特别是企业数字化转型需要的复合型人才更为匮乏，需要长时间、大力气去培养。

企业数字化转型是企业经营管理活动与数字技术相结合的产物，仅懂数据、编程、系统、硬件、通信等技术的人员是不能独立完成数字化转型工作的。复合型人才需要围绕企业的问题、目标和痛点，为企业数字化转型提供整体和局部相协同、近期目标与长远发展相协同的规划和解决方案，还要有能力引导各类、各层次专业的管理、技术人员处理好具体的管理活动、业务活动和技术活动，这种人才目前还比较缺乏，需要下大力气去培养。

而在数字化相关技术方面，原始的创新技术、核心技术基础仍较为薄弱。特别是数字技术中的数据技术（新材料、传感器、新设备等）和计算技术（人工智能、优化算法、预测算法等）表现得较为突出。众所周知的“芯片”等尖端短板技术暂不用说，就是在目前的技术水平下，可能通过一定时间的投入和研发就能够开发出来的应用技术也较为缺乏。

以企业的档案管理为例，当前市面上成熟的档案管理系统能够解决的仅仅是档案资料的相关数据传到系统之后如何分析、处理和存储的问题。但我们调研时发现，很多国有企业档案部门的管理人员真正的痛点和诉求往往在于，在一定时期内纸质档案无法完全由电子档案替代的前提下，如何将纸质档案和数字化系统对接的问题。显然，这一问题的解决更多地需要通过创新识别技术、物联网技术，以及开发新的硬件技术产品来实现。

可以看出，在未来广阔的产业互联网领域（包括工业互联网、农业互联网、服务业互联网等），真正的难点问题在于有效数据的获取，而数据又是数字经济中创造价值的基础资源。只有做好“万物互联”，才能真正获取到需要的数据，才能实现我们所说的“智能”或“智慧”（对于智能和智慧的解读，见本书后文所述），也才能真正实现全方位的企业数字化转型。因此，在未来广阔的产业互联网领域中，我们必须通过不断对硬件、软件、算法等进行技术创新及数字化转型的支持，为企业拓展新业务开拓一条新路。

（6）一锤定音、就地徘徊

当前，包括国有企业在内的很多企业都希望自己的数字化转型一次“成功”。但数字化转型不是一次就能完成的事。给某家企业贴上“数字化转型成功企业”的标签是很难的。企业做什么样的数字化转型才能算作成功？实际上，成功永远在路上。因为数字技术在不断发展，企业面临的问题会不断涌现、层出不穷，企业的数字化转型也需要不断推进，不断地解决企业面临的新问题，数字化转型是一个动态过程，不可能一锤定音。

比如，某企业搭建了智慧大脑或者数据中台、某银行营业网点进行了无人化设备的改造、某制造企业流水线进行了机器换人等，这些算不算成功实现了数字化转型都值得商榷。

显然，数字化转型是一个不断迭代的动态过程，并不是一个静态的结果。可以说，企业的发展历程本身就是企业文化、战略、组织、人力、运营、财务、流程、制度等各个层面、各个方面的经营管理活动根据实际情况不断进行调整和变化的动态过程，数字化转型也不例外，也属于企业经营管理活动的范畴。

比如，即便某企业当前上了一套世界上最为“先进”或者“昂贵”的数字化系统，过两年可能就会落后了，还需要再上新的系统，还是要面临更新迭代。而且，即便这个系统是当前世界上最为“先进”或者“昂贵”的系统，也不见得其所配置的硬件和软件就能解决企业所要解决的所有问题——还需要根据企业的实际问题和痛点不断地去开发，所以，“先进”是需要加引号的，适合企业的才能叫作先进。

4.4　国企数字化转型的原则——三个协调、一个核心

可以看出，要想做好国有企业数字化转型工作，绝对不能忽视上述这些普遍存在的问题。我们必须从全面、系统的角度进行分析和思考，以国有企业的格局和贡献作为数字化转型的定位逻辑，通过全局和系统的思考，以转型的目标和国有企业经营管理中存在的问题和痛点作为方向引领，在转型工作中做出差异化和创新举措，并且还需要持续、动态地推动转型工作。

国有企业的数字化转型要根据其不同经营管理特点，根据其面临的不同经营环境，围绕解决的不同问题和痛点以及未来要达到的不同方向目标等来综合决定如何去做数字化转型。除此之外，国有企业的性质决定了格局与贡献是其区别于其他性质企业的最大特点。因此，在数字化转型时，也需要重点考虑基于国有企业格局和贡献的定位问题，这是非常重要的一个指导原则。

国有企业的数字化转型，除了需要重点把握好定位原则和思考原则之外，一定要以转型的目标和企业存在的问题和痛点作为方向引领，同时在转型工作中有针对性地做出企业的差异化，在企业的管理逻辑和数字技术等两个方面不断提出企业数字化转型的创新举措，并对数字化转型方案进行持续和动态的改进。

在新时代国资国企改革的背景下，推进国有企业数字化转型，要重点做好如下几个方面的工作：一是国有企业数字化转型要以面向国资国企改革的企业转型全局观作为理念突破；二是国有企业数字化转型要以服务国家战略为引领；三是国有企业数字化转型要以打造现代化产业体系为支撑；四是国有企业数字化转型要以价值创造为根本；五是国有企业数字化转型要以科技创新为核心动力；六是国有企业数字化转型要以多层次主体协同为落地路径；七是国有企业数字化转型要实现政府牵引、国企引领，经济社会全面协同的高质量发展，建设数字中国。

在国有企业数字化转型的具体推进中，国有企业的性质决定了数字化转型需要站在更高的战略层面通盘考虑，进行顶层设计与规划部署，同时也需要在执行层面和技术层面具体落地。由于国有企业一般涉及业务多、经营范围广、资源关系复杂，需要通过数字化转型解决的问题也较为分散、繁多而

且层出不穷。因此，必须在推进数字化转型时紧抓关键环节和重点问题，逐步拓展和推进。要合理区分不同问题的重要度，合理评估现状的成熟度，有差异、分先后地动态推进。同时，在转型的推进目标设计上，要将局部的问题梳理与整体的合理运行有机结合，将近期的问题解决与长远的持续发展有机结合，进而动态、合理地安排、配置和调度所需资源，这样才能不断推进数字化转型工作。

总之，国有企业数字化转型需要重点处理好三个协调关系，即局部转型与整体统筹的关系、近期目标与长远发展的关系、管理逻辑与技术赋能的关系。在这三个关系的协调中，关键是做好创新，而且要原始的持续创新，这是核心。因此，我们可以用“三个协调、一个核心”来概括国有企业数字化转型的原则，如图 4 –6 所示。当然，“三个协调”关系也是企业经营管理中普遍存在的难点问题，在本书后续讨论中，我们来探讨解决方案。

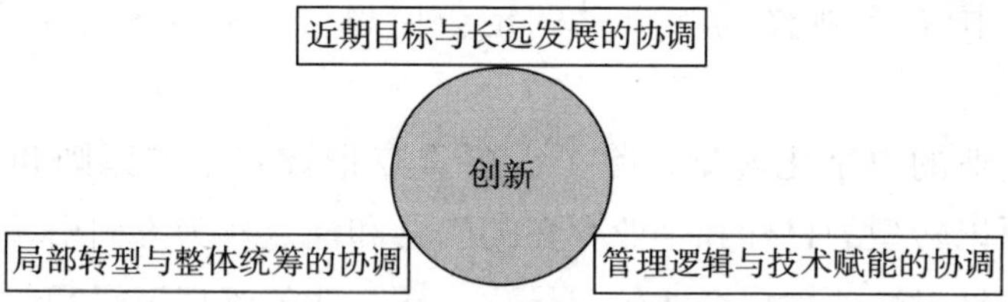

图 4 –6　国企数字化转型的原则

第2篇

理念与方法

——如何做好国企数字化转型

第5章　国企数字化转型的系统框架

5.1　国企数字化转型与价值创造

前文指出，由于数字经济的本质是“创造价值”，因此，国有企业数字化转型的本质也是如何创造“价值”的问题。

当我们在评判和衡量任何一家国有企业数字化转型的方向和途径是否正确时，关键还要看其是否能够从“创造价值”这一本质出发。不同国企的文化视野和格局、所处的内外部环境、目标和经营管理方式等不同，决定了其对“价值”的认识也不相同。

如果我们仅从经济活动的角度探讨“价值”，只需要关注供—需双方（交易双方）的价值即可，这就是我们常说的“经济价值”。但做企业显然不可能只考虑经济效益的问题，还必须考虑社会效益。尤其是国有企业的属性决定了其必然要同时肩负经济价值和社会价值，而且“服务国家战略”一直是国有企业价值创造的核心。

作为社会的基本单元，国企创造的价值可以归结到三个领域和途径上来，即通过企业的业务活动创造的价值（如国民经济运行的支撑、国家安全的保障、产品/服务的供给、新技术的研发、新产品的开发、利润的创造、税收的贡献等）、通过企业的管理活动创造的价值（如就业的解决、员工得到的满足感和获得感、资源的合理利用与节约、节能减排目标的实现等）以及通过企业的社会活动创造的价值（如抗震救灾、参与救援、紧急资源的提供、捐赠、助学等）。显然，这三类活动创造的价值既有可能体现在经济价值上，也可能体现在社会价值上，如图5-1所示。

例如，中国大唐集团在选择数字化转型的路径时将经济效益目标和社会效益目标合并考虑，提出了打造“绿色低碳、多能互补、高效协同、数字智慧”的世界一流能源供应商的发展目标。众所周知，发电企业在生产过程中主要排放二氧化硫、氮氧化物和烟尘等污染物。为了在提升经济效益的同时完成节能减排的目标，大唐集团分别从生产和经营层面利用数字化技术进行了转型。从生产层面通过数字化技术的应用提高智能运维、远程操作、协同调度水平；从经营管理层面提高全周期运营管控能力，支撑传统发电企业向“发电＋”综合能源服务型企业转型。

智慧电厂的建设是数字化转型、智能技术与工业技术融合在大唐集团电厂转型升级中的具体体现。智慧电厂是利用物联网技术和设备监控技术，加强信息管理和服务，以便清楚掌握生产流程、提高生产过程的可控性、减少人工干预、及时正确地采集生产过程数据，从而科学制定生产计划，构建高效节能、绿色环保、环境舒适的人性化工厂。智慧电厂把 VR、大数据等运用到工业领域，方便监控现场、事故预报与诊断，改变了以往的运行管理模式，实现了从人工决策到类机器决策的过程。

从近期目标来看，使电厂在现有技术模式和管理模式下更加安全、高效、清洁、灵活、低碳；从远期目标来看，将在技术进步的基础上，推动组织和管理模式变革，在电厂级支撑少人运行和劳动组织方式的转变，在集团级推动发电集团管控模式变革，实现能源电力企业全业务链的协同创新、高效运营和价值提升。

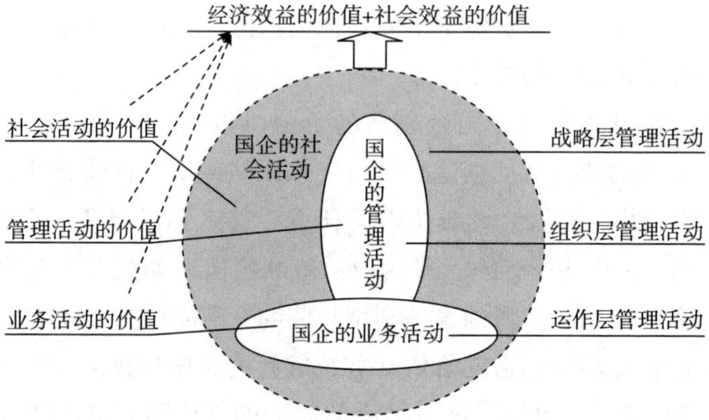

图 5－1　国企经营管理活动和价值创造的关系

由于国企的价值是通过其经营管理活动（包括社会活动）创造的，对“价值”的不同认识也必将体现在其一系列经营管理活动上。我们要想知道国企的经营管理活动能否通过数字化转型更好地创造出价值，首先需要全面了解企业的经营管理活动，以及各活动之间的关系。

5.2　全面理解国企经营管理活动

众所周知，国企的经营管理活动主要包括三个层面，即战略层面的经营管理活动、组织层面的经营管理活动和运作层面的经营管理活动，如表 5－1 所示。运作层面的活动与企业的业务活动是统一的。

表 5－1　国企的经营管理活动示例

国企的经营管理活动	活动的层次划分
环境分析（宏观政策、经济环境、社会因素、技术变革、行业环境、市场竞争等）、文化培育、责任担当、战略定位、商业模式、并购重组……	战略层 围绕企业的方向
组织架构、公司治理、领导力、人力资源管理、公司管控、流程制度设计、供应商管理、客户关系管理、信息化管理、技术创新……	组织层 围绕企业的资源
财务、金融、会计、审计、研发、采购、招投标、合同签订、生产、质量管理、营销、售后、库存、运输、配送、信息处理……	运作层 围绕企业的业务

对任何企业而言，上述战略层、组织层、运作层三个层面中任何一个层面的经营管理活动没做好，都有可能造成企业陷入经营不善的困境。要想保持企业的良好发展，关键是要把各个层面各个方面的经营管理活动都做好，进而更好地创造出价值。因此，国有企业数字化转型的直接目的可以简单地体现在如下两个方面：一是通过数字化转型赋能提升国企的管理水平（包括对社会活动的管理）；二是通过数字化转型赋能提升国企的业务水平。

这两方面的水平提升后才能将上述各个层面、各个方面的经营管理活动做好，进而在经济效益和社会效益方面更好地创造出价值，同时也避免陷入前述章节中阐述的数字化转型的误区。这也是国企数字化转型的“直接目的”所在。

例如，为促进资源有效配置、满足消费者多样化的需求，国务院出台了

《盐业体制改革方案》。在我国盐业体制改革背景下，中国盐业集团有限公司（以下简称“中盐集团”）以决策、管控和业务经营管理需求为出发点，统筹推进，逐步打造业务互连、数据互通、数据共享的数字化经营管控平台，为集团发展提供更为有力的支撑。

首先，推动管理水平的现代化。中盐集团建立了食盐电子追溯体系，以期实现信息来源可追溯、流向可查询、风险可防范、责任可追究。同时利用全国碘盐检测报告大数据指导食盐产品供应，保障国家合格碘盐供应目标。其次，推动信息化与业务的深度融合，为企业发展赋能。具体到操作层面，中盐集团开展了数据集合平台建设，不断提高数据利用率，优化企业信息收集、方案制定、方案选择以及评估决策等过程，为管理决策提供了可靠的数据依据，促进了中盐集团向数字运营的转变。最后，充分利用新工艺和大数据参与健康中国行动。中盐集团始终把维护人民健康作为重要的价值追求，以盐为载体积极传播健康用盐理念，树立负责任、高品质的品牌形象。中盐集团联合中国经济信息社共同编制发布了“新华·中盐减盐健康指数”，利用大数据了解人民群众消费需求，倡导健康用盐的消费习惯，推进盐行业供给侧结构性改革和高质量发展。

然而，一个现实的问题是，怎样才能把企业各个层面、各个方面的经营管理活动都做好？其中的难点又是什么？我们必须有一个非常清晰的思路，否则数字化转型是没有办法落地和推进的。

例如，当前很多国企在数字化转型中面临的核心问题已经不是单纯的如何上设备或者上系统，而是企业的全局问题如何梳理。比如，某地方国企在总结自己的数字化转型问题和现状时提出了如下主要问题：①战略不够清晰，业务梳理不到位、不系统，资源整合力度不足，组织结构仍处于完善中。②信息化程度不够，下属企业转型程度参差不齐，技术的数字化程度不够，数据来源不足，信息孤岛情况严重。③管控理念和方式较为传统，不够深入，部分管控环节缺失，未形成管控闭环。④核心主业不够聚焦突出。公司经过几次重组后，业务板块越来越多，业务品类复杂，业务资源“散、小、乱”现象严重，且多数处于产业链中低端，缺少支撑集团产业转型升级或产生稳定收益的重大项目。同时，产业链和供应链主能力培育不足，产业带动性偏弱，核心竞争力不强。⑤资源整合能力有待深入。对外与大资本、大平台没有形成稳定、深入的合作关系，对内协同整合不足，个别企业各自为政，资源要素集聚不够，尚未形成有效合力，资源匹配能力较弱。⑥质量效益不高。依靠债务融资扩大企业经营规模，债务成本高、资产负债率高、偿债压力大。企业总资产运营效能较低，现有的资产体量、管控能力很难支撑更大规模的贸易，发展将进入瓶颈。⑦品牌影响力不足。集团拥有若干子品牌，但品牌支撑的产业规模不足，行业影响力还待加强。⑧人才队伍与发展需求不适应、不匹配。集团进入了跨越式发展关键时期，大量的新政策要对接、新业态要推动、新项目要落地，但很多领域出现了“无人可用”的窘境。数字化转型亟待推进，数字化基因不足，人力资源支撑不够。

可以看出，当前，越来越多的国企认识到数字化转型已经不是一个局部的技术层面的问题，而是一个全局性的、需要从战略高度把握的、对企业全方位经营管理活动进行梳理和赋能的问题。要理解其中的逻辑，首先需要全面认识企业的经营管理活动及其运行机理。

>>> 全面理解企业的经营管理活动

众所周知，“管理”的适用场合是社会上的任何“活动”，而“活动”是由“资源”支撑起来的，资源一“动”，便产生了活动。做管理，就是要把活动做好，做好活动，就是要让活动有“效果”的同时还要有“效率”，也就是为了“正确地做（保证有效率），正确的事（保证有效果）”（事就是活动）。我们如何才能把“管理”做好呢？答案是必须要做好计划、组织、领导和控制。

首先，在开展任何活动之前，需要制订一个“计划”。制订计划要做好两件事：一是明确未来要“干什么”，即明确活动的目标；二是明确未来要“怎么干”，即通过什么途径实现目标。概括起来就是我们常说的“干什么（目标）”和“怎么干（途径）”。

其次，制订好计划之后，要考虑如何实施计划。由于任何活动都是由资源支撑起来的，因此，实施计划的第一步必然需要获取各种各样的资源。同时，还需要理顺资源之间的关系，否则资源的配置和利用就会缺乏协调性，其利用效率和效果可能不理想。获取资源的同时理顺它们之间的关系就是“组织”的过程。

再次，当我们组织好资源之后，紧接着需要考虑的问题就是如何让这些资源“动”起来，进而形成活动，而且要让资源“动”得合理、高效。这时，需要引入“领导”职能。“领导”的本质是带领各种资源“动”起来，但在带领之前，必须先协调好资源之间的关系，带领过程才能更有效。否则，关系不协调的资源有可能并不会跟随带领的指令去行动，这样就会造成活动效率的下降和效果的不理想。

最后，有了计划、组织、领导等几个职能，并不能保证活动开展得顺利，因为在领导过程的驱动下，活动形成了，但并不能保证资源“不乱动”。这时，就需要对资源进行“控制”。做好控制一般需要做好三件事：第一，拟定控制的标准，即必须明确在活动中各个资源如何“动”是合理的；第二，找出与拟定的标准有偏差的资源，同时分析出偏差了多少；第三，纠正偏差，使资源“动”得合理、合规，进而提高活动的效果和效率。

上述针对任何活动的计划、组织、领导和控制等四个基本操作，就是做好管理的基本内容，被称为管理的“四大职能”。

显然，在上述四个职能中，“正确的事”是由计划确定的，这是因为对于任何组织和个人而言，和目标一致的事情就是正确的事；“正确地做”则需要通过组织、领导和控制来实现，如图5－2所示。

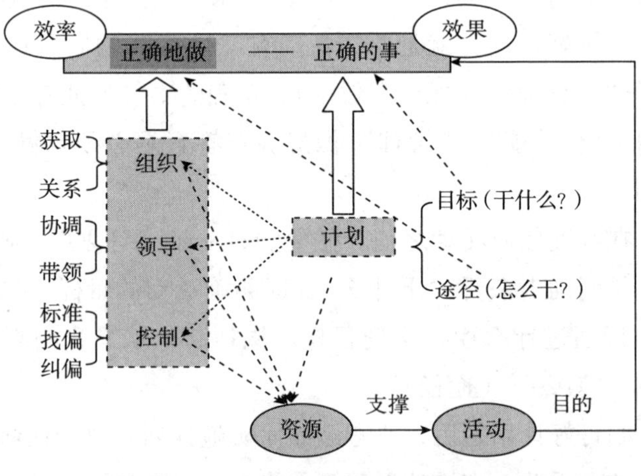

图5－2　四大职能与“正确地做—正确的事”之间的关系

在我们探讨完“管理”的基本逻辑之后，回到企业来看一下。企业的经营管理活动也需要“正确地做，正确的事”。“正确的事”是由“计划”实现的，对于企业而言，“计划”是由“战略”负责制定出来的。因此，做战略的目的，就是让企业做“正确的事”，战略的本质就是计划。

对任何企业而言，业务（产品）永远是其核心。当然，“产品”包括生产型产品和服务型产品。无论企业的商业模式多么复杂，但本质仍然是靠提供产品进行交易的行为。因此，企业的战略定位最终可以体现在其产品和市场的定位上。

>>> 理解“战略管理”与“供应链管理”

企业的“正确的事”必然会体现在未来“提供什么产品给什么市场”的问题，即企业的战略定位上。而“正确地做”则将体现在如何把这个产品提供出来，并在市场上销售的问题。

要实现这一目标，按照前述四大职能的关系，企业必然需要通过对内、外部各种资源的组织、领导和控制过程才能实现。由此，我们引出了“供应链管理”。

众所周知，任何企业提供任何产品给对应的市场，都不可能由自己一家独立完成（不论该企业的实力有多强和规模有多大），必然要由包括上、下游及横向合作的若干行业内、外部企业共同完成，这就构成了企业的供应链网络。

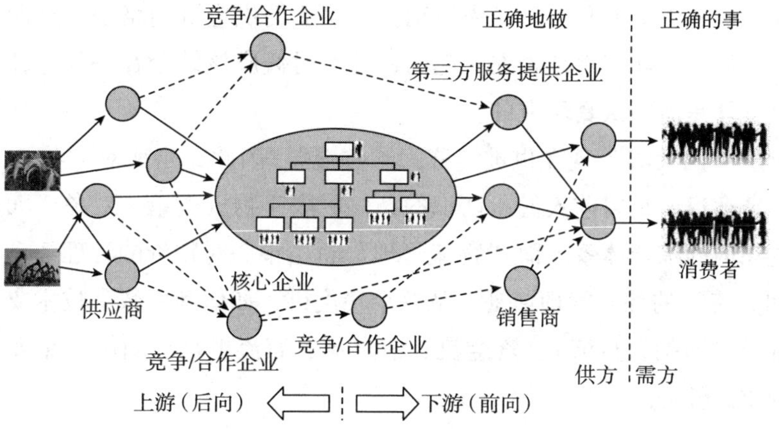

图 5－3　企业的供应链网络

由图 5－3 可以看出，企业及其上、下游以及横向合作的其他企业（经营单位或其他组织）形成的网络系统就是供应链。显然，企业对内、外部资源进行组织、领导和控制的过程也就是对内、外部供应链网络进行搭建、管控和运作的过程。没有供应链企业就不可能将产品提供到对应的市场上，就无法实现“正确地做”。

可以看出，战略管理和供应链管理在实现企业“正确地做，正确的事”的过程中各占一半，缺一不可。战略管理负责的是让企业做“正确的事”，供应链管理负责的是让企业“正确地做”。

当我们理解了供应链之后，我们需要知道如何才能做好供应链管理，进而实现“正确地做”。

这里，我们首先需要知道的是什么“对象”在供应链网络中进行流动，最终实现了产品的产出和在市场中的交易。很明显，供应链网络（包括企业内、外部的两个供应链网络）中流动着的是我们常说的四大流，即物资流、资金流、信息流和商流。其中，对于以人员为主要业务资源的企业而言，人员流也可以纳入物资流之中，如提供劳务服务的公司等。

四大流中的流动对象主要包括物资、人员、资金和信息（包括数据）等。在四大流中，“商流”是商品所有权转移形成的流（即交易流）。比如，某消费者在网上购物，当在线支付以后，供需双方交易的合约就已经形成了。这时，其所拥有商品的所有权（商流）已经转到消费者这里，但消费者所购买的商品并没有马上到达其手中，还在物资流通道中运送。可以看出，商流往往伴随资金流和信息流来流动。在企业的供应链网络中，这四大流往往不是任何一个环节都结合在一起的，什么时候应该结合在一起、什么时候又应该分开是需要认真研究的。

上述“四大流”现在也被统称为“物流”。因此，当前对“物流”的理解，已经远远不是以前人们所认识的，仅局限于物资流单一对象，而是包括四大流在内的综合体系。而“物流管理”也由单一对物资的管理活动转变为对“四大流”的综合管理活动。从这个角度讲，如何利用数字技术支撑和优化物资流（包括人员流）、资金流、信息流、商流也是当前国有企业数字化转型的重点任务之一。

例如，四川华西集团下属的四川华西集采电子商务有限公司是一家专业从事以建筑全产业供应链服务为主的产业互联网平台公司，也是全国最早的建筑供应链管理公司之一。该公司依托华西集团稳定的采购需求和优质可靠的供应商资源、整合供应链资源，打造集电子化招投标、在线交易、物流监管、资金结算、融资服务、库存管理等多维度数字供应链业务为一体的，专注于建筑行业物资采购领域的电子商务平台，实现信息流、资金流、商流、物流的“四流合一”。

四川华西集采电子商务有限公司结合行业痛点和企业需求，提出建筑行业“全产业链集成服务”思路并将其充分应用，联合多家大中型企业共同打造了四川建筑行业互联网线上招采供应链综合服务平台“建造云”。主要特点如下：

（1）打通建筑数字供应链全链条。基于建筑行业业务和管理需求，整合供应链资源和流程，依托互联网、大数据、区块链等数字技术，实现“计划、招标、采购、供应、结算、支付、库存、融资”全链条业务数字化，在不赚价差的基础上，通过服务实现当年成立、当年上线、当年盈利。

（2）构建云原生“一网三库多系统”技术架构。基于云原生开发平台，实现系统内部数据中台和微服务化，结合大数据和区块链，达到高可用性、弹性伸缩、不可窜改的目的。同时结合云平台技术，实现横向扩展及容灾备份能力，建立起“一网三库多系统”技术架构，实现供应链业务的一体化。

（3）搭建建筑供应链数字生态。平台以先进技术为支撑，深度、跨界整合采购方、供应商、物流仓储企业、金融企业、行业协会等采供链上的用户需求，实现资源共享、平台共建、互利共赢，构建行业数字生态。

>>> 供应链管理的系统架构

上文解释了供应链管理在实现企业“正确地做”方面的重要作用，也指出了供应链中运行的四大流。然而，还有一个重要的问题是如何理解供应链管理的架构。

一直以来，很多关于供应链管理的书籍及其章节安排都是围绕供应链管理的局部内容展开的，如供应链的构建与优化、生产计划、库存控制、采购管理、客户订单处理、供应商管理等。这种缺乏系统性的碎片化编排方式很容易造成供应链管理系统性和整体性的缺失，也容易导致我们在进行供应链管理时无从下手。例如，我们要给某家国企做供应链管理的数字化，是先从库存管理的数字化入手还是从采购管理的数字化入手？是先做数字化的供应链设计还是供应商的数字化？等等。

因此，不论是在传统环境下还是在数字经济环境下，要想做好供应链管理，必须有一个系统的整体架构来梳理供应链管理中的相关内容。

为了解决这一问题，本书作者在《战略供应链管理》① 中首次提出了供应链管理的系统架构，即“建网、管网、用网”三个层面，并明确指出了物流管理（包括对四大流的管理）是供应链管理第三层面——用网层面探讨的范畴，如图 5 –4 所示。

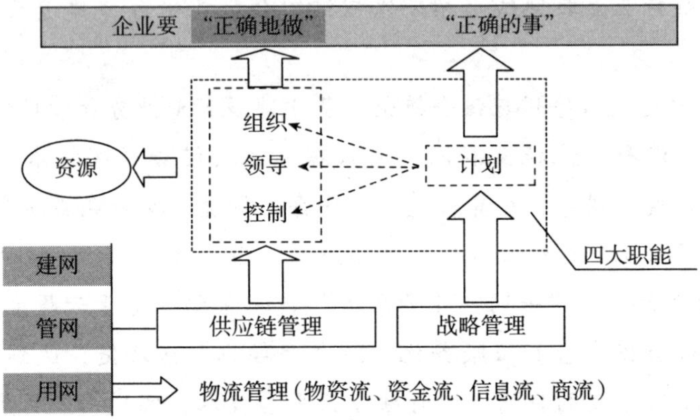

图 5 –4　供应链管理、物流管理、战略管理关系

简单来看，供应链就是一张“网”，是从产品（包括服务）的起点到消费终点之间由核心企业外部各节点企业以及核心企业内部各环节所组成的网络系统，物流则是在供应链网络中运行的物资流、资金流、信息流及商流四大流。

因此，供应链管理首先要考虑的是这张“网”如何设计与构建的问题，“网”建好后，还要考虑如何把这张“网”管理和控制好。这两个步骤做好了，才可以考虑如何用好这张“网”，即四大流如何在“网”中流动，将产品产出并销售给客户，这样才能实现企业的战略定位。用网的过程也就是物流管理探讨的问题。

“建网”是企业对内、外部供应链网络的设计与构建。例如，如何有针对性地为企业设计、构建适宜的供应链网络以及如何对现有的供应链网络进行诊断和改进等。又如，从企业外部来讲，是应该选择品牌卓著、成本高、质量好的供应商，还是选择成本较低、质量尚可的供应商；是应该选择线上

① 姚建明．战略供应链管理［M］．北京：中国人民大学出版社，2014.

经销商进行合作，还是投资建立实体店渠道；等等。从企业内部来讲，是应该构建等级架构的组织，还是构建扁平的阿米巴组织架构；是应该招聘博士生到企业的战略部门工作，还是招聘本科生；等等。这些例子都属于企业“建网”考虑的范畴。

“管网”是企业对内、外部供应链网络的管理与控制。建网之后，必须考虑如何对企业内、外部供应链网络中的资源进行管理和控制的问题。例如，从企业外部来讲，应考虑如何协调和处理好供应链成员之间的关系，如何签订合同，如何从机制和制度上应对协作的不确定性，如何控制协作成员的行为，如何对协作成员进行绩效考核，如何对成员进行激励，等等；从企业内部来讲，应考虑如何做好公司治理，如何协调和处理部门、岗位、团队之间的关系，如何进行企业内控，如何进行员工的绩效考核与激励，如何设计流程与制度，等等。

“用网”是企业通过对内、外部供应链网络的运作，实现物资流、资金流、信息流和商流等更好地在供应链网络中运行的问题，主要涉及企业日常生产经营管理活动，如研发、设计、采购、库存、生产、运输、配送、销售、售后、信息处理、投融资、财务结算、会计审计等，这些实际上已经属于物流管理的范畴了。

如果我们将上述“建网、管网、用网”三个层面的内容与表5-1中的内容进行对比就会发现，“建网和管网”的内容实际上是组织层面探讨的问题，而“用网”的内容实际上是运作层面探讨的问题，也就是企业的业务活动。

因此，企业将“建网、管网、用网”三个层面中各个方面的活动做好，实际上相当于把组织层面和运作层面的经营管理活动做好了，也就相当于把“组织、领导和控制”工作做好了。这一目标的实现，显然需要把除了战略管理之外的其他管理都做好。

例如，云南建投物流有限公司是云南省建设投资控股集团有限公司旗下集商贸服务（B2B2C2M模式）、综合物流服务、金融服务、信息服务等多种服务为一体，拥有“云上营家”全程供应链平台的综合型供应链服务企业。“云上营家”智慧供应链平台集成了采购、营销、物流、支付、关务、溯源六大模块功能，实现商贸全流程在线、物流全链条可视、资金全环节监管、信息全方位共享、服务全天候保障的五大目标，为跨境物流平台建设提供全天候、智慧化解决方案。“云上营家”供应链平台在建网、管网和用网三个层次引入了“互联网＋”的思维，通过互联网、物联网、云计算等现代信息技术集成与应用，实现物流、管理流、资金流、信息流、商务流在生态圈内最经济的互动，从而为圈内企业提供强劲的市场竞争力，最终通过平台实现信息化、网络化运营，建立一个协调、整合资源及商业信息流、资金流、物流、大数据流有序、关联、高效流动的生态圈平台。

（一）在建网方面。“云上营家”依托供应链核心企业云南建投集团自身的巨大需求及其对上下游资源的强大整合能力，对企业内外、供应链上下游及周边优质资源进行高效整合，从而在供应端、销售端形成优势资源聚集效应。截至2022年6月，平台准入供应商14755家，企业用户53923个；自主编码物料信息31万余条；建立配送网点1157个。参与供应链的企业覆盖云南和西南地区，以及东南亚、南亚和非洲等19个国家和地区。覆盖面广、种类丰富的资源池为各类企业用户选择供应商提供了便利，帮助其降低搜索成本和采购成本，帮助供应链上下游企业提升利润。

（二）在管网方面。“云上营家”平台建立了多业协同的智慧供应链生态，为客户提供“标准化＋定制化”解决方案。打通物流中台与财务管理系统，针对云端企业不同需求，实现了银企直联、便捷支付、业财一体。在智能化建设方面，搭建“采购＋履约＋物流”一体化系统，实现建材领域的数字化建设。推动“大中台＋小前台”，建立了客户、订单、运输等三大中台管理系统和一个网络前台运维系统，将不同类型客户集中管理，完成各类跨境主体信息共享、互联互通。

（三）在用网方面。在全程供应链系统中，所有客户和供应商均可通过统一的门户进入系统，分别对不同角色下的业务流程进行操作，以标准化的计划报送、合同签订、履约过程、物流配送、支付结算管理，实现线上采购、履约、物流全流程的一体化操作。通过信息化和大数据再造建筑行业供应链生态系统，实现交易便捷化、物流智慧化、成本低廉化。在此基础上，通过平台对上游供应商和下游客户进行资源整合以及信息共享，倒逼相关企业和产品向高端化、绿色化和定制化发展，从而提升行业的整体竞争力。

>>> 理解运营与供应链、物流的关系

在了解了上述这些基本关系后，我们再来看一下“运营”。“运营”是

把输入转换为输出的过程。运营的实现需要两个基本要素：一是运营系统，即将输入转换为输出的主体；二是运营过程，即输入在运营系统中转换为输出的过程。

企业的“运营管理”是对企业的运营系统和运营过程的管理。从大的范畴来看，运营系统既包括企业外部的运营系统又包括企业内部的运营系统，运营过程也是一样。通过对比运营和供应链可以发现，对企业而言，运营系统就是企业的供应链网络，而运营过程描述的就是物流（包括四大流）如何在供应链网络中流动的过程，因此，我们可以得出如下两个重要的对照关系：

第一个关系：企业的内部和外部运营系统等同于企业内部和外部的供应链网络，又等同于企业内部和外部的组织架构。

第二个关系：企业内部和外部的运营过程，等同于企业内部和外部的物流（包括物资流、资金流、信息流和商流），也等同于企业内部和外部的流程。

企业的运营管理包括对运营系统的管理（等同于供应链管理）和对运营过程的管理（等同于物流管理）。

对运营系统的管理，首先是运营系统如何设计、构建的问题（相当于供应链管理中的“建网”），其次是运营系统如何管控的问题（相当于供应链管理中的“管网”）。对运营过程的管理主要考虑的是物资流、资金流、信息流以及商流等在运营系统（内外部供应链网络/组织架构）中如何流动的过程（相当于供应链管理中的“用网”，也相当于“物流管理”）。

在理解了上述有关企业如何“正确地做，正确的事”这一管理的整体逻辑框架的基础上，我们再来探讨国企数字化转型的系统框架就很容易理解了。

5.3　国企数字化转型的系统框架

>>> 企业数字化转型中的决策逻辑

众所周知，任何一个企业创造出“价值”的关键在于将企业各部门、各岗位的经营管理活动做好，进而实现“正确地做，正确的事”。而这些经营管理活动能否做好的关键在于能否将各个活动对应的“决策”做好。

“决策”就是在若干个方案中选出合适的方案。比如，在某家国企的某岗位人员招聘中，有A、B、C三个应聘者，最终我们要选择哪个人就是管理决策的过程。

对于表5-1所示的三个不同层面的不同经营管理活动而言，需要进行的管理决策是不同的。战略层面的战略管理想要做好，需要进行战略方案的决策，例如公司层战略决策是选择发展还是稳定，某个具体业务的竞争战略是选择低成本竞争还是差异化竞争；企业文化要想做好，需要进行文化的决策，例如是培养员工积极向上的文化，还是好逸恶劳的贪腐文化；组织层面的企业组织架构要想做好，需要进行组织架构方案的决策，例如是选择搭建传统的科层制组织，还是搭建扁平或者阿米巴组织；运作层面的库存管理要想做好，需要进行库存决策，如各种物资的安全库存水平应该设为多少，高一点好还是低一点好；财务管理要想做好，需要进行相关的资金决策，如企业现金的储备应该是多少，高一点好还是低一点好；等等。可以看出，企业任何层面中任何方面管理活动的好坏最终都体现在“决策”的好坏上。

前文阐述，企业做好管理的直接目的就是实现“正确地做，正确的事”，因此，企业做好各个层面各个方面管理“决策”的目的也是如此。“企业数字化转型”的内涵就是通过数字技术的支撑与赋能，让企业把各个层面各个方面经营管理活动的“决策”都做好，进而实现“正确地做，正确的事”。通俗来讲，是希望把以前用“拍脑袋”进行决策的过程，改为由“拍数据”来进行决策，进而使企业的任何一个“决策”过程都能够更加精准、合理、高效和可行。

在数字化转型中，我们常说的“数据驱动”实际上是用“数据”来驱动企业经营管理活动的“决策”。但实现“数据驱动”，仅靠“数据技术”是不够的，还必须依靠和用于数据传输的“网络技术”以及用于对数据进行分析和计算的“计算技术”（也就是我们前面概括的数字技术）共同来进行支撑。

例如，以数据驱动企业进行经营管理活动的相关决策是当前国有企业数字化转型的重要特征，尤其是对于一些风险大、投资大，与人们生命安全密切相关的决策，例如防灾减灾决策、道路规划决策等，往往需要依托多维信息才能做出合理的决策，如果仅依靠人力进行信息的搜索、整理和决策往往会耗费大量时间，导致决策效率低下，效果也难以保证。

以南方电网集团防灾减灾预警系统为例，众所周知，我国是一个自然灾害频发的国家，在频发的灾害中，气象灾害占70%以上，每年都给国民经济带来巨大的损失。而电网的运行与气象条件息息相关，气象的变化对电网负荷高峰出现的时间及峰值等有明显的影响，而气象灾害更会影响到电网的安全运行。2008年1月我国南方低温雨雪冰冻灾害造成大范围电网瘫痪，直接经济损失1516亿元。中国电力科学研究院近20年的统计结果显示，自然灾害已成为造成电网系统稳定破坏事故当中仅次于设备故障的第二大因素。为提高防灾减灾水平，南方电网构建了防灾减灾检测预警系统，利用大数据提高防灾减灾预警效率和处理水平，该系统由三个层面组成，分别是数据接入层、分析决策层和业务层。

其中，数据接入层用于存储气象数据和电网设备数据。分析决策层包括多种灾害分析单元以及与所述多种灾害分析单元连接的消息推送模块；各灾害分析单元均有所属的灾害类型，且属于同一灾害类型的灾害分析单元对应的灾害分析处理不同。业务层包括多个业务单元，其中，各业务单元均有所属的灾害类型以及对应触发的灾害分析单元；各业务单元所属的灾害类型与业务单元所触发的灾害分析单元所属的灾害类型一致，且不同业务单元所触发的灾害分析单元不同。

南方电网设备的防灾减灾监测预警系统可以实现对各类气象监测数据的统筹监测处理，提高针对电网设备的防灾减灾监测预警效率；通过多元数据融合，促进灾情预判更加科学、组织预警更加高效，进一步提升可视化精准指挥效率。

通过上述分析可知，做好国企的数字化转型需要围绕其经营管理的各个层面活动的“决策”进行系统考量和体系重构。根据图5-4所阐述的逻辑，概括讲，这些经营管理决策将集中体现到企业战略管理的决策以及供应链管理中的建网、管网和用网（物流管理）等一系列决策过程中。

因此，在数字经济环境下（也就是有数字技术支撑和赋能的环境），如何全面、系统地做好这些“决策”是决定国企数字化转型方向是否正确以及转型能否带来效果和效率的关键。

>>> 战略决策的前提——文化决策

然而，这里还有一个重要的问题需要探讨，否则企业的数字化转型工作是做不全面的。

从图 5 - 4 中可以看出，企业要“正确地做，正确的事”，需要把“战略管理”和“供应链管理”做好。做好“战略管理”是做好“供应链管理”的前提，但做好“战略管理”的前提又是什么？

通过前述分析可知，做好战略管理的目的是“让企业做正确的事”，确保企业朝着正确的方向发展。因此，企业在做战略之前必须先明确一个基本问题——到底什么是正确的事？衡量和评价“正确的事”的依据和标准到底是什么？在不能明确什么是“正确的事”的前提下贸然地做战略，可能会导致企业面临一些新的问题，使经营陷入混乱。那么，什么是正确的事？正确的事是由企业之外的第三方用客观经济指标（如市场占有率、收入、利润等）衡量出来的还是企业自己决定的？显然，我们可以得出这样的结论：所谓“正确的事”，是由企业自己决定的，并非由企业之外的第三方通过主、客观经济指标或其他指标衡量出来的。换句简单的话讲，“企业自认为正确的事就是正确的事”。

例如，京东通过自己构建遍布全国的物流基础设施，提升了用户购物体验的同时降低了物流成本，使物流效率提高了两倍以上。但自建物流带来了运行的高成本，在京东的十多万名员工中，如果把仓储和客服算上，员工中 70% 来自物流业务，其中快递就占了 50%。2015 年，京东有将近 8 亿元的亏损。可以看出，如果单纯用利润等经济指标来衡量京东的经营业绩，显然其自建物流的举措值得商榷，但从长远的发展角度讲，京东自建物流体系解决的不仅仅是简单的商品配送效率问题，而是京东一体化供应链服务体系建立的基础，也是实现京东多板块（如电商、物流、健康、工业品、金融等）生态商业模式运行的基础性和平台性支撑，有了这一支撑，可以方便地打造出关联的生态业务。

然而，尽管“正确的事”是由企业自己决定的，但并不是企业自认为正确的事都可以去做，如果这样，社会可能就混乱了。比如，某乳品企业认为“在奶源中加入三聚氰胺会降低成本”是正确的事，但如果这样做了，必然会损害社会的利益；某企业在没有取得知识产权许可的情况下山寨其他企业的产品或技术，也必然会损害他人的正当利益；某平台公司在没有取得用户许可的前提下，滥用客户数据牟利，直接损害了客户利益；等等。因此，企业去做其自认为正确的事，必须是有前提的，即不能损害社会的利益，也就是企业自认为正确的事必须得到社会的认可才可以做。

为了解决这一问题，我们在进行战略决策之前，必须探讨一个重要的问题——“企业文化”，它是企业的灵魂。换句话说，企业的文化不同，其使命、愿景和价值观就不同，看待事物的标准也不同，做出的事情也不一样。就像一个拥有高尚道德文化底蕴的人和一个被邪恶文化理念驱使的人，做出的事情肯定是有差异的。一般情况下，前者比后者做出违背社会基本道德规范事情的概率要小得多。

因此，要想让企业自认为正确的事得到社会的认可，前提是企业必须先打造和培育出符合社会基本道德准则的企业文化，并将其作为每一次战略制定和行动的基本指南和基础。可以说，做好“战略决策”的前提是先做好“文化决策”。

文化是企业的灵魂，是推动企业发展的不竭动力。它包含非常丰富的内容，其核心是企业的精神和价值理念。在企业价值理念的形成和塑造过程中，企业的使命、愿景及价值观的塑造起着重要的作用。企业文化对整个企业的行为具有核心指导作用，是企业行动的指南，也是企业经营管理活动中需要考虑的最高层面的东西。

企业文化对企业有着非常重要的、难以替代的作用。其作用可以概括为两个方面（两类作用）[①]：一类是企业文化对企业战略具有核心指导作用；另一类是企业文化的若干其他作用，主要目的是引导和制约全体员工的行为，将企业的使命、愿景和价值观等核心理念贯彻和传承下去，形成企业整体发展的精神支柱和合力等，该作用往往包括读者熟知的提升企业凝聚力、树立企业品牌形象、应对各种危机、抵御道德风险等。

现实中，较多企业关注了企业文化的第二类作用，但对第一类作用的认识、理解和运用还有待进一步提升，而恰恰第一类作用是企业文化最核心的作用，也是引导企业做好战略决策活动的关键。

针对企业文化的第一类作用，如果企业的文化是以进取、积极、创新、

① 姚建明．战略管理：新思维、新架构、新方法（第2版）[M]．北京：清华大学出版社，2022.

公平和尊重等符合社会公认的道德准则作为基础的，在某种程度上就可以保证每次制定战略时不会损害社会上其他人的利益，这就是企业文化对战略核心指导作用的体现。

企业文化的两类作用对企业的指导最终会通过不同的路径和方式贯穿和体现到企业的管理过程中，如图5－5所示。

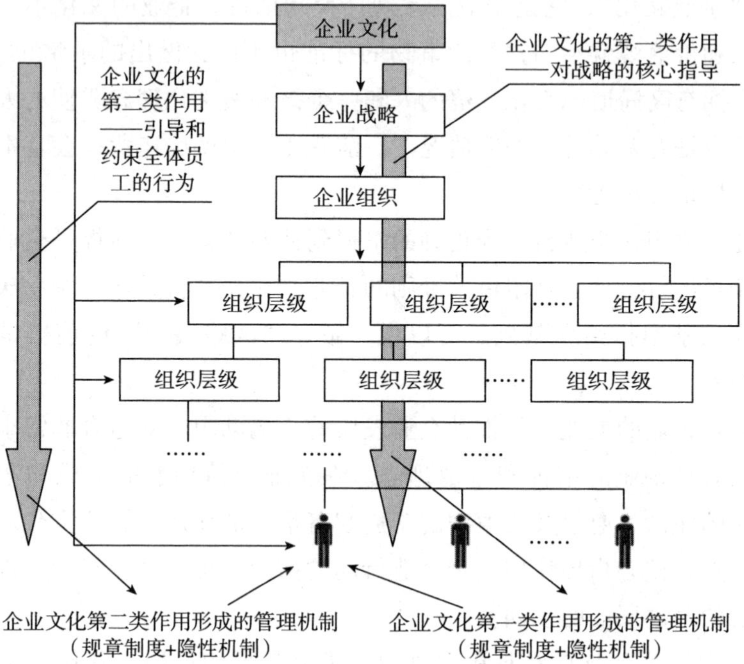

图5－5　企业文化的两类作用

企业文化的第一类作用是通过指导企业的战略，再通过战略目标和途径的进一步分解，贯彻到企业组织中各层面各岗位上的；企业文化的第二类作用则是直接将企业的核心理念和价值观念等贯彻到组织中各层面各岗位上。这两类作用最终都将在不同的岗位上形成对应的“管理机制”。

需注意的是，这里的“管理机制”可能是全面、系统、规范化的规章制度，也可能是一些不成文的隐性机制，在潜移默化中对员工形成影响和制约，或者是规章制度和隐性机制的融合。

以某国企采购部门中某采购岗位为例，企业文化的第一类作用通过企业战略的分解落实到了该岗位上，明确要求该岗位员工在日常工作中需要厉行成本节约；而企业文化的第二类作用到了该岗位上则明确指出采购时要杜绝

“贪腐”行为的发生。

良好的企业文化对保证国有企业正常的经营管理活动、保证企业的良性运转起着重要的灵魂支撑作用。

例如，中国商用飞机有限责任公司上海飞机设计研究院（简称“上飞院”）是国内大型商用飞机主机所，作为国家重要的民用飞机设计研究院，担负着中国民用飞机项目研制的技术抓总责任。承担大型客机（C919）、新支线（ARJ21）、宽体客机（CR929）三个系列飞机的设计、研发试验、关键技术攻关以及批生产阶段的联络工程、工程技术服务等。

上飞院的愿景是建成国际一流民用飞机设计研发中心；核心价值观是自主创新、攻坚克难、安全至上、一丝不苟。根据上述企业文化，上飞院确定了可持续竞争优势的来源：首先需要建设面向全球异地协同的商用飞机研发设计能力。建成之后将陆续培育基于云的民机数字研发能力、全生命周期协同资源规划管理能力和基于工业互联网平台的民机研发服务创新能力等新型能力建设。为尽快培育核心竞争力，上飞院从业务流程、组织结构、技术实现以及数据开发利用等方面入手，开展了一系列的优化与改革，推动信息化和工业化的“两化融合”。

在业务流程方面，通过策划输出了三项优化需求，分别为工程更改请求、设计协同流程及数据接收发放流程。组织结构方面，整合了原先分散在各设计部门驾驶舱的设计资源及人才，成立驾驶舱设计部门，以发挥专业集中优势。在技术实现上，根据现状分析和问题识别，结合对现有业务需求的分析，确定不断深入扩展优化设计协同系统，建设供应商主数据管理交互等全新功能点。针对基于C919、ARJ21及CR929机型的协同研发设计平台进行了功能完善和扩展。在数据开发利用环节，本着协同各方面、联通各专业、打通整个过程的思路，将各系统数据进行集成与共享，拟打通并建立相关系统接口，明确数据源责任方，确保数据利用可追溯、可审计，建立数据单一来源。

上飞院推行两化融合管理体系不仅是一个流程优化、组织创新、业务转型的改变，更是企业文化向管理变革、组织优化、战略管控的渗透过程。企业文化帮助指导其依据自身战略需求，规范地培养新型能力，确保两化融合相关过程持续受控；引导和帮助上飞院以融合创新的理念方式进行两化融合，建设覆盖全球的民机网络化协同研制平台，全面提升航空民机企业智能化设计、制造、服务水平，缩短民机产品研制周期，提高生产效率，降低运营成本和产品不良品率，提高能源利用率。

>>> 国企数字化转型的系统框架

上文指出，企业文化不论是在对企业战略的核心指导、引导和制约全体员工的行为等方面，还是在弘扬企业的核心价值观、贯彻和传承企业的核心理念等方面都必须得到企业的高度重视。

企业文化在引导企业做“正确的事”方面具有重要的核心指导作用，企业能否让自认为“正确的事”也得到社会的认可，进而更好地创造出“社会价值”，也主要是由企业的文化决定的。

现实中，尽管很多企业在技术手段支撑、新型商业模式开拓、精准运营和营销、现代数字化设备的运用等方面都走在了时代的前列（如某些以互联网技术为业务支撑的企业），但其企业文化的作用并没有很好地发挥出来，进而导致企业在战略决策方面出现了很多失误，比如做了一些不考虑“社会价值”的事情（如垄断、消费者信息的侵犯、数据的泄露、社会资源的破坏和浪费等）。

因此，对任何企业而言，如何通过合理的文化决策做好文化的建设与繁荣对于企业的长远发展具有重要的意义，这也是企业数字化转型中必须关注的重点问题。可以说，企业做好“战略决策”的前提是先做好“文化决策”。

对国有企业而言，其独特的企业性质更加决定了文化建设在国有企业经营管理活动中的重要地位。

例如，中国石化集团高度重视企业文化建设，将其作为打造世界一流企业不可或缺的一部分，一体化统筹推进。近年来，集团公司将建设世界一流企业文化作为提升软实力的重要内容，研究修订了《企业文化建设纲要》，制定了企业文化建设专项规划和相应制度文件，为科学化、规范化、系统化推进企业文化建设提供了坚实的支撑和保障。

首先，理念引领，体系保障，持续推动企业文化建设做实做优。

（一）以核心价值理念为引领，助力打造世界领先企业。中国石化一贯重视价值理念对公司改革发展的引领和导向作用。当前核心价值理念，是以社会主义核心价值观为统领，以践行新发展理念为目标，在继承石油石化优良传统基础上提出的。包括“爱我中华，振兴石化”“为美好生活加油”的初心和使命，“打造世界领先洁净能源化工公司”的企业愿景，“人本、责任、诚信、精细、创新、共赢”的企业价值观和“严、细、实”的企业作风。这些表述，体现了中国石化心怀“国之大者”，矢志做优做强做大和产业报国、造福人类的理想追求，也体现了公司市场化、国际化的发展意识，较好地处理了守正与创新的关系，为公司内强管理、外树形象、打造世界领先提供了价值遵循。

（二）以多维体系建设为保障，推动文化与管理有机融合。主要包括：①开展专项文化建设，推动企业文化融入业务管理；②加强基层文化建设，推动核心价值理念落实落地；③推进跨文化融合管理，助力国际化高质量发展；④强化品牌建设，推动构建良好企业形象。

（三）以阵地典型打造为支撑，增强企业文化教育实效性。主要包括：①持续打造文化代言人；②持续培育文化教育基地；③持续打造精品文化传播项目。

（四）以审计管控为抓手，助推企业文化建设科学化规范化。主要包括：①打造优良传统教育践行机制；②将企业文化建设纳入内外审计；③适度管控，引导各单位规范开展企业文化建设。

其次，培育文化，助力发展，“党和人民好企业形象”更加鲜亮。

（一）培育优秀员工队伍，爱国爱企、无私奉献的文化氛围更加浓厚。公司重视传承石油精神、弘扬石化传统，强化“站排头、争第一”意识，营造了爱国爱企、无私奉献的文化氛围，培养造就了一支注重实干、勇于担当的员工队伍，为推动中国石化打造世界领先洁净能源化工公司提供了重要支撑。

2020年，新冠疫情突然暴发，面对“一罩难求”的紧张局面，中国石化广大干部员工发扬“有条件要上，没有条件创造条件也要上”的艰苦奋斗精神，12天建成一条熔喷布生产线，76天建成全球较大的熔喷布生产基地。为化解疫情和油价暴跌带来的双重压力，公司眼睛向内、苦练内功，迅速扭转了经营困局，取得了跑赢大市、好于预期的经营业绩。

（二）助推高质量发展，中国石化品牌价值持续增值。公司积极践行

"为美好生活加油"的企业使命，以更先进的技术、更优质的产品、更周到的服务，围绕能源保障、生态环保、"一带一路"等重大议题，实行了油品质量升级、绿色企业行动计划、加入全球废塑联盟行动等具有较强社会影响力的责任实践。其中，"绿色企业行动计划"，以建设"清洁、高效、低碳、循环"的绿色企业为目标，从绿色生产、绿色服务、绿色文化等6方面筑牢企业绿色发展根基。

截至目前，大部分生产性企业完成绿色企业创建，9000余家基层单位完成绿色基层创建，11家企业获工信部"绿色工厂"称号。"能效提升"计划也在持续推进，累计实现节能548万吨标准煤，减少温室气体排放1348万吨。

高质量发展举措和成效推动中国石化品牌价值持续增值，2021年以264亿美元居Brand Finance全球品牌价值排行榜第58位，"十三五"期间品牌价值增长了65%。

（三）助力社会和谐发展，"党和人民好企业"形象更加鲜亮。公司坚守"报国为民，造福人类"的责任价值，在履行好国有企业经济、政治责任的同时，也认真履行好相应的社会责任，为增进民生福祉和社会和谐做出了突出贡献。面对脱贫攻坚艰巨任务，中国石化发挥集团优势，实施产业帮扶项目127个，惠及18.5万人，带动5.2万人脱贫，对口支援和定点帮扶的8个县、705个村全部脱贫。还在28个省区市建成2617座"环卫驿站"，连续九年开展"情暖驿站·满爱回家"活动，连续17年开展"中国石化光明行"健康快车公益活动。在业务所在国，公司通过援建基础设施、加强职业技能培训、修建医院和卫生网点、捐资助学等措施改善当地的生产生活条件，增强自我发展能力，促进了业务所在国的经济、环境、社会和谐发展。这些惠民助民举措，塑造和提升了中国石化"党和人民好企业""负责任国际化大公司"的好形象。

图5-6为引入企业文化决策之后的国企数字化转型系统框架。在此框架的基础上，我们才能全面地探讨如何做好国企数字化转型的问题。

由图5-6可知，数字化转型就是要用数字技术支撑和赋能企业全方位的经营管理活动（图中虚线框中内容）。数字化转型的最终目的是要更好地实现"正确地做，正确的事"（虚线框中上部所示），这就需要把国企的供

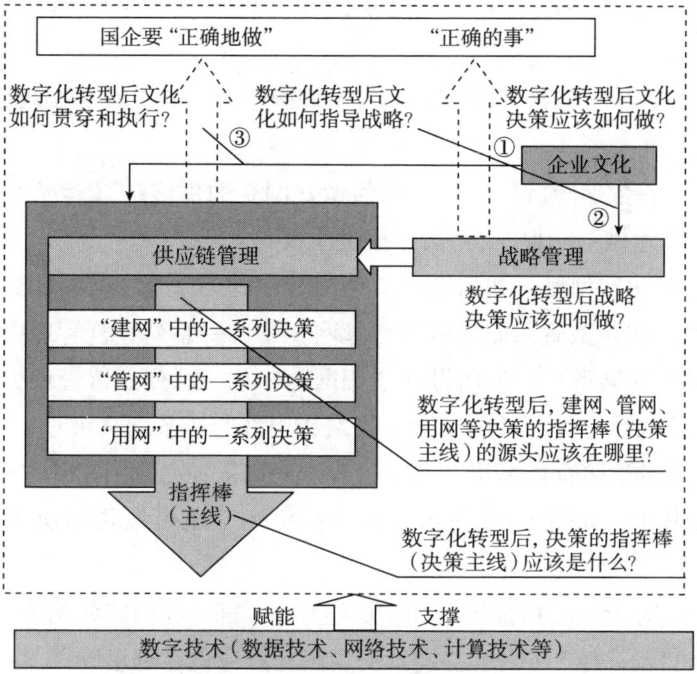

图 5－6　国企数字化转型总体框架

应链管理（实现正确地做）和战略管理（确定正确的事）做好。

因为战略管理决定了供应链管理如何做的问题，因此，做好战略管理（决策）是做好供应链管理（决策）的前提。而又因为文化对战略具有核心指导作用，因此战略管理（决策）要想做好，必须首先把文化（决策）做好。

5.4　做好国企数字化转型的关键问题

根据以上分析可知，总结来看，做好国企的数字化转型，需要在全面理解管理逻辑的系统框架基础上重点解决如下几个关键问题：

第一，在数字经济环境下（数字技术的支撑与赋能环境下），如何通过数字技术对国企文化的相关决策进行支撑和赋能。其中要考虑的问题主要是：

① 在数字经济环境下，国企的文化决策应该如何做？

② 数字化转型后，国企文化如何指导战略决策？

③ 数字化转型后，国企文化如何在其他管理决策活动中得到贯彻和执行？

第二，在数字经济环境下，如何做好国企的战略决策，实现做“正确的事”。

第三，在数字经济环境下，如何做好国企的供应链（运营）管理决策，实现“正确地做”。其中要考虑的问题主要是：

① 数字化转型后，如何做好“建网”中的一系列经营管理决策？

② 数字化转型后，如何做好“管网”中的一系列经营管理决策？

③ 数字化转型后，如何做好“用网”中的一系列经营管理决策？

显然，在供应链管理的建网、管网和用网的一系列决策过程中，要想让每一个方面的决策都能精准、科学、合理和高效，必须有一个统一的“指挥棒”贯穿其中，如图5－6所示。该“指挥棒”也可以称为决策的“主线”和依据。

第四，对于该“指挥棒”（决策主线）而言，我们需要明确的问题是：

①该“指挥棒”（决策主线）的逻辑起点应该在哪里？

②该“指挥棒”（决策主线）应该是由什么来担当？

第五，在数字化转型中，“数据驱动”中的数据如何界定和获取？其运行机理是什么？其和“指挥棒”（决策主线）的关系是怎样的？

第六，国企数字化转型的目的除了提升管理水平之外还要提升业务水平。在数字经济环境下，国企在提升业务水平方面有哪些新的价值创造模式可供拓展与创新？进而更好地在经济效益和社会效益方面创造价值。

上述这些关键问题的内在逻辑如图5－6所示。

只有探索出数字经济环境下国企全面经营管理活动转型的普适性思路，我们才可能针对国有企业的目标和问题，提出切合实际的转型方案，而不仅仅是照搬其他企业的几个局部的做法。

要想实现国企的全面数字化转型，就必须探索出解决上述关键问题的基本思路，同时还要考虑这六个关键问题解决方案之间的内在联系，并且能够在国企数字化转型系统的总体蓝图规划时，将其很好地进行融入。这些关键问题的基本解决思路将在后文中阐述。

第 6 章　国企数字化转型的价值驱动与数据驱动

6.1　国企数字化转型的“价值驱动”

前述章节一直在探讨企业为什么要进行数字化转型，很多企业陷入“转型困境”的原因在于没有弄清楚数字化转型的目的。在还没有弄明白“干什么”“怎么干”的前提下就去“干”，显然会很被动，也容易陷入迷茫。要弄清楚企业数字化转型的目的所在，必须从转型的本质——“价值”入手进行探讨。

我们之所以经常说数字化转型要实现“价值重构”，实际上就是希望能够通过转型重新梳理企业的价值创造，只要是有利于价值提升或者能够创造新价值的转型举措都是可取的。

同时，前述 5.4 节关键问题中提到的指导国企供应链管理建网、管网和用网一系列决策过程中的“指挥棒”（决策主线）也必须用价值来进行充当，否则这些“决策”就是没有意义的。

因此，在任何企业的数字化转型中，如何实现“价值驱动”无疑是需要探讨的核心问题，这个结论针对其他主体（如政府等）的数字化转型同样适用。

能否创造价值，不在于我们的系统是否世界上最先进或者最昂贵，也不在于我们是否引入了最时髦的概念来做数字化转型，关键在于能否真正给客户、企业以及社会创造出价值。因此，给一个企业贴上“数字化转型成功企业”的标签是很难的，因为企业的环境永远在变，企业的问题和痛点永远层出不穷，数字化转型也将永远在路上，企业只有形成动态的数字化转型机制，不断地根据环境变化进行探索和完善，不断地给社会各主体创造价值，才能不断推进数字化转型。

对于国有企业而言，数字化转型最终的目的还是要实现价值驱动，就是要通过数字化转型给需求方（客户）、供给方（企业）及社会创造出“价值”。

例如，中国航空发动机集团在数字化转型中，以客户需求为牵引，重构业务流程。围绕满足客户需求、实现客户价值，不断优化运营业务流程。以流程来引领和规范数字化转型的实现，以信息化来实现和保障流程的高效规范运行，实现业务协同、均衡发展和集成共享。一是构建科学完整的流程架构。建立全局视角的研发流程框架，横向贯穿产品研发全生命周期各个阶段，纵向打通设计试验、制造工艺、服务保障等各业务域，解决分散割裂、各自行动的问题，实现端到端打通，支撑业务流程的持续建设和优化。二是以客户为中心开展流程设计。运用流程管理的方法论设计业务流程，集成各项管理基础要素，实现业务流程显性化、标准化和持续优化，让产品持续获得客户和市场的认可。三是加强业务流程和信息化的紧密结合。基于统一的业务架构和端到端的业务流程，开展信息化建设，解决烟囱式系统、集成度差等问题；同时利用先进的信息化技术，驱动业务模式不断创新，实现业务数字化，为客户提供成本价值、体验价值和平台价值。

显然，要想用“价值”作为企业数字化转型方向是否正确的判断依据，首先需要弄明白“价值”是如何衡量的。

>>> 价值的衡量与价值分析决策

一般来讲，可以用功能与成本的比值（价值 = 功能/成本）来衡量任何一个对象价值的大小，这一衡量准则起源于人们对生产型产品价值的认识。例如，某件产品给人们带来的功能越好，人们获取它的成本越低，则它的价值就越大。我们常说的“物美价廉”“物超所值”等都是从这两个方面衡量价值的体现。

有了上述衡量依据，我们可以通过比较对象的价值来轻松地进行“决策”，这个方法就是管理活动中常用的价值分析决策方法。[①] 即通过定量比较两个或多个决策方案（对象）的“价值”进行选择和决策的方法。由于价值等于功能与成本之比，因此，要定量比较两个或多个对象的价值大小，必

① 姚建明．战略管理：新思维、新架构、新方法（第2版）[M]．北京：清华大学出版社，2022.

须首先获取待比较对象的功能及成本数据。成本数据往往是容易获取的，但功能如何计算呢？

不论是在传统的企业管理中，还是在数字经济环境下的企业管理中，我们经常会遇到如何把定性问题定量化的情况。如在人力资源管理中评价员工的工作绩效，最后要求量化打分；在财务管理中若干财务指标都要求量化计算；等等。

要想实现定性问题定量化这一目标，首先需要建立一套指标体系。指标体系建好后，才能知道应该从哪些方面衡量每个对象的情况，进而打出一个总评分。

在企业管理实践中，指标这一工具特别重要，它是企业管理方法落地的基础。任何企业管理方法落地的时候，首先需要转换成一系列指标。例如，进行财务管理时，最终是转换成财务指标落地，如各种比率；开展人力资源管理时，最终是转换成人员招募、考核、评价等各种指标落地；等等。

在对任何一个定性问题进行定量化的过程中，大致都要包括如下四步操作：

第一步，建立评价指标（建指标）。通过分析，明确采用哪些具体的指标来衡量和评价对象。

第二步，给评价指标确定权重（定权重）。评估所建指标体系中各项具体指标的重要性程度，并设定权重加以区分。

第三步，给每个被评价对象评分（赋评分）。基于各项指标，对待评价的各个对象给予评分。评分之前先拟定好评分的分值区间（如 0 ~ 10 分、0 ~ 100分等）。

第四步，计算每个被评价对象的加权总分（算总分）。基于各对象在各指标下的评分，计算各个对象在该指标体系下的加权总分。

在价值分析决策方法中，我们也可以基于以上四个步骤，对价值公式中的“功能”进行量化处理。“功能”量化处理后，再和分母的成本进行计算，便得出价值的量化结果。上述步骤的详细计算过程示例请参考《战略管理：新思维、新架构、新方法》（第 2 版）。

不论在传统的企业管理实践中，还是在企业的数字化转型中，价值分析决策方法都是一种非常重要且应用普遍的方法。在企业的文化决策、战略决策、运营决策（如供应商选择、研发方案选择、采购决策、生产设备选择、生产方式选择、销售渠道选择、营销方式决策等)、支撑性管理决策（如人事决策、人员选择、人员考核、岗位设计、部门考核、财务决策、预算决策等）各方面都可以得到广泛的运用。例如，某钢铁厂的采购人员针对购进某设备需要进行科学的决策，通过运用价值分析决策方法，经过严格的功能和成本的比较和计算后，得出价值分析决策的结果，最终购买了这台设备，使企业的效益得到了很大的提升。

>>> 数字化转型中的价值驱动

本书前文指出，企业数字化转型的直接目的是在数字技术的支撑与赋能下，将原先由“拍脑袋”进行的企业经营管理活动决策改为由“拍数据”来进行，而衡量决策好坏的依据就在于对其“价值”的衡量。可以看出，在全面的数字化转型系统框架指引下，价值驱动时需要考虑的问题主要有如下几个方面（见图6－1）：

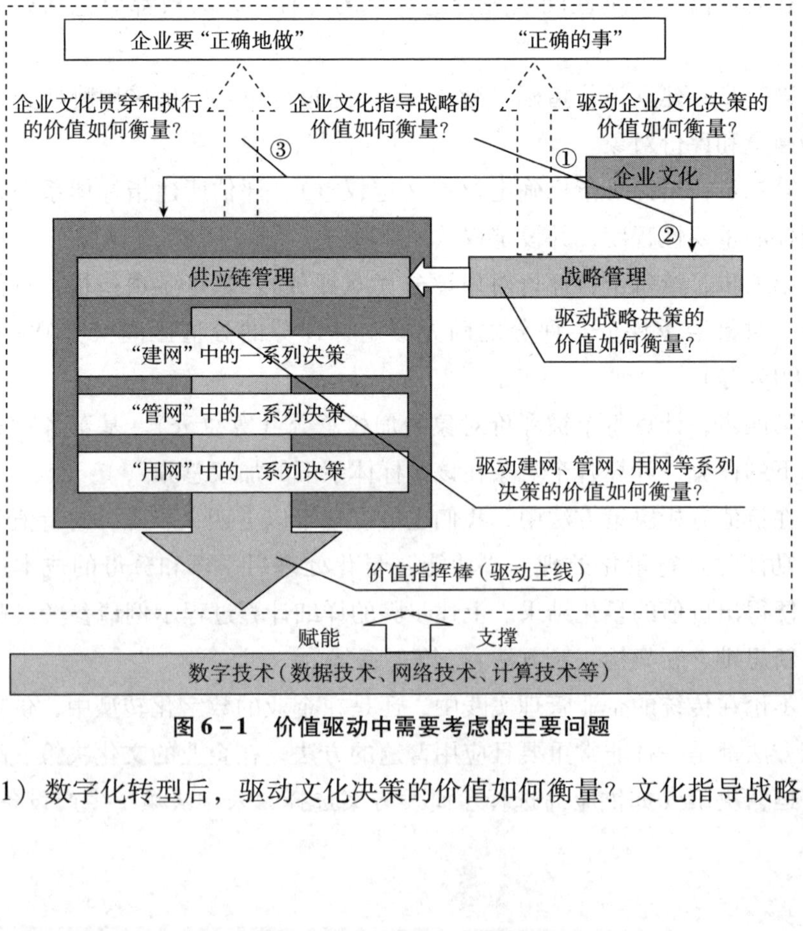

图6－1　价值驱动中需要考虑的主要问题

（1）数字化转型后，驱动文化决策的价值如何衡量？文化指导战略的价值如何衡量？文化贯穿和执行于建网、管网、用网等一系列决策活动的价值如何衡量？

（2）数字化转型后，驱动战略决策的价值如何衡量？

（3）数字化转型后，驱动建网、管网、用网等一系列决策的价值如何衡量？

只有明确了上述价值衡量的机理，才能真正弄明白数据驱动的逻辑，推进企业数字化转型的真正落地。为了解决这一难点问题，这里我们引出一个重要的价值驱动分析工具——“三大法宝”。该工具也是企业数字化转型中“价值”重构与落地重要工具。

6.2　价值驱动的重要工具——三大法宝

在将上述价值分析方法落地时，我们首先需要考虑的问题是价值计算公式中“功能指标”的构建问题。这里，以某国有制造企业采购部门采购决策的价值计算为例进行探讨。

当企业在采购零部件时，一般能够想到的衡量采购决策活动价值的指标可能主要有零部件的品质、材料、规格、外观、寿命、品牌、附加服务，零部件的交货期、交付方式，零部件的采购成本，账期的长短，售后服务的好坏等。为了简化起见和操作方便，我们将上述这些指标进行归类。

显然，对这些指标进一步归类可以发现，零部件的品质、材料、规格、外观、品牌、附加服务，零部件的交货期、交付方式，售后服务的好坏等都可以归到价值衡量公式的功能指标中；而零部件的采购成本、账期的长短（账期影响的是成本）则可以归结到价值衡量公式的成本指标中。进一步分析发现，在上述功能指标中实际上有两类指标：一类是反映采购活动能够带给企业主观和客观各方面在零部件自身品质及附加服务上面的需求，如品质、材料、规格、外观、品牌、寿命、附加服务、交付方式、售后服务的好坏等；另一类则反映的是时间方面的要求，如零部件的交货期等。因此，如果我们用一个综合指标——“质量”将上述反映零部件自身品质及附加服务上的指标全部概括，用另一个综合指标——“交货期”将上述反映时间方面要求的指标全部概括，再用综合指标——“成本”将上述反映成本方面要求的指标全部概括，则价值公式的指标体系将主要包括三部分，即分子上的质量指标和交货期指标以及分母上的成本指标。这时，价值公式将可以作如下变动：

价值 = 功能/成本 = （质量 + 交货期）/成本

这一结论对任何对象的价值衡量都是通用的。由此引出了企业经营管理中非常重要的三个综合指标，即“质量、成本和交货期”。实际上，“质量（Quality）、交货期（Delivery date）和成本（Cost）”（QDC）是企业运营的三大核心指标，在企业传统的运营管理、生产管理、质量管理、精细化管理等领域应用非常广泛。

然而一个重要的问题是，一直以来，这三个指标始终是围绕企业运作层面的决策来探讨的，却很少被提到企业的战略层面和组织层面来进行探讨。为了进一步分析“价值”在整个企业管理及数字化转型中的重要作用及其运行机理，我们给“质量、交货期和成本（QDC）”起了一个新的名称——三大法宝。它是企业的数字化转型中最为核心的内容之一。

从图 6 - 1 中可以看出，决定企业供应链管理中建网、管网、用网等一系列决策的主线（指挥棒）就是“价值”（三大法宝），而这条决策主线的起点应该是企业战略决策的结果，因此，我们需要探讨“价值”（三大法宝）和战略的关系。

从“价值 = （质量 + 交货期）/成本”来看，显然，对价值判断的前提在于对三大法宝各指标权重的权衡和判定。而对三大法宝各指标权重的判定又是基于什么得出的？答案只有一个，那就是“目标”，也就是“干什么”。而目标又是由战略（计划）决定的，因此可以得出，三大法宝之间的权衡是由战略决定的。

至此，我们得出一个非常重要的结论：价值是由战略决定的。这一结论的得出，为我们将“价值”作为贯穿于企业建网、管网、用网中的一系列决策活动奠定了基础。这也是企业全面、系统地做好数字化转型的关键所在。

例如，某国企 A 公司制定了未来 5 年的战略目标（本例中为按照平衡计分卡思路制定的目标）。该公司下辖的两个业务（家电业务和房地产业务）也分别对战略目标进行了分解，如图 6 - 2 所示。

当 A 公司针对家电业务的运作层面（“用网”层面）的采购活动进行决策时，面临的一个基本前提就是要首先明确业务层的战略目标和战略途径，即先明确家电业务未来 5 年到底要“干什么”和“怎么干”，然后才能确定采购活动中的预算决策。

也就是说，“用网”中的采购活动在进行决策时，将财务指标拟定为：

未来 5 年的总采购成本≤6000 万元；将客户价值指标拟定为：质量符合 6δ 标准、交货准时性≥99.9%。那么，这样的采购决策是基于什么确定的呢？为什么不去采购质量更好、交货期更为精准的零部件呢？

再换一种说法，根据该产品零部件供应情况的测算，未来 5 年中可能有如下两种零部件的采购方案：一种是产品的零部件总采购成本≤6000 万元，零部件质量符合 6δ 标准，交货准时性≥99.9%；另一种是该产品的零部件总采购成本≥6500 万元，但≤7000 万元，同时零部件质量明显优于 6δ 标准，交货准时性≥99.99%。很明显，按照第一种采购决策方案生产出的产品成本低，质量和交货期尚可；而按照第二种采购决策方案生产出的产品成本高，但质量和交货期也明显高于第一种方案。在这种情况下，采购活动应该如何决策呢？

显然，唯一的判断标准就是要首先明确该家电产品在未来 5 年的市场竞争中到底是要依靠价格来吸引客户（低成本战略），还是要依靠质量和交货期来吸引客户（差异化战略），也就是通过什么样的战略途径来实现什么样的战略目标，即先明确该业务未来 5 年要“干什么”和“怎么干”。显然，A 公司家电业务的采购活动之所以进行图 6－2 所示的采购预算决策，其前提是该业务的战略途径已经制定了“低成本战略”，并且明确了获利 1 亿元的战略目标。

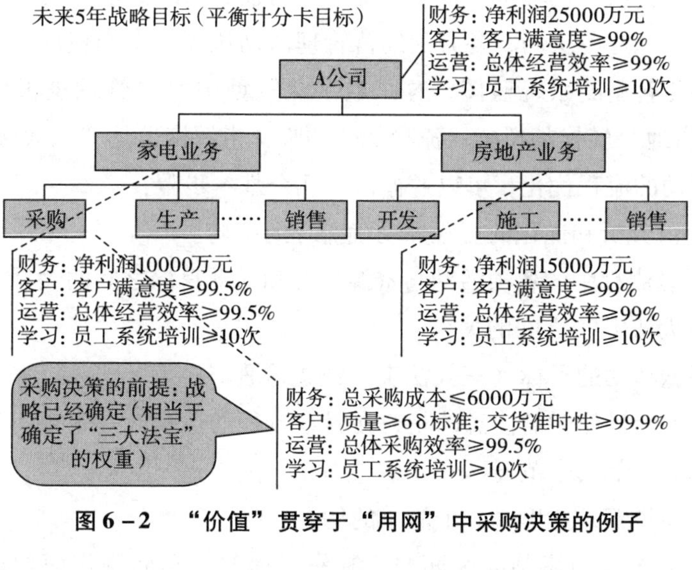

图 6－2　“价值”贯穿于“用网”中采购决策的例子

总之，有了三大法宝作为图 6－1 中企业建网、管网和用网的决策主线（指挥棒），可以方便地将企业的战略层、组织层以及运作层中各活动的决策过程有效衔接，实现“价值驱动”的目标。

6.3 价值驱动下的流程重构

>>> 基于“价值驱动”的流程重构与优化

在很大程度上，企业经营管理活动的决策过程也可以体现在流程重构和优化的决策过程中。流程本身就是一系列活动的集合。

例如，在没有上自助设备之前，很多银行的营业网点都是靠人工柜台办理业务的。上了自助设备之后，很多网点开始裁撤人工柜台。原先客户在柜台办理业务时可以实现一站式完成的流程，上了设备之后，完整的流程被割裂了，在柜台办到一半，需要到设备上去处理，然后接着再到柜台上办。实际上，近些年人们也在纷纷吐槽这样的服务流程设计是否考虑了客户的满意度。而某些银行不仅没有思考这样的流程是否有利于让客户满意，反而认为引入“先进”设备就是数字化转型的“成功”。

当企业进行数字化转型时，一个绕不开的核心话题必然是流程的优化问题。而只有对企业各层面、各方面经营管理活动流程的全面梳理，才能架构出企业数字化转型的系统蓝图，这是数字化转型中由“管理逻辑分析”向“技术手段落地”转换的桥梁。流程优化的唯一指挥棒也是“三大法宝”。

价值驱动的流程优化，可以遵循以下几个基本步骤：

（1）厘清分析和优化的流程，明确流程的范畴。

（2）明确流程中的各项活动与资源耗费和活动目标之间的关系。也就是活动和“三大法宝”之间的关系。

（3）根据活动的目标（三大法宝）改进流程。

企业在实际操作时需注意的是，在界定流程的范畴时一定要将视野放大到企业内部和外部两个范畴。

根据上述步骤，这里举一个简单的例子：

某面包房 A 专门烤制高级面包，制作流程包括和面制作面包坯和烤面包。受产能限制，面包房的设备每小时可以和面加工 100 个面包坯，需要雇用专业的和面师傅，师傅按 20 元/小时计算劳务费用（计时按其在面包房停留时间算）；面包房的烤箱设备每 2 小时可以烤制出 100 个面包，烤箱由专人看管。在某时刻，某客户订购了 200 个面包，5 小时后需要交货，则基本流程如图 6－3 所示。

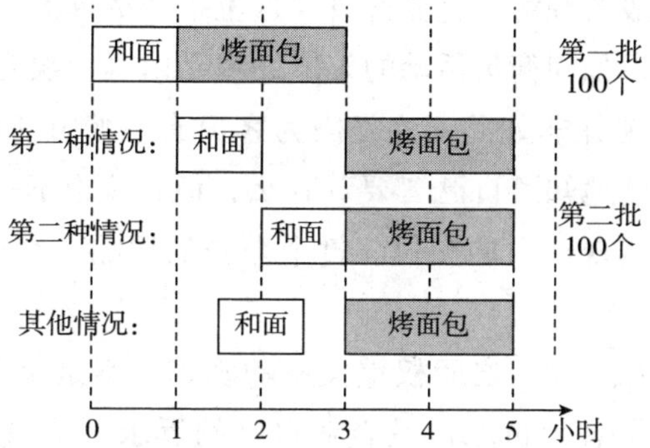

图 6－3　面包房不同流程比较

显然，对于第一批 100 个面包，0～1 小时和面，1～3 小时烤制；对于第二批 100 个面包，只能 3～5 小时烤制。但问题是，第二批 100 个面包什么时间和面最合适？

如果第二批在 1～2 小时和面，和好后还需要再等 1 小时才能烤制，这时已经和好的面包坯比刚和好的要干一些，烤制出来的面包质量可能不如第一批现和现烤出来的。但这种情况下支付给和面师傅的费用最少，是 40 元。

第二批现和现烤的情况如图 6－3 中第二种情况，在 2～3 小时和面，和好后直接烤制。这种情况烤出的第二批面包质量和第一批一样，但需要支付给和面师傅 60 元劳务费用。

从“三大法宝”的角度可以看出，在交货期（5 小时）一定的前提下，图 6－3 中第一种情况下的总成本低，但面包质量略差；第二种情况下的总成本高，但面包质量好。显然，还有介于这两种情况下的其他情况。

对面包房来说，不同情况对应着不同的活动安排，也对应着不同的流程。对流程方案逐步进行改进，选出满意方案的过程也就是流程优化（流程方案决策优化）的过程。

这时，面包房针对上述流程的优化该如何进行决策呢？

答案只有一个：“不同的企业有不同的流程优化决策方案”。

一般来说，流程优化的核心是通过活动的重新梳理和安排给企业创造“价值”。针对上述例子来看，对流程中每个活动“价值”的衡量，其前提是必须首先明确“三大法宝”——“质量、成本和交货期”之间的权重关系，而这个权重关系又是由企业综合了客户（需方）的诉求以及自己（供方）的诉求后，经过综合平衡后决定的。

按照我们一般的理解，企业价值（这里指经济价值）的创造最终是由客户买单的，因此，如何衡量活动的价值好像是由客户决定的。然而，当我们仔细思考时，发现并非如此。这是因为客户有时候并不清楚自己“要”什么。即便客户清楚地知道自己“要”什么，但企业也不一定能够完全按照客户的要求和意图实现产品的交付。打个夸张的比喻，客户想要天上的星星，企业能摘下来吗？

显然，“三大法宝”之间权重关系的确定，不是单方面由客户决定的，而是企业在考虑了客户诉求以及企业自己的诉求后通过综合平衡确定出来的。因此，对于上述例子而言，面包房如果想要给客户提供质量最好的面包，同时客户也愿意为质量最好的面包买单，那么，考虑选择流程方案二是最好的，尽管和面的成本高一些也是值得的。否则，面包房则可能选择其他方案进行流程的优化。但不论选择哪一种方案进行流程的优化，其前提是“三大法宝”之间的权重关系已经确定了。因此，“价值”的“三大法宝”是企业流程优化的前提，而价值又是由企业的战略决定的，由此得出，战略决定了企业如何在建网、管网和用网中对各个流程的优化进行决策。这也进一步体现了“价值”作为驱动决策主线的地位和作用。

总之，企业的流程优化应以企业的战略为中心进行考量，进而合理配置“价值”三大法宝“质量、成本、交货期”之间的权重关系，并以之作为流程优化的衡量基准，以获得最优的流程方案。

>>> 不同的企业对价值的判断不同

我们常说，企业的经营管理要“以客户需求为中心”，坚持“顾客就是上帝”，但这并不代表所有的顾客针对任何产品都是希望得到“质量”最好的东西（因为质量的提升往往需要耗费成本，也可能对交货期产生影响），也并不意味着企业在进行价值的权衡决策时，一定需要将“质量”指标的权重打到最大。“以客户需求为中心”“顾客就是上帝”实际上是以顾客对

“价值”的诉求为中心，也就是以顾客对“三大法宝”中“质量、成本和交货期”的权重为中心。

在管理理念的发展历程中，我们往往以 20 世纪 90 年代作为分界线。90 年代以前以卖方市场为主，这时企业以“成本为中心”进行经营管理是较为合适的。因此，精益管理、精细化管理等思想也多数在当时得到了普遍关注、推广和应用。但到了 90 年代以后，卖方市场逐渐向买方市场转变，环境的动荡、多变和竞争的加剧，使得企业的经营管理理念也发生变化。企业必须由以成本为中心转到以“价值”衡量为中心的“战略中心”理念上来。

例如，某企业要开一个时尚产品的体验店，经过对店面选址成本的测算，发现选择城乡接合部开店的成本较低。但是，如果我们真的将店面开到这里，虽然成本降低了，但又有什么意义呢？显然，体验店的作用是用来给消费者进行体验的，应该开到消费者流量大的地方才有价值，就算成本高一些也是非常值得的。因此，在进行价值的“三大法宝”的衡量中，一定要明确“干什么”，而“干什么”显然是由企业的战略目标确定的。

在企业的经营管理过程中，对“降本增效”这一理念应该进行全面深刻的理解与感悟，而不能仅从字面意义上理解。对任何企业而言，首先需要研究“降本”是否一定能够“增效”，如果“降本”不能“增效”，我们降本的意义又在哪。也就像企业的数字化转型一样，如果数字化转型没有意义和价值，我们为什么要转型？就这么一个简单的道理，却使很多企业陷入“误区”，在不加思考的前提下就去转型，盲目地购买系统和设备，花了很多钱，但没什么用，最后陷入了迷茫。

究其根源，在于我们很多企业的管理者不愿意去思考、去学习、去研究，真正地去探讨解决企业自身问题的途径，就希望从别人那里得到一个现成的、“成功”的解决方案。但免费得来的东西是要不得的。

6.4　国企数字化转型的“数据驱动”

前文指出，在国企数字化转型中，“数据驱动”的对象实际上是企业的经营管理活动，并通过驱动对应的“决策”来实现。“数据驱动”就是希望把以前用“拍脑袋”进行决策的过程，改为由“拍数据”来进行决策，使企业任何部门任何岗位上的任何一个“决策”过程都能够更加精准、合理、高效和可行，进而使企业全方位地做好经营管理活动，实现“正确地做，正确的事”。

前文也指出，从企业数字化转型整体框架来看，企业经营管理活动中的决策内容不同，需要驱动的数据不同，如图 6－4 所示。

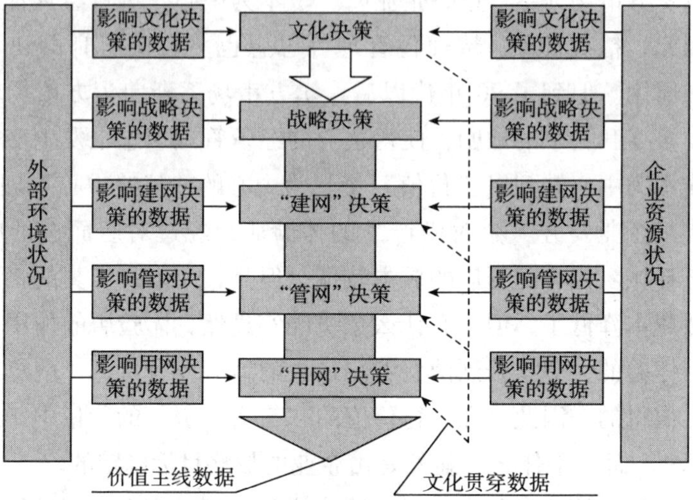

图 6－4　企业数据驱动关系示意

需要重点考虑的数据主要有如下几个方面：

（1）企业文化决策需要的数据主要有：影响企业文化内涵及其培育的有关企业外部环境数据和企业资源及其状态数据。

（2）企业战略决策需要的数据主要有：一是影响企业战略制定及其实施的有关企业外部环境数据以及企业资源及其状态数据；二是企业文化的内涵数据。

（3）企业供应链管理“建网、管网、用网”中的一系列决策需要的数据主要有：一是与“建网、管网、用网”中的一系列决策关联的企业外部环境数据以及企业资源及其状态数据；二是企业文化方面的相关数据；三是贯穿于“建网、管网、用网”中一系列决策的指挥棒（决策主线）的相关数据。

数据驱动关系和机理是非常复杂的。这里我们以贯穿于企业“建网、管网、用网”中一系列决策的指挥棒（决策主线）为例来阐述。

通过前述“价值驱动”的理念可知，用“价值”作为贯穿于“建网、管网、用网”中一系列决策的指挥棒（决策主线）是非常合适的，而与之相关的数据也就是“价值”三大法宝所涵盖的相关数据。以下我们通过一个简单的例子来看一下为什么在企业的不同层面不同活动进行决策时，需要考虑不同方面的数据进行决策的综合驱动。

››› 数据驱动的复杂关系和逻辑机理

图 6－5 为某国企 A 公司在“用网”层面，针对办公物资采购岗位的“笔记本电脑采购活动决策”的数据驱动示例。

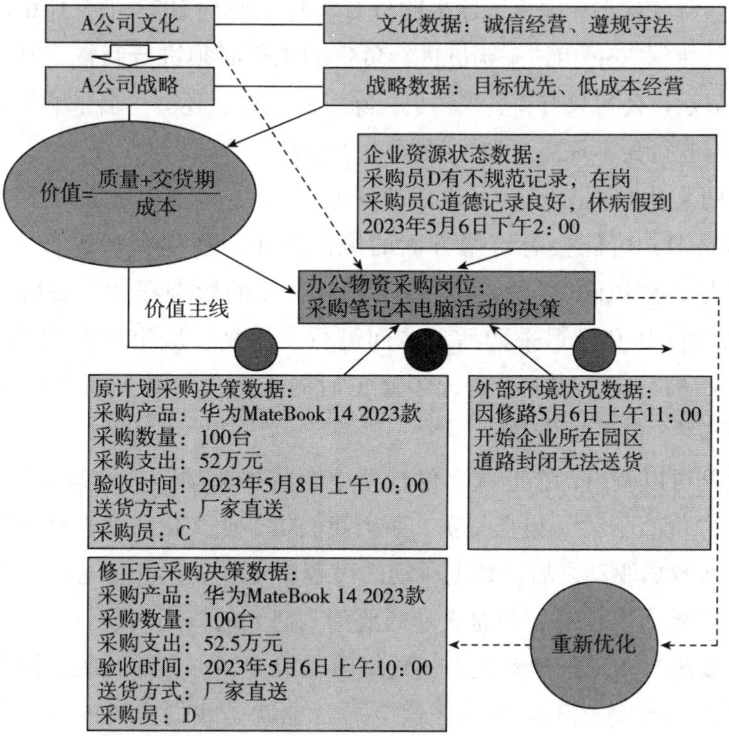

图 6－5　数据驱动中的影响关系示例

首先，A 公司在“笔记本电脑采购活动决策”的数据驱动中，根据公司已制定的战略，决定了价值主线“三大法宝”之间的权重关系。由该“价值”主线数据驱动出来的原计划采购决策数据为：采购产品：华为 MateBook 14 2023 款；采购数量：100 台；采购支出：52 万元；验收时间：2023 年 5 月 8 日上午 10：00；送货方式：厂家直送；采购员：C。

但很明显，企业中任何一个层面、任何一个环节活动的决策绝非单一方面因素能够决定的（当然，在理想状态下是这样的），必须考虑其他关联因素的影响。从例子来看，也就是“笔记本电脑采购活动决策”的驱动数据除了“价值”主线数据之外，还有企业文化的贯穿数据、外部环境的状况数据以及企业资源的状态数据。

例如，在制定原计划采购决策方案的时间点上，企业外部环境状态数据显示“因修路5月6日上午11：00开始企业所在园区道路封闭无法送货”。这时，必须考虑修订原方案，将送货时间提前到2023年5月6日上午10：00。而此时，企业资源状态数据显示原采购员C将休病假到2023年5月6日下午2：00，因此，原本安排由该采购员进行负责的工作必须进行调整。但企业资源状态数据显示该公司只有2名采购员，除了C之外，还有一名采购员D，但该采购员却有着行为不规范（如吃回扣）的记录。

A企业的文化数据显示，采购活动要诚信经营、遵规守法，显然，如果换用采购员D，可能会有道德方面的风险发生，所以最后进行决策时，还必须要衡量道德风险发生的可能性及其对企业的影响程度。最后，A企业在选择采购员D和推迟采购活动之间进行了平衡，决定由D进行采购，完成本次采购的目标，因此，得出了修正后的采购决策数据用来指导采购活动，如图6－5最下部所示。

通过上例可以看出，企业数字化转型中的数据驱动是一个复杂的过程，且必然要和“价值驱动”相互关联。而当我们将企业文化理念等对价值的影响关系再融入数据驱动之后，数据驱动的过程将更加复杂。但这正是企业数字化转型的“魅力”所在，也是企业需要深入研究的核心问题。

显然，要想真正动态地实现上述数据驱动机理，一个综合的、智慧型的企业数据处理平台是必不可少的。这个平台也就是我们常说的——企业大脑。企业大脑与一般的企业信息化系统的差别主要在于：一般的企业信息化系统更多的是一个数据的获取、记录、存储、分析和判断的系统，能够实现智能和智慧决策的功能很少；而企业大脑则是用来分析和解决问题的系统，能够基于数据的深度分析提供智能和智慧的决策方案。当然，要想真正地实现“智能”和“智慧”的关键在于基于数据的“预测”，这也是未来开发企业大脑最难的地方，但也应该是重点关注的地方。关于如何实现“智能/智慧”的问题，将在本书后续章节中阐述。

价值驱动和数据驱动是企业数字化转型的重要内容，当前很多国企、央企也在围绕自己的经营管理领域探索如何利用好数据创造价值的问题。

例如，中国商飞在推进基于数字化转型的智能制造时，根据“用数据定义产品、用数据驱动制造、用数据创造价值”的思路，在“边缘层”“平台层”和“应用层”分别实现“数字化”“网络化”和“智能化”：①用数据定义产品。通过用数据定义产品，公司可以全面深度感知制造的物理过程。同时，中国商飞打造了基于 5G 的智能制造园区和 3 个全连接工厂，从而实现全生产流程的数字化。②用数据驱动制造。中国商飞拟通过工厂网络化建设来打造工业网络平台。公司计划打通从工程研发到产品制造的网络数据链，实现信息系统和虚拟制造环境与生产现场物理环境（加工中心、运输设备、装配工程、智能工装等）的集成，实现对车间生产过程的实时监控。③用数据创造价值。公司计划打造“工厂大脑”，以 5G 技术为基础，围绕生产流、采购流、客户流，通过私有云平台结合大数据、物联网、人工智能、云计算实现互联互通。同时努力发展多种智能技术以实现基于数字化转型的智能制造，包括：增强现实（AR）技术、激光投影技术、照相测量技术、机器视觉技术、图像识别技术、深度学习技术、大数据预测性技术、基于实测数据的工艺实时分析与优化技术以及打造“数字双胞胎”透明工厂等。

又如，为贯彻落实党和国家“防范化解金融风险”的工作部署，坚持稳健合规经营的大行担当，维护中国国际形象，助力国内国际双循环，面对全球政治经济复杂变化、不确定性增大、合规挑战明显加大的情况，工行推动海外合规管理数字化转型，引入人工智能等监管科技（RegTech），聚焦“合规本源”监管规则、聚焦“外规内化”核心场景，完成合规智能管理系统（Regtech Intelligence System，RIS）的研发并于 2022 年初正式投产应用。RIS 系统综合运用 NLP、机器学习等技术以及版面分析模型等，构建了文本解析、法条识别、智能打标等智能工具，并将其应用于监管文本的结构化标签化处理和相关管理场景应用中。

在具体实施方面，工行自 2020 年起规划了海外合规管理数字化转型的路径：第一阶段，也即 2022 年以前，聚焦“合规本源”监管规则、聚焦“外规内化”核心场景，引入智能工具完成相应数据库和系统功能建设应用，目前已实现全部落地。第二阶段，力争在“十四五”期间，也即 2025 年前，实现合规管理全场景智能化、数字化、集团化应用。

主要模式是在海外合规管理领域引入监管科技（RegTech）技术手段和应用方法，补充完善合规数据库，开发智能工具，完成升级改造，提高合规信息处理和风险分析的效率效果。

在技术架构方面，首先，进行监管规则的数据分类，即标签体系建设。主要通过应用于合规管理的不同场景，包括监管规则、内部制度、监管处罚、风险事件、问题管理、合规监测、合规报告等，合规标签成为“贯通”合规管理各个环节的“索引”或“桥梁”，帮助实现合规管理活动的联动与溯源。本案例构建了涵盖“领域”（业务领域和管理领域）和“事项”（专用事项和通用事项）两个维度、三级的合规管理标签体系，共包含402个标签项。

其次，进行监管规则的数据准备，即梳理补充数据资源。一是补充监管规则库。基于工行现有监管规则积累，以境外机构所在国家/地区为基础框架，对标第三方积累的全球监管数据，从涉及机构范围、覆盖业务领域等多个层面进行补充和完善，实现监管规则库的查漏补缺与优化升级，为监管科技的应用奠定基础。监管规则库收录覆盖53个国家和地区195家监管机构的有效监管规则7400余条。二是建立风险事件库。多维度同步推进，以处罚对象为维度，收集涵盖银行业金融机构、非银机构、个人相关的风险事件千余件，并遵循重要性、参考性原则进行筛选，收录近10年典型合规风险事件逾561件，罚没金额合计达630亿美元。

再次，进行了监管规则数据挖掘，即智能工具建设。一是开发文本解析工具。运用业界前沿的计算机视觉和深度学习技术，创新性地引入版面分析模型，实现非结构化合规文档条目级信息的标准化和结构化存储，减少了合规操作人员在数据录入、结构化和信息提炼等方面的工作量，为下游的文本分析、标签分类以及后续应用等提供数据支持。主要由表格和图表提取、标题层级检测、文本内容识别等部分组成。首先将需识别的PDF等转换为相应的图片，并进行去章、文本方向纠正、去水印等预处理；然后进行表格和图表提取、标题层级检测、文本内容识别等工作。二是开发法条识别工具。基于业界主流的自然语言处理技术，创新地将对比学习理论引入建模过程中，一方面通过大量的文档结构分析实现各级标题、页眉页脚、脚注尾注等文档结构信息的智能过滤；另一方面通过模型对全篇段落进行提取分析，智能辨识法规的核心特征，提炼与合规要求相关的文本，为下游的条目打标服务提供数据支持。对于经过解析服务处理后的段落结构化文本，通过调用段落分类服务，对有业务标签定义的段落标注为“法条”，对无业务标签定义但具有特殊法律含义的段落标注为“未定义法条”，对无特殊法律含义的段落标注为“其他”。三是开发智能打标工具。通过NLP、机器学习等技术，在法条识别的基础上，对监管规则的法条内容进行语义理解，自动调用AI模型进行智能标签推荐。对于经过段落分类服务处理后识别出的法条，通过调用段落多标签分类服务，实现段落多标签的标注工作。层次分类则是一类特殊的文本分类任务，即类目之间存在层次结构关系，一般可以表示为树形或者无向图，在这类任务中，一条样本的标签会同时包括层次结构中的父类和子类目，更复杂的情况下，一条样本会同时包含层次结构中多条路径，这类任务则称为层次多标签任务。

最后，进行了监管规则数据应用，即配套功能及流程完善。通过流程改造，初步实现合规信息“一窗口”综合检索、合规数据标准化入库、智能支持外规内化流程、监督检查闭环管理、监测指标全面覆盖、合规提示及时有效等效果。

目前，RIS已成为工行内控合规管理的核心系统之一，服务工行45家境外机构近1.4万名员工及总行相关部门。RIS为工行海外合规管理提供了行业领先、智能化的管理工具，降低了人力成本，提高了管理效率，合规管理成效提升，监管检查、评级、处罚等均实现改善，以RIS系统为支柱之一的境外合规管理体系（OCM）通过ISO 37301合规管理体系国际标准认证，使得工行成为国内同业首家、国际同业首批通过该认证的金融机构。

再如，针对数据应用，中国海油开展的系统性解决方案可以概括为三个阶段：第一阶段的内容包括构建云平台、建立工业互联网、应用北斗导航技术等。出于企业业务集中于水下石油开采的特殊性，中国海油在通信领域投入了额外关注，承担起升级海上通信链路和基础网络等任务，使得2020年海陆通信干线带宽比2018年提升3倍，传输稳定性达到99%，促进海陆通信能力得到大幅提升。第二阶段的内容包括开展勘探开发一体化数据中心建设等，目标是形成全方位、全过程的数据资产化管理体系，通过数据治理为后续数据的全周期应用提供保障。中国海油实现数据分级分类管理，规范数据使用权限管理流程，明确数据治理的责任部门，围绕业务模型、逻辑模型、物理模型等，建立统一的数据标准。第三阶段的内容包括构建国内“四地五中心”的数据中心体系、一体化经营管理平台、海油工程数字化技术中心等，通过对数据的采集、存储处理、传输共享和应用的闭环各环节实现升级改造，实现数据对企业新型能力建设的支撑，最终促进企业的价值创造。

6.5 做好数据驱动需要正确理解“数据”

通过前述分析可知，我们应该全面看待企业数字化转型要实现的数据驱动。但在现实中，很多企业对这一问题的认识存在偏差，对于数据的理解和把握不全面，导致不能全面系统地做好企业数字化转型，如图 6－6 所示。

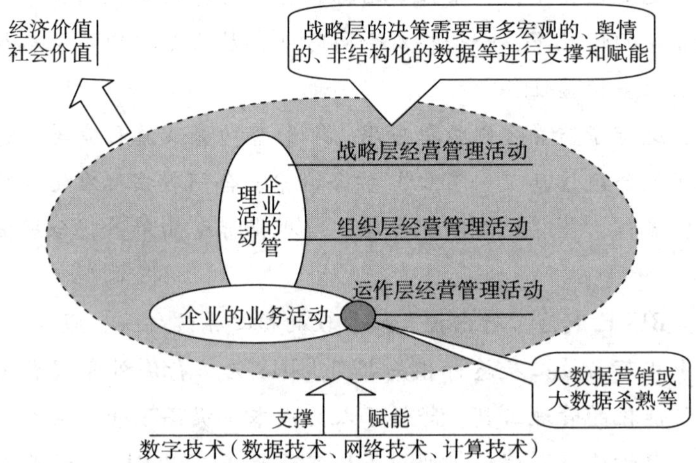

图 6－6　做好数据驱动需要正确理解“数据”

例如，有些企业在进行数字化转型时，往往只盯着企业的局部活动在做。如为了更好地获取客户，在大数据营销方面下足了功夫，或者为了更多地赚取短期利润，在大数据杀熟方面足够用心，但却忽略了企业战略层面决策的重要性，导致方向的把握出现偏差，做了一些社会不认可的事情。

显然，这种只关注局部的数字化转型往往会带来很多弊端。究其根源，可能在于我们的转型主体对“数据”的认识过于狭窄。例如，人们会普遍认为“数据”应该是带有格式的、结构化的，存在数据库中能够方便检索、调用的。而很多情况下，对于企业战略层面的决策（如企业的战略决策、文化决策等），所需要支撑和赋能的数据除了应该包括企业内部的结构化数据外，还应该包括外部环境中的宏观的、舆情的等非结构化的数据，而且这些数据非常重要。

说到这里，我们需要对“数据”有一个认识上的突破，应该有一个更广义的理解：“数据”并不一定必须是某种特定格式的信息，任何信息都可以转换为数据。我们看到的新闻、读过的报纸、听过的课、看过的电影、与人们的交谈等都是信息，这些信息都可以转变为数据。因此，企业要关注的数据并不仅仅是系统里有规范格式的数据（如财务报表中的数据、企业数据库中存储的数据等），而应该是能给其带来某种信息的要素。企业只有广泛获取相关信息数据，才能在经营管理各个层面各个方面的决策中掌握主动权，才能更好地实现“正确地做，正确的事”。

››› 全面把握内外部数据

国企的经营管理特点决定了其在数字化转型时，更应该通过数字技术支撑与赋能，提升其对内、外部环境因素的全面把握、分析和预测能力，为合理地进行企业全方位的经营管理和数字化赋能决策奠定基础。

如通过数字技术赋能企业对环境的洞察能力，使企业能够更为及时、精确、全面、系统地洞察国内外各种环境因素的变动趋势，洞察国家发展态势和战略趋势，洞察数字经济发展的规律与本质，探究和预测新的科技发展趋势与应用场景趋势，把握企业内外部数字化转型的关键因素，等等。

我们说，不同的国有企业其文化和经营理念不同、领导者的格局和视野不同、经营管理和技术水平不同、员工的能力不同等，导致企业针对不同环境状况的洞察能力差异较大。比如，出于自己的短期利益考虑，不该做的事非要去做，不管不顾人民和国家的利益受损；不该拓展的业务领域和不该侵占的社会资源非要去尝试；等等。其根源在于不能有效、清晰地洞察环境因素，导致看待问题不够全面和长远。

国有企业通过数字化转型，在环境洞察方面就是要通过数字技术的支撑和赋能提升企业对内、外部环境因素的把握和预测能力，进而通过数据驱动提升企业全方位的管理决策能力和水平，实现“正确地做，正确的事”。在具体实现途径上，需要在自己的数字化系统中规划和设计环境洞察与分析功能，同时梳理清楚该功能和其他功能之间的关系。通过对企业内外部环境数据及时、准确、广泛的监测与分析，提升企业的洞察能力。例如，对外部环境数据（特别是宏观环境数据）而言，更多地对舆情数据进行监测与分析是非常必要的。

>>> 价值创造需要思维变革

通过本章分析可以看出，价值驱动和数据驱动是企业数字化转型中的核心内容。但在数字经济环境下（有数字技术支撑和赋能的环境），由于有不同于传统环境（没有数字技术支撑和赋能的环境）的一系列新的特征，如何更好地通过新的“思维方式”进行价值创造无疑是需要探讨的新问题。以下我们将首先对数字经济环境下国企数字化转型价值创造的“思维变革”进行探讨。

第7章　国企数字化转型价值创造的思维变革

7.1　国企数字化转型价值创造的思维变革

前文指出，国企数字化转型的目的主要在于两个方面：一是通过数字化转型提升企业的管理水平（包括对社会活动的管理）；二是通过数字化转型提升企业的业务水平，并通过这两个水平的提升创造出更大的经济效益价值和社会效益价值。

在传统环境下，由于网络、数据和计算等技术的制约，企业获取大量、精准的客户需求数据和内、外部环境数据以及资源数据等较为困难，供需关系往往较为简单，不论在何种商业模式和运营模式中，客户一般也很难提前参与到产品/服务的开发设计、生产和营销等过程中。同时，网络和数据技术的制约也限制了不同行业之间、不同企业之间、不同部门之间、不同设备之间、不同岗位之间、不同资源之间等界限的打破，“界限墙”高耸而坚固，“跨界”的经营管理模式较难形成。资源的融合、共享和利用程度不高，企业在投资、建设以及经营管理过程中的重复现象非常严重，资源的浪费现象比较普遍，协同效应（“1+1>2”的效应）较难发挥出来，企业绿色低碳的运行更加难以形成。就拿信息系统的更新和改造而言，一个系统做下来动辄几百万元到几千万元，但效果并不理想。

而在数字经济环境下，一方面，数字技术（主要包括数据技术、网络技术、计算技术等）的发展使企业可以实时有效地获取需求方的消费数据和供给方的资源动态等数据，研判和预测消费行为和资源变动趋势，为精准运营提供了有力的支撑，还可以有效去除供应链的中间环节，拉近不同行业、不同企业以及企业内不同部门、岗位、设备等之间的距离，使不同活动和资源主体之间方便地形成链接关系，因而有利于实现传统环境下难以实现的精准定位（如精准供应、精准生产、精准营销、精准服务等）、跨界（如不同行业、不同企业、不同部门、不同环节、不同设备等之间的跨界）、融合［如文化融合、模式融合、流程融合、资源融合、信息（数据）融合等］、客户参与［客户参与产品/服务开发、设计、生产、销售（社群推广）过程等］以及资源的共享、价值的共创、生态关系的搭建等，从而构建起多个供需主体综合运行的供应链体系。另一方面，在数字技术支撑与赋能下，企业可以实时有效地获取其他社会主体（如党、政、社、民、媒、团等）的相关数据，进而更好地创造出社会价值。

数字经济环境下这些新的特点不仅对客户的需求模式产生了变革影响，也给企业的经营管理带来了全方位的新挑战。如何将数字经济环境下这些新的特点（如精准、跨界、融合、参与、共享、共创、链接、生态等）融入企业的全方位经营管理活动的决策过程中，进而实现“正确地做，正确的事”，以便创造更大的经济效益价值和社会效益价值是值得企业思考的新的重要问题。

因此，在数字经济环境下，企业的经营管理必须用新的思维和理念进行指导，这就是“思维变革”。企业做数字化转型要先在思维理念上进行转变，思维的转变是第一位的，固守原有的思维就不可能有效推进转型工作。在数字经济时代，企业要通过转型将上述新的特点全面融入企业的经营管理活动中，进而打造出数字化的生态系统。这个数字化生态系统就是一个共生、共创、共荣的环境。企业要首先通过“思维转变”，从思想上率先进行突破。而“思维变革”的核心就是首先将传统经营理念转变到以“互联网+”为基础的理念上来。

7.2 思维变革的核心——“互联网+”思维

21世纪以来，互联网（包括移动互联网）作为一种先进的技术手段已经深入人们生产生活的各个方面，推动线上线下相结合模式的不断发展。

可以说，有了互联网，数据才能广泛地获取和传递，也才能真正实现和发挥出“大数据”的作用。因此，了解“互联网”对企业转型升级的重要性对于我们做好国企数字化转型至关重要。在了解互联网对企业的作用之前，先要理解两种常见的模式，即“互联网+”和“+互联网”。要理解“互联网+”，必须先将其与“+互联网”进行比较，因为二者具有明显的本质性差异，但常常会造成认识上的混淆。

>>> “互联网 +”的本质——实现“跨界、融合”的价值增值

“+互联网”是指“某行业+互联网”“某企业+互联网”“企业中的某部门+互联网”“设备人员+互联网”等，而“互联网+”是指“互联网+行业”“互联网+企业”“互联网+企业中的某部门”“互联网+设备人员”等。

显然，二者的区别是，前者是把互联网作为信息处理的工具，后者则是将互联网作为运行的基本平台。这里以“互联网+行业”为例进行分析，其平台模式如图 7-1 所示。

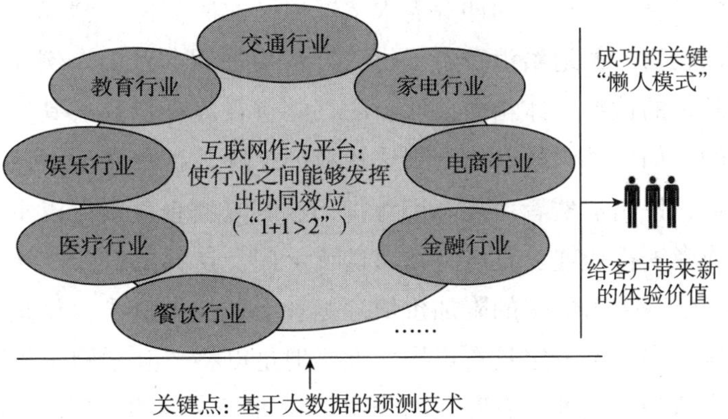

图 7-1　“互联网+行业”逻辑示意

首先需要探讨的是“互联网+”模式能给企业带来什么价值。

我们以“互联网+行业”为例进行说明，将若干行业聚集在互联网平台上，其主要目的是发挥各行业之间的协同效应（“1+1>2”），进而给客户带来跨越行业边界（跨界）和融合行业资源（融合）的价值。可以说，“互联网+”的本质是实现“跨界、融合”的价值增值。而该价值的实现，必须借助基于大数据的预测技术来支撑。

例如，某客户在周五下班时用出行软件呼叫了一辆网约车，路线是从单位到家。上车后，根据以往该客户的出行数据记录分析，预测出他可能在到家休息片刻后，与家人一起去某类型的餐厅聚餐。这时，专车上的广告屏或者他的智能手机便会提前将他偏好的餐厅信息（如特色菜品、排队信息、打折信息等）进行推送。如果他确认要到推送的餐厅就餐，专车可以给他提供优惠券，或者提供免费用车等服务。

如果专车提供免费用车服务，专车的钱从哪里赚呢？显然是相关联的这家餐厅。这就是我们常说的“羊毛”出在“猪”身上。这里的“羊”和“猪”，就是两个不同的行业（一个是交通出行行业，另一个是餐饮娱乐行业）。由于有了互联网这个平台，这两个行业通过数据的关联产生了协同效应（“1+1>2”），给客户创造了“出行”之外的附加价值。

再如，某电商行业中的A公司，联合家电行业B公司推出一款智能冰箱组合产品。活动促销时，可以将冰箱免费送给消费者，但前提是消费者授予电商公司对冰箱的动态数据监控权。通过获取和分析消费者冰箱使用情况的相关数据，电商公司基本能够摸清消费者的饮食偏好以及冰箱内所储存的食物饮料等的品种、数量、周期等需求情况以及实时的库存情况，在这一前提下，就可以较为方便地给消费者提供跨界的附加服务价值。例如，消费者喜欢喝某种品牌的饮料，冰箱内该饮料的存储量（库存量）及其变化数据是有一定规律的。如果某天某时检测到该饮料的库存数据严重低于该消费者日常的需求数据，说明消费者可能忘记订货，这时电商企业则可以主动提醒消费者订货，或者安排快递员直接将饮料送货上门。这样的操作既给消费者带来了便利，又给其带来更多的附加价值。尽管上述这个例子仅仅是一个简单的思路，在实际中并不一定具有可操作性，但足以将“互联网+”的核心思想体现得非常清楚，当前也有互联网公司正在进行这样的尝试。实际上，这一模式也就是我们经常谈到的“新零售”模式的核心问题——给客户带来新的体验价值。

沿着这一思路，我们畅想：如果消费者是一个糖尿病患者，每天需要打胰岛素针剂的数量是固定的。如果冰箱能够自动检测出冰箱内药剂的库存量，就可以主动地按时给消费者配药，消费者再也不用担心因为忘记买药而造成的影响。

我们进一步延伸，如果冰箱具有智能语音识别功能，在法律和消费者允许的前提下，可以随时监听消费者家中的谈话信息。如果通过语义分析，得知消费者家中面临财务困难、经济拮据的问题，电商公司便可以联合合作的金融机构主动给消费者提供适宜的个性化金融定制产品，给消费者带来便利。

……

这里之所以用省略号，读者也自然很清楚，按照这个思路延伸下去，原本单一行业内的企业产品和服务必然可以方便地演变成很多跨行业、跨企业的组合个性化产品和服务，不断地给客户带来新的体验价值。这就是“互联网+”思维的价值所在，也是数字经济环境下探索商业和企业经营管理模式最“有趣”的地方。

7.3　“互联网+”思维的核心要点

可以看出，在上述逻辑中，基于互联网的数字技术（数据技术、网络技术、计算技术等）在背后起着重要的作用。而关键技术则是基于（大）数据的“预测”技术。因此，基于（大）数据的预测技术是实现“互联网+”的根本和核心。表7-1总结了企业运用“互联网+”思维时需要重点关注的核心要点。

表7-1　“互联网+”思维运用的核心要点

关注点	具体特征和表现
运用的前提	突破行业界限、突破供—需界限、突破企业边界
运用的关键	给主体（客户等）带来便利（“懒人模式”）
供应链	从传统关注产品和服务供应链转向关注数据的供应链
技术支撑	数据技术、网络技术（互联网、移动互联网、物联网等）、计算技术（基于大数据的计算和预测技术、关联决策技术）等
服务提供	个性化服务（精准、跨界、融合、参与、共享、共创、生态等）、多行业融合定制、线上线下融合、懒人模式……
盈利模式	交互盈利、跨界盈利、融合盈利、去中心化盈利……

>>>　“互联网+”思维运用的核心：基于数据预测实现“懒人模式”

从企业的商业模式和经营管理模式来讲，“互联网+”思维运用的关键是给客户以及企业中的个体（如员工等）带来便利，也就是我们常说的“懒人模式”。所谓“懒人模式”，从需求方来讲是让客户变“懒”，从供给方来说是让企业的员工以及上下游合作方变“懒”。同时，更广范围来讲，还得通过数字化转型让与企业关联的其他主体（如政府等）变“懒”，如图7-2所示。

正所谓“想其所没有想到的事，做其不好意思去做的事，给其带来无比的便利，给其带来意想不到的价值……”就是懒人模式真实的写照。

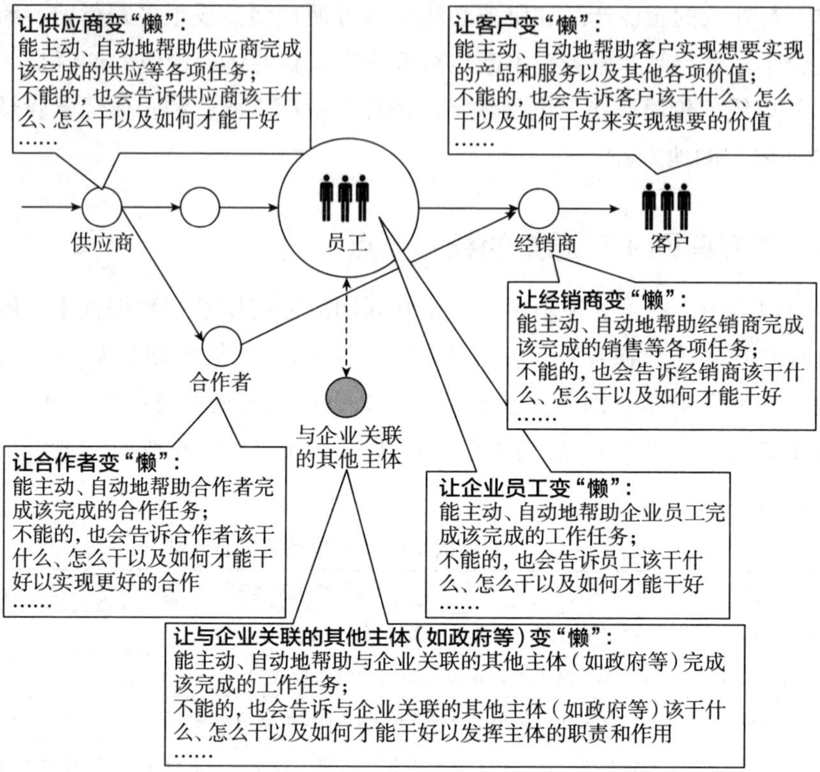

图7－2　懒人模式的写照示例

当然，懒人模式实现的前提是能够提前想到各主体所想要实现的东西（也就是其想要的价值），这显然需要通过"预测"来解决。因此，进一步验证了我们所提到的核心观点：数字经济发展的难点在于"预测"，而恰恰"预测"又是当前技术手段最难突破的东西。人工智能（基于大数据的机器学习）技术等对于有规律事件的预测是较为容易的，但对无规律事件的预测较难。

当然，随着技术的进步，数据量越来越大，大模型的出现和不断迭代、演进，为我们逐渐提升预测水平带来了机遇，但要想真正解决无规律预测的问题，还需要人类的不断探索和创新。

总之，"互联网＋"思维的出现最起码给我们带来了从"跨界、融合"的角度重新思考商业行为和模式创新的思路和广阔的天地，在各行各业的运用中已见端倪。

例如，百信银行（全称为“中信百信银行股份有限公司”）的建立，就是秉承“互联网 +”思维的结晶。该银行是首家获批的独立法人形式的直销银行，由中信银行与百度公司联合发起。市场定位是“为百姓理财，为大众融资”，将依托中信银行强大的产品研发及创新能力、客户经营及风险管控体系，以及百度公司互联网技术和用户流量资源，满足客户个性化金融需求，打造差异化、有独特市场竞争力的直销银行。推出了消费金融、小微金融和财富管理三大核心业务。该银行是国内首家由互联网公司与传统银行深度合作、强强联合发起的直销银行，标志着百度公司在金融服务这个垂直服务领域迈开了里程碑式的一步。

>>> “互联网 +”思维的拓展——“智能制造”的实现逻辑

上文探讨的是将不同行业的企业加到互联网平台上的例子。如图 7 – 3 所示，以制造企业为例，当把企业业务流程中不同环节加到同一个互联网平台上时，通过环节之间数据的打通和数字技术的赋能，可以更好地实现不同环节之间协同效应（“1 + 1 > 2”）的发挥，这实际上是实现智能制造的基本逻辑。

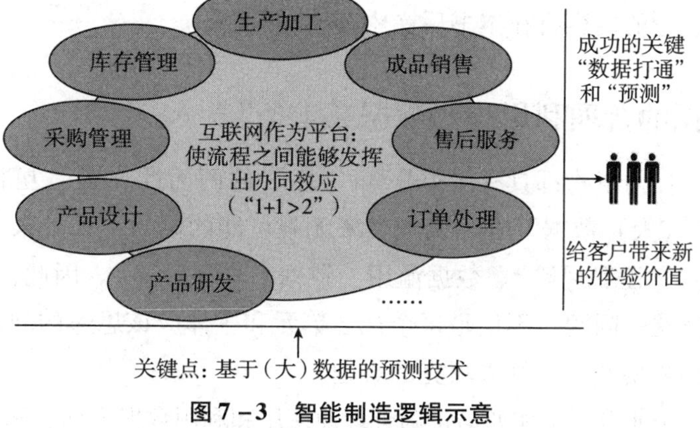

图 7 – 3　智能制造逻辑示意

例如，在企业没有做数字化转型，或者不具备转型条件和环境时，要想让不同环节上的决策活动（如采购、库存、生产设备的调整等）能够更加精准，前提是需要“拉动式”生产方式进行牵引。比如，通过 JIT（准时制）生产方式，按照需求牵引，实现成品库存环节的“零库存”等。而在数字技术支撑下，通过基于跨环节（跨界）数据的预测，可以更好地提升生产过程中各个环节的“柔性”水平和协调性能力，在尽可能优化成本的同时，提升经营效益。

比如，当企业的设计部门设计一个新产品时，在设计的概念和原型出来之后，通过数据的共享，采购部门就知道将来如何配合设计部门、应该采购什么样的东西、是否应该提前寻找合适的供应商、应该如何与供应商进行接触、如何与其进行沟通等；生产部门也一样，对是否需要尽早考虑设备的更新、尽早招聘一些合适的员工、尽早进行技术的培训等心中有数。只有各环节、各部门通力配合，才能让自己的产品抢占先机，获取竞争优势。

显然，上述过程的实现都要建立在（大）数据的预测技术基础之上。我们常说的“大”数据，实际上并不好界定什么是“大”、什么是“小”，这个不重要，关键是要从数据中挖掘出“价值”。对于很多企业而言，能把现有的“小”数据用好就已经很不错了。

智能制造的本质和直接目的就是要提高制造过程的“灵活性（柔性）”，进而在带来收益的同时有效地降低风险。而“灵活性（柔性）”的提高必须依靠“互联网+”思维的支撑。对任何企业而言，“灵活性（柔性）”如果提高不了，是没有办法应对个性化需求的，而个性化定制需求恰恰是未来的需求方向。因此，必须探讨合适的途径和方法提高企业经营管理的灵活性。关于智能制造的内容将在本书后文中阐述。

7.4 数据的合理利用及“数据二十条”

当然，任何事物都具有“好”和“坏”的两面性。从“互联网+”思维来看，“（大）数据”在给商业带来无限可能的同时，也带来了各种问题和风险（如“隐私风险”、数据滥用、数据安全风险等）。因此，如何全面、合理地看待这一问题，不仅是每个社会单元和主体应该思考的问题，更是政府监管层面需要花大力气去攻克的难题。

在引导企业等各主体如何正确合理地使用和利用数据方面，国家已经在多方面进行了部署，例如：2022年3月5日第十三届全国人民代表大会第五次会议上的《政府工作报告》，对促进我国数字经济的发展明确提出“要完善数字经济治理，释放数据要素潜力，更好赋能经济发展、丰富人民生活”。可以看出，释放数据要素潜力，更好赋能经济发展、丰富人民生活的前提是做好数字经济治理，而对数据获取和使用的监管无疑是治理中需要考虑的重头戏。

2022 年 12 月，中共中央、国务院印发《关于构建数据基础制度更好发挥数据要素作用的意见》（以下简称“数据二十条”）。“数据二十条”指出，数据作为新型生产要素，是数字化、网络化、智能化的基础，已快速融入生产、分配、流通、消费和社会服务管理等各环节，深刻改变着生产方式、生活方式和社会治理方式。数据基础制度建设事关国家发展和安全大局。为加快构建数据基础制度，应充分发挥我国海量数据规模和丰富应用场景优势，激活数据要素潜能，做强做优做大数字经济，增强经济发展新动能，构筑国家竞争新优势。

“数据二十条”在总体要求方面重点阐述了指导思想和工作原则。其指导思想（第一条）是：以习近平新时代中国特色社会主义思想为指导，深入贯彻党的二十大精神，完整、准确、全面贯彻新发展理念，加快构建新发展格局，坚持改革创新、系统谋划，以维护国家数据安全、保护个人信息和商业秘密为前提，以促进数据合规高效流通使用、赋能实体经济为主线，以数据产权、流通交易、收益分配、安全治理为重点，深入参与国际高标准数字规则制定，构建适应数据特征、符合数字经济发展规律、保障国家数据安全、彰显创新引领的数据基础制度，充分实现数据要素价值、促进全体人民共享数字经济发展红利，为深化创新驱动、推动高质量发展、推进国家治理体系和治理能力现代化提供有力支撑。其工作原则（第二条）是：遵循发展规律，创新制度安排；坚持共享共用，释放价值红利；强化优质供给，促进合规流通；完善治理体系，保障安全发展；深化开放合作，实现互利共赢。

“数据二十条”在建立保障权益、合规使用的数据产权制度方面的制度机制主要有：（第三条）探索数据产权结构性分置制度；（第四条）推进实施公共数据确权授权机制；（第五条）推动建立企业数据确权授权机制；（第六条）建立健全个人信息数据确权授权机制；（第七条）建立健全数据要素各参与方合法权益保护制度。

“数据二十条”在建立合规高效、场内外结合的数据要素流通和交易制度方面主要有：（第八条）完善数据全流程合规与监管规则体系；（第九条）统筹构建规范高效的数据交易场所；（第十条）培育数据要素流通和交易服务生态；（第十一条）构建数据安全合规有序跨境流通机制。

“数据二十条”在建立体现效率、促进公平的数据要素收益分配制度方面主要有：（第十二条）健全数据要素由市场评价贡献、按贡献决定报酬机制；（第十三条）更好发挥政府在数据要素收益分配中的引导调节作用。

“数据二十条”在建立安全可控、弹性包容的数据要素治理制度方面主要有：（第十四条）创新政府数据治理机制；（第十五条）压实企业的数据治理责任；（第十六条）充分发挥社会力量多方参与的协同治理作用。

“数据二十条”在保障措施方面主要有：（第十七条）切实加强组织领导；（第十八条）加大政策支持力度；（第十九条）积极鼓励试验探索；（第二十条）稳步推进制度建设。

“数据二十条”从总体要求，建立保障权益、合规使用的数据产权制度，建立合规高效、场内外结合的数据要素流通和交易制度，建立体现效率、促进公平的数据要素收益分配制度，建立安全可控、弹性包容的数据要素治理制度以及保障措施等给构建数据基础制度进行了蓝图指引。

>>> 国家数据局

2023 年 3 月 7 日，在第十四届全国人民代表大会第一次会议上，作为 13 项国务院机构改革方案之一的“国家数据局”诞生。

国家数据局承担的职责包括：将中央网络安全和信息化委员会办公室承担的研究拟订数字中国建设方案、协调推动公共服务和社会治理信息化、协调促进智慧城市建设、协调国家重要信息资源开发利用与共享、推动信息资源跨行业跨部门互联互通等职责划入国家数据局；将国家发展和改革委员会承担的统筹推进数字经济发展、组织实施国家大数据战略、推进数据要素基础制度建设、推进数字基础设施布局建设等职责也划入国家数据局。

根据方案，国家数据局是由国家发展和改革委员会管理，负责协调推进数据基础制度建设，统筹数据资源整合共享和开发利用，统筹推进数字中国、数字经济、数字社会规划和建设等。

从未来我国数据价值挖掘和利用角度来讲，国家数据局的成立会更有利于未来规范数据的估值、确权、交易等一系列数字经济发展中的重要和难点问题的解决，为数字中国建设做出贡献。

第 8 章　国企数字化转型的商业模式创新

前文指出，国企数字化转型的主要目的有两个方面：一是通过转型赋能自己的经营管理活动，提质增效；二是通过转型把自己的业务活动做好，创造更大的价值，或者通过转型更好地开辟或者拓展新业务，服务国家战略。

从这一角度讲，国企如何通过数字化转型创新自己的商业模式，进而更好地给供需双方带来价值是需要探讨的核心问题。因为商业模式的本质就是如何给供需双方创造价值。显然，数字经济环境的特点决定了国企进行商业模式创新与设计时需要考虑一些新的特征和逻辑，以下我们主要从供—需双方的角度来探讨。

8.1　商业模式新特征——精准、跨界、融合、参与

简单讲，商业模式是如何给供需双方创造价值的模式。我们从全供应链角度考虑供方，从客户角度考虑需方。我们先从需求方角度进行分析。

从需求方来看，在数字经济环境下，由于有数字技术的支撑和赋能，如有网络技术“如互联网、移动互联网、物联网等”的广泛连接（链接）和精准的企业内、外部环境以及客户需求/参与（大）数据及其计算分析技术的有力支撑，企业可以方便地给客户提供精准、跨界、融合、客户深度参与的产品与服务开发和供给模式，进而给客户带来个性化的体验价值。因此，精准、跨界、融合、客户深度参与等是数字经济环境下商业模式创新的几个关键特征。

>>>　“精准”的特征

随着互联网、大数据等的发展，“精准”一词是最早也是最被大众所普遍了解和关注的，如我们耳熟能详的“精准营销”“精准灌溉”“精准施策”

“精准防控”等。“精准”在人们生产生活的各个领域普及开来，应用非常广泛。

例如，某国有乳品企业认为数字化转型主要就是实现“精准”，所以，围绕其乳业供应链中的较多环节都通过数字技术实现了一定的“精准”，主要体现在如下三个问题上：

第一个问题：在奶牛的养殖环节，公司养了很多奶牛，但并不知道奶牛当前的健康状况到底好不好。而奶牛的健康状况、情绪好坏等因素对奶牛的产奶量、奶产品质量都非常重要。

如果在奶牛养殖和产奶过程中能够清楚地了解这些因素的变化，将会对公司的产品质量控制和提升起到重要作用。很显然，只要我们采用物联网计步器技术就能够实时监测到每头奶牛每天的活动量，比如每天走多少步，从而判断其健康状况是否正常。一般来讲，奶牛每天走路步数达不到平均数，可能说明奶牛生病了。奶牛一旦生病，可能就需要被隔离，这时企业要及时去处理。如果奶牛走多了，可能发情了，发情了就要配种，不然奶牛也要出问题。

还有，如果奶牛想要生产了，牛尾巴可能会翘起来。基于这个思路，可以在尾巴上装一个重力感应的仪器进行监测，如果尾巴翘起来，就知道它要生了，赶紧把这奶牛赶到合适的地方。

第二个问题：在牛奶的销售环节，公司发现消费者都想买到新鲜的牛奶，但是牛奶新鲜不新鲜，需要公司根据各方面的数据进行预测后制定牛奶的生产量。比如，公司在什么时间能生产出多少牛奶？各大超市什么时候进货？进货多少？仓储量是多少？这些都是直接影响牛奶新鲜程度的。

换句话说，要想保证消费者喝到新鲜的牛奶，整个供应链系统运营过程中的预测一定要做好。所以，乳品企业面临的一个核心问题就是预测的问题。当然，企业数字化转型中，预测本身就是一个难点，任何企业都面临这个难题，我们在前文也提到过不止一次。如何更加合理地预测销量？如何降低库存？公司希望探索一种新的思路，将原来基于历史订单的人工预测方法转变为基于实时销量的智能预测方法。

第三个问题：公司生产的牛奶到底卖给谁了？他们有什么样的消费特点和习惯？我们能否精准地描绘出购买牛奶消费者的客户画像？众所周知，市场营销中的一个重要的内容就是客户画像。客户画像是描述消费者在某一段时间里消费行为的一些相关数据。以前乳品企业没有太关注客户画像，使得在销售产品时数据获取不太精准，以至于广告投放，甚至产品的投放量都有很大的差错。现在，希望通过数字化转型解决这个问题。

如果能够挖掘出牛奶的销售去向，实现精准营销是非常方便的。乳品公司过去做销售活动的时候，往往要通过多个广告代理商，使得各种促销的数据都分散在代理商手中，代理商不可能把这些数据汇总提供给乳品企业。这就造成了一个数据的分散，没有将数据很好地集中沉淀下来。现在有了数字技术，能够方便地构建智能营销体系，通过先采集数据，然后识别数据、分析数据，最后进行预测和决策，以此来解决面临的问题。

例如，今天某品牌的纯牛奶有20万人购买，如果数据能监测到这20万人分布在什么地方，每个人的数据标签（画像）是什么样的，明天销量变成30万人了，又能知道这30万人里有没有昨天购买的20万人中的消费者，这个消费者的数据标签是否发生了变化，等等，那么就可以分析出每个消费者不同时间点上的数据标签的变化，进而预测出其未来可能的需求趋势，这对于乳品企业制订营销计划和方案是非常重要的。

>>> “精准”三角形

从商业模式角度讲，“精准营销”更多的是站在需求方的价值提升角度来探讨的。然而，如果我们的产品或服务不能“精准”地提供出来，显然“精准”营销是很难实现的。因此，从供方角度来讲，实现“精准”运营的作用不言而喻。但对企业而言，精准运营和精准营销最终还是取决于企业“精准”的战略定位。

“精准”的战略定位、“精准”运营和“精准”营销构成了企业商业模式设计中的“精准”三角形，如图8-1所示。也就是说，企业在设计“精准”的商业模式时，必须同时考虑“精准”的战略定位、“精准”的运营和“精准”的营销三个方面，而不能只关注精准营销的问题。

通过上述例子可以看出，“精准”是围绕“三大法宝”中“质量、成本、交货期”展开的细化指标。“客户画像”也是围绕“三大法宝”展开的细化指标。我们进一步看出，“三大法宝”在整个企业管理以及数字化转型中的重要作用。同时，从模式角度来讲，“精准”的最终表现也就是“个性化定制”，即按照客户不同的个性化需求进行精准的产品和服务提供。

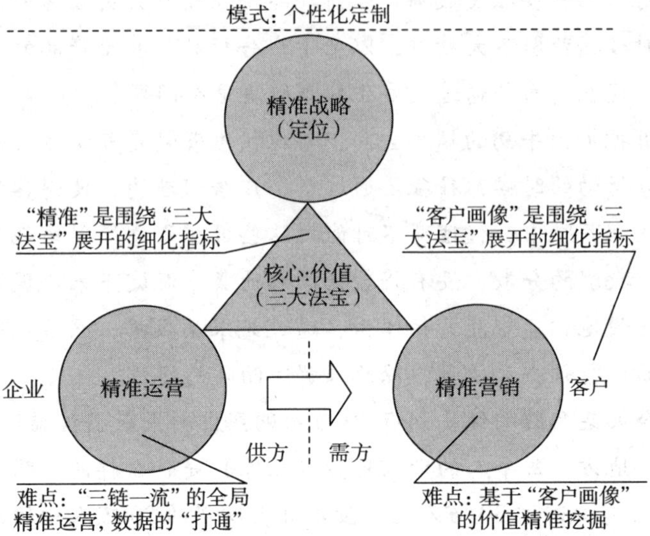

图 8－1　“精准”三角形

››› 重要分析工具“三链一流”

在上述精准三角形中，“精准运营”显然不是一个环节的活动能够实现的，需要企业内外部及供应链上下游多个环节共同来实现。比如，“精准”的产品研发、“精准”的产品设计、“精准”的采购、“精准”的库存、“精准”的产品制造、“精准”的产品运送等多个环节。而精准营销实际上也是由多个环节实现的，其中可能包括“精准”的营销策略（包括产品、价格、渠道、广告等）设计、“精准”的客户关系管理、“精准”的全生命周期服务（售后服务）等。因此，企业在做“精准”的时候，必须全流程（包括企业内部和外部流程）进行考量和分析。

实际上，用来全面分析企业管理问题的思路与方法不仅仅只有全面把握“流程”这一个方面。与此类似，我们常提到的企业的“供应链”、企业的“价值链”以及“产业链”等在研究范畴和图形表示方面都具有等同的作用。简单讲，也就是我们针对这三条“链”和“流程”画出的图基本是一样的，其起点、终点以及中间经历的环节、涉及的对象基本一致。

这里，我们称之为分析企业管理问题的“三链一流”。

尽管“三链一流”在研究范畴和图形表示方面具有一致性，也都可以用来全面地分析和研究企业管理问题，但四者的关注角度往往是不同的。其中，“供应链”是从供—需之间的关系角度研究的，“产业链”是从产业上、下游之间的关系角度考虑的，“价值链”强调的是价值创造的问题，“流程”则强调的是活动之间的衔接关系。

因此，除了都可以作为全面分析企业管理问题的思路和方法之外，四者也有各自的基本应用场景。比如，在企业战略管理中的内部环境分析时应该用“价值链”的方法，因为要通过比较“价值”来寻找优势和劣势；在运营管理中的流程优化时用“流程”，因为要对流程中的活动进行重新梳理和安排；在研究环境因素（如国际局势等）对企业的物资供给产生影响时用“供应链”，因为要分析如何保证企业的供应链网络不产生“中断”的现象（这也就是我们常提到的供应链的“韧性”，“韧性”越强，供应链越不容易中断）；在研究数字经济环境对某个具体行业中的企业产生何种影响时用“产业链”，因为不仅要考虑数字技术对行业中某个企业的经营管理活动所产生的影响，还需要考虑数字技术对企业所在产业的上、下游其他企业的影响关系等。

在这里，我们概括出“三链一流”的思路和方法，为读者全面分析企业管理和数字化转型问题提供了思路、奠定了基础。

>>> 实现“精准”的难点

可以看出，“精准”的实现，更多的是从技术角度支撑起来的。但“精准”也是任何主体（如政府、企业等）在进行数字化转型时首先容易想到的特征，而且也是相对来讲比较容易理解和接受的。

然而，不得不进行思考的问题是，由于我们现阶段的技术限制，特别是硬件传感器技术的制约，“精准”在很多情况下虽然容易实现但效果并不理想。举一个某国企员工食堂的例子，几年前开发的自助取餐系统，现在已经完全退化到由食堂工作人员进行操作的地步，因为设备已经无法很好地识别出餐具背后的芯片数据。

因此，“精准”一方面给数字技术的应用带来了广阔的天地，另一方面也给我们带来了技术上的挑战。企业需要不断地在技术（硬件、软件等）上进行研发和创新，才能更好地让“精准”创造出价值。

例如，在党中央关于乡村振兴、农村人居环境整治提升重大决策部署下，农村污水处理正逐渐兴起。但是由于农村污水处理设施分散、污水管网数量庞大、污水水量水质变化大、工艺参数要求特殊，传统污水治理模式应用在农村场景中时，存在许多痛点与难点。

针对农村污水治理的特点，中建水务环保有限公司（以下简称“中建水务”）借助数字化技术，通过全流程精准管理实现了农村污水高效治理。中建水务利用数字化技术，采集各类设备设施的实时数据和运行状态，不断调整最佳工艺参数；挖掘关键数据，实现故障的提前预警；分析重点数据的发展趋势，发现水质变化规律；实现导航和最优路径规划，以便运维人员快速查找污水治理终端设施。

据统计，数字化技术帮助企业年度人力资源成本降低约60%，设备维护保养成本降低约15%，直接动力成本降低约10%，药剂成本降低约8%，综合运营成本降低约30%。不仅高效满足了农村污水处理的基本需求，还有效节能降耗，改善了农村人居环境，保障了农村水安全及公共设施安全。

>>> “跨界、融合”的特征

在数字经济环境下企业的商业模式创新中，除了上述提到的“精准”特征之外，“跨界、融合”也是一个明显的新特征。所谓跨界，就是某主体做了原本不属于该主体应该做的事情。显然，企业做“跨界”的事情（活动），必然有可能给客户带来跨界的价值。然而，做任何活动都是要有前提的，那就是——资源。要想做“跨界”的事情，必须要有“跨界”的资源。因此，如何获取“跨界”的“资源”，并能利用好“资源”来创造价值，是企业必须思考的重要问题，这个过程也就是融合的过程。可以说，“跨界”与“融合”是分不开的，“融合”是“跨界”的前提。

“跨界、融合”的思想正是本书前述“互联网+”思维的核心思想所在，也是数字化转型区别于传统的信息化改造的重要特征之一。

从方向来看，“跨界”与“融合”主要分为三种情况，即横向的“跨界、融合”，纵向的“跨界、融合”以及混合的“跨界、融合”，如图8-2所示。

横向“跨界、融合”，是不同行业（业务）之间的跨界、融合；纵向“跨界、融合”是同一行业（业务）“三链一流”上下游之间的跨界、融合；

混合“跨界、融合”，既包括横向的跨界、融合，也包括纵向的跨界、融合。

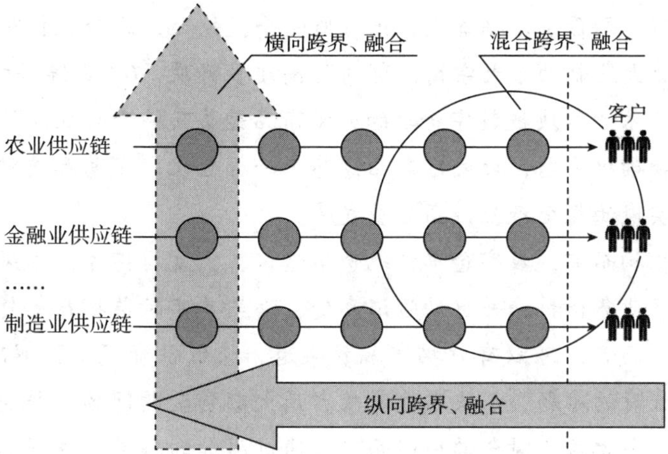

图 8－2　跨界、融合的方向示例

例如，现在有很多中小企业聚集的区域较容易形成产业集群。在这些地方拓展产业互联网的应用具有一定的资源和市场机会。如对于纺织行业企业聚集的某地区而言，大量的纺织中小生产企业面临的一个难题是融资难的问题。针对这一问题，该地区的某主体（如地方国企等）如果能通过搭建产业互联网平台，通过开发能够及时监测这些中小生产企业设备运转情况的装置（比如通过检测机器设备的电源，可以分析出该企业是否在持续运转、是否有长时间停工现象等），即可获取中小企业的运行情况数据。通过与地方银行对接，将分析出的中小企业运行情况作为银行贷款时授信的依据，进而在一定程度上缓解其融资难的问题。

由于上例中针对机器设备检测出来的数据不仅可以使对象企业提升检测能力，还可以和银行对接提升融资价值，显然这是一个混合跨界的例子。

当然，现在类似上述这样的和金融行业跨界融合的例子已经不鲜见，在很多行业也都得到了应用。本质上，这种模式和供应链金融的模式类似。我们不能说通过这样的操作，广大中小企业都能解决融资难、融资贵的问题，但最起码这是一个值得探索的途径。因为包括供应链金融模式在内，真正要想解决中小企业的融资难、融资贵的问题，最核心的在于管理、机制以及利益和风险的权衡问题，而不是纯技术解决的问题。

例如，中国是世界最大的化工产品消费国和生产国，也是化工产品需求增量最大的国家，危化品仓储与物流市场巨大。货物的物流状态不透明，导致企业融资难、融资贵、融资慢，银行监管手段缺乏、风险把控难等行业痛点、难点，极大地制约了大宗商品贸易的高质量开展。66云链科技（宁波）有限公司以“基于区块链数字仓单的大宗商品交易及融资新机制”解决交付场景下的货物确权难题，让大宗商品像房产一样登记、交易和流转，以创新的数字信用实现油气全产业链高质量发展。

对金融机构而言，数字仓单杜绝仓单造假、重复质押等欺诈风险；能够实现在线收集业务材料，并自动验证真伪，满足其实时监控在库货物的管理需求。对货主而言，可以有效拓宽融资渠道，降低融资成本，解决融资难、融资慢、融资贵的难题，解决在途货物占用大额资金的问题，并通过扩大业务规模增加业务收益。对仓储公司而言，通过附加的融资服务提高储罐利用率，拓宽仓储公司经营模式，改变以往单纯的仓储费、装卸费的收入模式，促进仓储公司数字化转型升级，进而获得更多形式的业务机会。

再如，中国电子为中国华电集团打造了数字化平台。中国华电集团依托数字化平台技术重构电力企业信息系统架构，围绕新能源远程集控、售电云服务、现货交易决策等方向精准发力，链接发电、售电、交易等多方主体，统筹电力数据“采存管用”各环节，构建新型电力系统“发售用”一体化数字平台，形成“多源融合、云边协同”的新型电力系统整体解决方案，助力电力行业从传统电厂向数字电厂、智慧电厂的转变，为发电企业生产、运营管理提供全生态的管控支撑体系。通过采用新型电力系统整体解决方案，将客户需求引入电力行业每一个产业环节，价值传递从单向线性关系变成多维协同、多向传递的关系，实现了资源共享和产业联动。

在数据方面，建设统一数据平台，打通数据壁垒，实现数据共享；建立基础算法库、专家模型库以及智能模型库，提供高级算法包的开发、封装、验证与优化等手段，支撑指标分析、设备诊断、故障预警等应用；面向优化调度、经济运行等业务场景，提出数据“感知清洗—多维校验—全景耦合”成套关键技术，将零散、冗长、异常、失真的碎片化数据清洗集成，从一维、二维、三维反复梳理校验，由“点”及“线”至“面”，整合成高保真、高精度、高分辨率、全景式、全覆盖的信息耦合网络，以数据信息融合和系统平台联动为经济运行提供有力支撑。

在应用方面，基于一体化数字平台打通数据壁垒，研制支撑区域新能源场站统一调度管理、优化运行、故障诊断、状态检修等众多智能化场景应用；基于一体化数字平台研制新能源集控系统实现边缘计算网关机与场站侧不同品牌和类型的现场监控系统的接口通信对接、数据协议和标准转换、数据采集和通信指令下达；结合不同发电类型场景和具体需求，完成生产数据的抽取、预处理、智能算法选择、模型训练、发布及任务调度，解决新能源领域电力生产和运维中设备性能评估、故障检修维护等场景问题，实现区域新能源场站的统一指挥、统一管理，保证了新能源场站的安全稳定运行。

同时，通过构建适应新电改售电业务的电力市场交易系统及综合能源服务平台，精准掌握用户负荷特性，提升负荷曲线拟合精度，提高售电公司用户侧售电代理及现货交易收益；对分布式电源、可调节负荷、储能进行聚合，构建虚拟电厂参与需求侧响应市场；汇集上游发电侧生产运营数据、下游用户侧用能数据和外部市场交易数据，提高市场交易决策能力。

>>> “客户深度参与”的特征

除了上述“精准、跨界、融合”等特征外，在数字经济环境下，有了数字技术的支撑，客户很容易参与到供方产品或服务的提供过程中，进一步提升客户的参与感体验价值。客户参与和一般的“互动”不太一样。“互动”是供需双方交互的过程，其中“供—需”双方的界限还很明显。但参与模式下，客户可以更好地参与到供方提供产品或服务的“三链一流”的全过程，以及产品和服务生命周期的全过程中。这本身就是一种纵向跨界、融合的模式体现。以生产企业的客户参与为例，客户可以参与到产品的概念构型、产品设计、产品选材、产品加工、产品包装、产品销售、产品售后等全部过程，客户伴随着产品“从无到有”的全生命周期成长，使得客户的体验价值得到最大化的激发。我们将这样的一种参与取名为“客户深度参与”。

>>> 新特征的殊途同归——个性化定制

从本质上来看，“精准”“跨界”“融合”“客户深度参与”等新特征的具体体现实际上都在“三大法宝”的具体指标之中。因为，这些特征的最终目的就是创造“价值”。因此，为了更好地实现上述“精准”“跨界”“融合”“客户深度参与”等新特征给客户带来的新体验价值，企业需要在“三大法宝”的质量、成本、交货期等综合指标中的各个详细指标方面对自己的产品和服务进行打磨。

同时，我们也看到，在企业数字化转型中进行商业模式设计时，考虑“精准”“跨界”“融合”“客户深度参与”等新特征的直接目的，就是要提升客户的体验价值。显然，不同客户在这些特征上的诉求明显是不一样的。比如，有的客户喜欢参与供方的活动，而有的客户则喜欢供方能够主动地给他提供跨界的服务等。因此，围绕这些新特征做深入、做极致，也就是针对不同客户的不同个性化需求来进行满足的问题，这就要谈到“个性化定制”这一模式。可以说，“精准”“跨界”“融合”“客户深度参与”等模式殊途同归都是“个性化定制”模式。在本书后面的章节，我们专门来讨论“个性化定制”模式的问题。

例如，我国安防制造业一直存在市场需求响应慢、产品研发周期长、柔性制造能力不足、物流响应慢等问题，制约着行业快速稳定发展。海康威视通过数字化转型，将大数据、云计算、物联网、人工智能等新技术融入生产制造各环节，实现安防制造业大规模定制（该模式将在后文阐述）智能制造模式。

安防制造业产品种类数千种、型号数万种，订单配置比例高达75%。为了适应高度碎片化的市场与客户个性化的需求，海康威视在响应需求—设计—生产—交付的所有环节都实现了高效协同。首先通过海康云商APP等市场响应平台，快速响应客户需求；在设计环节，通过自主搭建的敏捷研发体系，在客户深度参与的基础上，通过模块化设计，使得定制产品研发周期缩短39.6%；在生产过程中，海康威视通过数字化技术实现系统与生产设备“实时对话”，及时准确掌握人、机、料等生产要素，适应个性化订单需求，实现生产柔性化和管理智能化。

8.2 价值创造的关键——打造场景

尽管上述“精准”“跨界”“融合”“客户深度参与”等新特征能够给客户带来新的体验价值，但也给供方带来了挑战和难题，因为任何“活动”开展的前提都在于资源的支撑。从供给方（企业）来看，“精准”“跨界”“融合”“客户深度参与”等新特征的实现都需要有对应的人、财、物等资源进行支撑。如“精准”的活动需要有包括动态客户画像在内的大数据资源、及时传输和存储的网络资源以及智能优化和推荐算法等资源来进行支撑；“跨界”特征的实现除了需要数字技术资源支撑以外，最重要的是需要有“跨界资源”的支撑，如何获取跨界的资源并能够合理利用也就是“融合”的过程。可以看出，对“资源”的获取、配置与利用的问题，是企业在数字经济环境下创造具有新特征的“价值”时需要考虑的关键问题。

众所周知，创造经济效益价值的本质是“交易”的过程，交易实现的前提是供—需双方关系的构建和理顺。针对上述新特征下的复杂的供—需关系，要建立多个供方与多个需方之间良好的交易关系，让供方资源和需方资源更好地匹配起来，理顺跨行业、跨地域、跨业务、跨供需的各种资源之间的关系，让这些资源充分地共享和利用起来，发挥出“1 +1 >2”的协同效应，进而创造出更大的价值，显然必须构建出一个有利于链接和聚集（这里的聚集是广义概念，并非指在一个具体和固定空间中的聚集）各种资源，有利于协调和理顺资源之间关系，有利于实现资源相互充分共享和利用，进而创造出更大价值的纽带，这个纽带就是“场”，也即我们常说的“场景”(Scene)，如图 8 -3 所示。

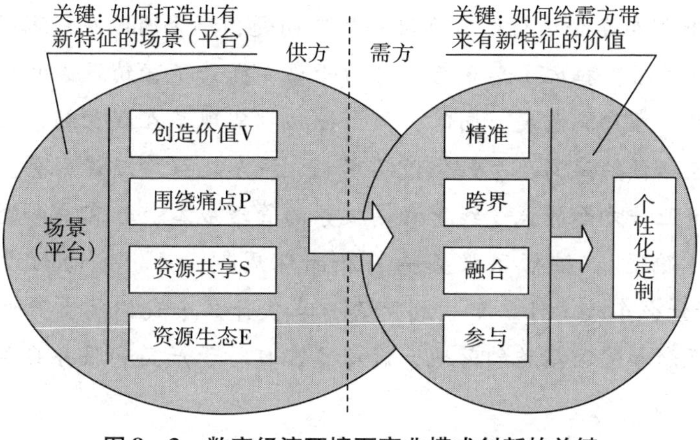

图 8 -3　数字经济环境下商业模式创新的关键

可以看出，“场景”不论对传统环境下还是数字经济环境下企业的商业模式创新都具有重要意义。在传统环境下，企业也要考虑如何实现供—需双方资源之间关系构建与理顺的问题，只不过关系相对简单些。同时，“场景”也就是平台，平台的最大属性是给在平台上活动的资源提供了广阔的天地和舞台，资源可以在平台上通力协作、尽情发挥、创造价值。

“场景”的打造是企业在数字化转型过程中，实现新的商业模式价值创造的关键，具有非常重要的意义和价值。当然，对于“场景”的理解，要宽泛一点，“场景”并不一定是一个地理空间的场地，只要能够将供—需双方资源（甚至包括其他社会主体的资源）有效地衔接和理顺，能够有助于更好地发挥资源的价值，就是场景。实现形式上也多种多样，比如线上场景、线下场景、线上线下融合场景等。如某一款网络软件、手机 APP、学校、旅店、图书馆、电影院、购物中心、产业园区、工厂、餐馆、机场、飞机、高铁、实体店、营业网点、充电桩、加油站等都是场景。

例如，在数字革命的浪潮之下，消费者获取信息及传播信息的方式发生了根本变化。基于此，营销服务市场在传播媒介、消费需求、产品感知方面也亟须变革。在此背景下，江淮汽车智云互联数字化营销生态系统应运而生，希望帮助推进传统汽车企业营销服务模式变革，构建车企与车主沟通交流的新渠道。以往车企与车主的交流往往通过 400 电话、官网或者微信公众号等留言，或者客户到 4S 店进行反馈沟通，再由 4S 店转达给主机厂，客户的诉求无法得到及时有效的收集和反馈，客户满意度不高。现在，客户可以随时在 APP 端与车企进行留言互动和反馈问题，车企通过在线客服及时收集和处理客户诉求，拉近了车企与客户的距离，提升了营销服务的办事效率和效果，提升了客户满意度。同时，该系统初步实现了在线营销，在线上为消费者提供包括预约试驾、个性化产品定制、汽车远程诊断等服务。通过开辟新场景，企业一方面降低了线下营销服务的管理成本，让客户和企业营销服务人员“少跑腿”，缩短了服务响应和闭环周期；另一方面初步实现了从“我们生产什么车就卖什么车”到“客户喜欢什么车我们就生产什么车”的制造服务理念和管理措施的落地，满足了客户对于产品和服务日益增长的个性化需求。

“场景”对企业实现商业模式的落地至关重要，因此企业在打造场景时一定要认真分析和研究，切勿在无意义的场景上投入过多。做企业最怕做无用功。无用功就是明知道这个地方投入不会有回报，还要投入。要想杜绝无用功，一定要自己研究和分析自己的问题。如果直接照搬其他企业的做法，很容易导致做无用功，因为其他企业在做这件事时也许根本没有想清楚要

"干什么"和"怎么干"。

例如，对银行而言，随着当前电子支付的普及，到营业网点办理业务的人越来越少，这时可以考虑不在营业网点这个场景上投入太多的资源，而将资源投入消费者更为关心的场景中，这样才能更好地创造价值。如随着手机银行的普及，如果能够将更多的资源投入手机银行 APP 的开发以及功能的创新上，使手机银行更加安全、操作更便捷、智能化程度更强，甚至针对老年人开发出安全、方便的手机银行产品，肯定会得到消费者的青睐。

8.3　场景打造的关键要领——共享与生态

本书针对数字化转型的商业模式创新，关于场景的打造总结了四点建议：一是打造场景的直接目的是要给供、需双方及社会创造出更大的价值；二是场景的打造需要围绕供、需双方的"痛点"（甚至包括社会的痛点）来考虑，否则很难创造出价值，导致做无用功；三是场景的打造要能够最大化地实现各种资源的充分共享和利用；四是场景的打造要能够有利于资源生态的构建，这样才能最终实现资源的共生、共荣与共创。

上述"价值（Value）、痛点（Pain point）、共享（Sharing）、生态（Ecology）"即是本书提出的"场景"（Scene）打造的四大核心要点，简称为 VPSE。

首先，如果场景的打造不是为了给供、需双方及社会创造出更大的价值，那么这个场景还有什么意义？就像前述谈到的，对于银行网点而言，现在已经很少有消费者去办业务，不应该在该场景下进行更多的资源投入，而应该将资源投入更需要资源的场景中，比如手机 APP 的开发等。

其次，要想创造价值，需围绕问题和痛点来研究。如果场景的打造不能很好地解决痛点，反而制造了新的痛点，那就没有任何意义。现实中，很多企业在做数字化转型时，很大程度上不仅没有解决痛点，反而制造了新的痛点。当然，转型的初衷也不是为了制造痛点，但因为所要解决的问题没有经过很好的分析，或者对技术不够了解，或者现有技术手段不够成熟等各方面原因，原本要解决的痛点变为更大的痛点，或者人为导致了痛点产生。

例如，当前某国有施工企业为了方便现场作业人员采集现场数据，采购了手持的现场数据采集终端设备。但由于该设备本身设计上的缺陷，员工在使用时很难精准地将所需要的数据采集回来。而原来没有上设备之前，大家都是采用手工记录，虽然效率低一些，但最起码能够较好地完成这一工作。上了新设备之后，不仅没有考虑该设备能否更好地提升员工的工作效率，反而要根据该设备的使用情况来考核员工的绩效，结果给现场数据采集工作带来了新的问题和痛点。

再次，场景的打造需要能够更好地实现资源的共享。资源共享是资源利用最大化的有效形式，现实中，就是因为社会上的资源不能很好地共享，因而造成了资源的浪费（比如空置的车位、返程空载的车辆、闲置厂房、没有得到充分利用的数据中心等），同时也导致社会总体碳排放的增加。

最后，场景打造的终极目标是要将其打造成一个“生态”场，只有这样，才能在资源充分共享的基础上更好地实现资源的共生、共荣与共创（共同创造价值）。在一个生态场景中，所有的相关资源都可以更好地实现相互支撑与赋能，进而实现场景中资源的自我修复、自我完善和提升，这样，资源才可能更好地创造出价值。

例如，中国工商银行在“数字工行”总体方案指导下，围绕具体应用场景，跨部门成立个人金融数字化转型工作专班，统筹个人金融板块数字化转型的组织机制建设和顶层设计，瞄准个人金融板块战略发展目标和经营痛点，聚焦个人金融数字化转型“数字生态”的重点突破方向，提出个人金融数字化转型的思路方案和配套举措，以“数字服务生态＋数字经营能力”双轮驱动，推动个人金融板块营销、运营、风控等领域的数字化转型，并明确转型任务清单和里程碑目标。

比如，为积极落实国家乡村振兴战略和“碳达峰、碳中和”战略部署，工行以整县推进分布式光伏为契机，以开放式银行产品——“工银 e 钱包”服务模式为基础，利用电子账户推出光伏项目推广模式。围绕分布式光伏上下游产业链（分布式光伏电站运营商、电网公司以及农户）中的光伏发电费结算这一核心需求，创新产品形态和融资模式，整合服务手段，提供电费清算基础服务，进一步强化光伏场景的服务效能，为行业提供安全性高、拓展性好、服务能力强的分布式光伏服务模式。工商银行各分行以总行方案为基础，积极接洽辖内分布式光伏需求，推动项目落地，拓展县域获客、资金沉淀新渠道。

该项目的具体推进模式是：依据安装电站的权属不同，分布式光伏业务一般采取两种模式：一是租赁模式。电站设备权属归光伏企业，企业向居民租赁设备安装场地（屋顶、宅基地等）并承担运维工作，由光伏企业向居民支付场地租赁费；电网企业按并网发电量向居民支付售电款，再通过居民账户将资金给到光伏企业。该种业务模式下，居民不需要支付额外费用，还能获得一定租金收入，政府和居民的接受程度较高，推广速度快，整县光伏普遍采用该模式。同时，该种业务模式是重资产业务模式，对企业流动资金占用较多。二是销售模式。电站权归属居民，居民使用自有资金或融资（如信用卡分期和普惠贷款）购买分布式光伏设备电站；电网企业按照并网发电量向居民支付售电款，但优先用于归还贷款。设备融资还本付息后，电站后续收益归属农户。该种业务模式，由于需要 C 端使用自有资金或者开展融资，居民接受程度不一，在整县整体快速推进中暂未成为业务主流。但由于该种业务模式回笼资金较快，在整县光伏之前的单个光伏项目中受到光伏企业的欢迎，因此光伏企业对银行 C 端客户的融资方案较为关注。

工行通过系统分析分布式光伏模式下的农户、电网、光伏企业三方需求，针对主流的租赁和赊销模式提出了基于“工银 e 钱包”的分布式光伏综合金融解决方案，解决售电款结算银行卡种类多、到账时间慢、差错多、手续费高等问题。

具体方案主要包括：一是通过“工银 e 钱包”，为农户提供电子账户，管控账户出入金场景，对售电款进行冻结，按照协议约定优先清算给光伏企业，剩余部分再解冻清算给农户；二是通过信用卡分期或者普惠贷款，对于购买电站困难的农户，提供光伏分期或者普惠贷款服务；三是通过公司运营贷款，为光伏企业提供公司运营贷款，降低光伏企业流动资金压力。

在实施过程中，工银 e 钱包光伏场景解决方案一般采取两种合作模式：一是光伏设备销售类企业合作模式。工行浙江分行与正泰安能合作，形成了分布式光伏系统集成商模式。正泰安能具体推进整县光伏，负责分布式光伏电站的采购、安装和运维等工作。工行将“工银 e 钱包”嵌入正泰安能的光伏运营流程，参与整县光伏业务推进。二是能源投资类企业合作模式。工行河南分行与电能易购（北京）科技有限公司、锦润公司合作，形成了大型央企主导模式。由电能易购搭建技术平台，锦润公司负责提供资金，协调地方政府，开展整县光伏电站运维工作。分行已与电能易购和锦润公司直接合作，以“工银e钱包”协助其解决电费资金结算需求。

在技术及业务架构方面，首先，签订合约。农户（个人主体）与光伏服务商、供电局（电网）签订分布式光伏供电三方合约，约定合作内容、参与主体关系等。其次，设备安装。由光伏服务商向光伏设备提供方购买设备和服务，在农户提供的场地（屋顶、院落）安装设备，并接入电网。再次，用户开户。农户在线开立工商银行提供的电子结算账户，用于结算设备租赁费和接收扣除设备租赁费后的电费收益。又次，电费资金清算。电网根据每月农户发电量，将电费补贴资金发放至农户的结算账户中。光伏投资企业按一定周期将个人结算账户的资金解冻并扣收至企业账户，作为农户的租赁还款。若资金抵扣租赁费后仍有剩余，则返还至农户的收益账户。最后，收益提现。农户可随时将收益账户中的资金提现至一类账户。

自2018年开始，“工银e钱包”分布式光伏模式落地浙江，经过四年多的发展，“工银e钱包”分布式光伏项目已覆盖浙江、山东、江苏、安徽、河北、河南等多个区域的农村地区，与正泰安能、中来股份、华夏金租、天合智慧、越秀资本等光伏头部企业成功合作，累计服务农户近400万户。

再如，在互联网技术如此发达的当代，客户购买水泥感受仍和几十年前相同，原因在于传统水泥销售体系存在着线上服务断点。基于水泥销售业务的特性，客户、生产企业和运输单位互相独立，业务系统集成难度巨大，为了保障业务的可追溯性和正常运转，相互之间采用纸质单据进行信息传递，这就造成了沟通成本居高不下、运输资源浪费和业务效率低下。

冀东水泥一直致力于推动建材行业的创新和发展。为了顺应数字化时代的浪潮，冀东水泥贯彻“客户导向、聚能升级”的精致服务理念，打造了一体化营销服务供应链体系，深度融合互联网、物联网、信息化、智能化技术，全面覆盖打通销售和结算、物流运输、装车发运、售后服务等水泥销售供应链各个服务场景，极大地促进了水泥产业链和新一代信息技术创新链的深度融合，实现了全新商业模式和运营生态变革。同时，通过自主设计、建设、运维、运营过程的锻炼，形成了一个强大的技术创新团队，整体技术输出能力也得到了全面提升。

比如，某重点工程项目为赶工程进度，临时增加夜间施工作业，所处工地需要大量水泥等建材基础原材料。受工地偏、交通不便利等因素影响，恰逢夜间无法及时支付资金，按照传统水泥采购烦琐流程，极易造成水泥供应不及时，导致混凝土浇筑中断，影响施工质量和工程进度。如今只需 2 分钟左右，重点工程项目原料采购人员即可通过互联网平台完成水泥订单的签订，并下发要货需求，另外，也不用担心资金支付问题，因为平台预制了授信额度，只要后续进行平台结算即可，简化了原来线下交易环节，同时可以享受到以前无法享受的“零附加费”网络支付服务，节约时间和交易成本。后续只需等待运输车辆将货物送达和签收即可，如果需要更精细的后续计划，也可通过平台实时查看车辆装运状态、位置以及预计到达时间。当然平台的服务客户不只对重点工程，同时也延伸到农村和城市家装终端市场。

几乎在采购人员下发要货需求的同一时刻，正在遍地找活、不知所往的司机师傅就可收到派车单信息，依据派车信息到厂装货，并不用考虑自身车辆是否满足污染天气限行要求，因为这些在平台自动派车时已经进行了预制，即使前往途中临时受控，也会第一时间通知司机师傅。另外，司机师傅可以查看车辆排队情况，合理安排出行计划，大大减轻了道路交通压力；当然也可以因为路程远、排队车辆多等因素而选择拒绝，等待更合适的派车单。要知道水泥运输车辆属于特种车辆，运输业务基本承包给承运商，以往大的承运商会安排 2～3 个甚至更多调度人员，现在只要 1 个兼职负责处理异常业务即可，其他的都可以交给平台处理，不仅使车辆空载率有效下降，也能为客户提供更加周到的运输服务。

尽管是司机师傅“点亮”新工厂，也不用担心各厂不一且烦琐的业务办理流程，因为冀东水泥的工厂已实现了发运装车全流程的无人自助模式，无论是进出厂、装车还是计量称重，这些都可以凭借派车单二维码，利用人机交互，由司机自助完成，比逛超市还简单，因为不用考虑“购物车”中的货物是否超出预算，这已经在收到派车单的时候就确定了，并且通过插袋机器人、装车机器人、定值灌装控制等自动化控制实现，不仅改善了作业环境、规避了职业健康危害，而且大大提高了装车效率和降低了出错概率。尤其在疫情等特殊期间，无接触、少接触水泥产业运营模式，极大地抵消了对水泥制造流通领域的不利影响，支撑了特殊时期国家经济建设和工业增长。同时促进企业由“生产型”向“服务型”转型，形成差异化市场服务竞争力。

客户按照预期收到货物后，再也不用因为票据整理工作而苦恼，利用电子签章技术，质检单、对账单等单据已实现自动化出具和线上化预览，客户可以根据发现的问题，以手机 APP 为载体提出售后服务申请，简便的操作、透明化和可追溯化的办理进度，提升服务质量，改善服务体验。并且通过对售后服务处理结果和类别的分析，对各个环节可以做到有的放矢的精准提升，实现公司与客户的双赢。

一体化的营销服务供应链体系打造了新场景，促进了商流、信息流、资金流、物资流的“四流合一”，实现了商业模式再造，通过上下游产业资源的汇聚、整合，逐步培育全新的产业经济生态，从本质上促进了经济流通效率的全面升级提速。

8.4 数字孪生、元宇宙等助力“场景”创新

可以看出，“场景”对于人们生产生活的方方面面以及各行各业的数字化转型而言，其重要性不言而喻。近些年，某些概念的普及和新概念的出现本质上也是场景的应用和创新，例如数字孪生和元宇宙等。

>>> 理解数字孪生及其应用

数字孪生（Digital Twin）是将现实的物理空间通过数字技术手段映射到虚拟空间的一个概念。比如，将一个现实的汽车装配车间通过技术手段映射成一个虚拟的汽车装配车间，这样人们可以更方便地通过对虚拟空间事物状态的监测和管理来更好、更直观地发现和助力解决现实空间中的问题。

比如，在大型复杂设备的装配车间，需要将多个零部件连接起来，零部件连接的接口处要闭合严密，不能有一点差错。但由于零部件的内部结构较复杂，人们也不可能在装配时用肉眼观察接口是否达到了技术要求。这时，如果几个需要连接的零部件已经有了数字孪生后的可视化模型，就可以实时地、动态地在可视化显示终端上呈现装配的过程和结果。显然，做了数字孪生之后，一方面，便于人们观察装配进程是否合理，装配时是否有操作流程上的不合规问题等；另一方面，也便于人们审查装配后的结果是否达到了技术要求。

但需要说明的是，数字孪生真正发挥价值的核心不在于对现实实物（或其他对象）的三维建模与镜像化，而在于如何实时、动态地监测和跟踪现实实物（或其他对象）的状态数据，并在镜像的虚拟空间中进行实时联动，这

样才能使数字孪生在各行业领域的智能化和智慧化改造过程中发挥出更有价值的作用，这也是一个需要进一步在技术上突破的地方。

就像现在很多建筑、施工企业使用的建筑信息模型（Building Information Modeling，BIM）系统，其已在工程设计、施工、运维管理的数据化方面得到了广泛应用。它可以通过适宜的参数模型整合各种项目的相关信息，并将数据在项目策划、运行和维护等的全生命周期过程中进行共享和传递，便于相关人员对各种建筑和施工信息做出正确理解和高效应对，同时搭建了各方建设主体协同工作的平台。但真正要想实现建筑施工及运维管理的智能化和智慧化（关于如何理解智能化和智慧化，将在本书后文中阐述），前提是最好能够实现 BIM 系统中的建筑信息数据与现实场景中各种资源和对象的状态数据实时联动，显然，这是需要在硬件、软件等相关技术领域进行深入创新和研发才能实现的。

数字孪生可以应用在众多领域，如产品设计、智能制造、医学分析、医疗诊断、工程建设、智慧城市等。但和所有的数字化概念和技术相似，什么情况下要用数字孪生，还要看最基本的东西，就是我们到底要“干什么”和“怎么干”。如果上了数字孪生技术或者系统没有什么用，或者在不该上的环节上了数字孪生，显然意义不大，而且可能导致投入产出严重不成正比，使人们陷入迷茫。

例如，中国电力建设集团引领的基于城市信息模型 CIM（City Information Modeling）的基建工程全生命周期管控平台建设项目，就是看到了建筑行业项目普遍存在建设规模大、投资金额大、项目风险大、参与人员多等特点带来的成本、质量、进度控制等方面的管理痛点。而新一代数字技术 CIM 的出现，能够实现对建筑过程信息的全面感知、全面整合、全面挖掘、全面共享和全面协同，促进项目高效率的策划、组织、控制和协调，确保项目从前期规划、设计、建设到项目的运营等环节实现一体化管理。

>>> 元宇宙本质是“场景”创新

近年来，随着人们消费理念的变化，对消费体验价值需求的进一步增强，沉浸式体验也在逐步兴起，Web3.0、NFT、元宇宙等新概念也逐渐产生。基于元宇宙的理念和模式创新也逐渐从游戏、文博等领域拓展到其他传统行业领域。

例如，2022 年 4 月，蒙牛旗下三只小牛联合 ODinMETA 元宇宙平台，发售首款 NFT 数字藏品“睡眠自由 BOX”。这是三只小牛首次为功能牛奶注入虚实交互创新，为消费者探索出了一种实体牛奶 + NFT 数字藏品 + 私域引流的闭环创新模式，坚持给大家带来健康好奶，号召大家关注品质生活。

首发 NFT 数字藏品“睡眠自由 BOX”是洞察当下“睡眠障碍”成为社会流行病的现状，并抓住在现实生活中难以解决，转而在元宇宙中寻找疗愈的部分消费人群，三只小牛根据这些专属特性结合睡前 30 分产品与元宇宙“数字空间”概念，产出了“睡眠自由 Box”数字藏品盲盒。在“睡眠自由 BOX”中，消费者可以利用藏品道具化解“元宇宙问题”，同时也可以将藏品兑换为一箱真实的睡前 30 分牛奶，兑换牛奶后还可进入三只小牛私域，享受专属客服和营养师进行一对一私人定制化科学饮奶方案，这就是三只小牛的实体牛奶 + NFT 数字藏品 + 私域引流闭环的创新模式，通过新的内容表达方式，深耕大家内心需求，与消费者建立深度连接，以数字化内容形式为产品带来好玩、新奇的内容场景，拉近品牌和用户间的距离。

当然睡眠问题不会是当代人群的唯一个性化需求，三只小牛正在洞察和探索消费者的更多专属需求，目前已开发出多种不同定制功能产品：如通过 DNA 基因筛选只含 A2β - 酪蛋白的 DNAA2 牛奶，提升肠胃舒适体验；针对青少年、老年人对补钙的更高需求，有富含高钙和维生素 D 的荷斯坦高钙牛奶；面向控重人群，也有 0 脂肪、0 乳糖、0 添加蔗糖的三零牛奶；对于乳糖不耐受人群，也有 0 乳糖的亲和软牛奶。基于专属定制的功能牛奶，三只小牛在 ODinMETA 元宇宙平台架设了一座“三位一体”平行空间「万能牛奶 BOX」（三体空间即荷斯坦空间、A2 空间、娟姗空间），分别由牛小荷、牛小娟、牛小珍掌控，其中容纳着具有各种功能的牛奶 BOX。当“元宇宙居民”需要某种功能加持时，空间掌控者（即三只小牛）即可将用户传送至对应的 BOX 中，使用其中的 MILK 道具化解问题。

元宇宙（Metaverse）起源于 Neal Stephenson 在 1992 年出版的小说《雪崩》，Metaverse 是由 Meta（即“超越”“元”）和 verse（“宇宙”）合成。元宇宙是和现实世界相互关联的虚拟世界，是高度沉浸式的数字环境。元宇宙在本质上是一个“场景”，是通过理念、模式和技术手段进行场景创新的产物。一般地，为了更好地给消费者带来沉浸式体验，可以运用 5G、VR（虚拟现实）、AR（增强现实）、MR（混合现实）等技术构建三维元宇宙场景，但元宇宙并非必须在三维场景中才能实现。

比如，在游戏领域，我们将同样的逻辑赋予平面二维游戏场景，也可以打造出元宇宙场景。对企业而言，元宇宙模式的重点不在于三维还是二维，关键是在这个场景中，能够给客户带来什么样的价值体验，沉浸式体验无非是深度体验的一种形式。因此，在元宇宙场景下，是否能深度挖掘客户的当前和潜在需求，为客户提供个性化的沉浸式体验，进而创造出客户满意的体验价值是该模式能否成功的关键。当然，这一逻辑也是任何商业模式创新的基本逻辑，并不新鲜，只是在不同的场景下，所用的支撑技术不同，其表现形式也不同。

8.5　数字化转型需要“敬畏”技术

前文指出，企业数字化转型是用数字技术支撑和赋能企业的经营管理活动，进而更好地创造价值的过程。企业在数字化转型中，始终要围绕“干什么”和“怎么干”对转型活动进行研究和指引，一定要明确数字技术（包括关联技术）能干什么、不能干什么，以及通过技术赋能到底能给企业及其他各方带来什么价值等一系列问题，切不可盲目照搬、乱干蛮干。

在数字经济时代，我们一定要“敬畏”技术，也就是说，任何技术的发展都是受时间制约的，不同时间点上的技术水平，其能够支撑和赋能的活动范畴、活动的内容以及能实现的赋能目标等都是不同的。“敬畏”就是要遵循技术发展的客观规律，不能主观地认为“技术无所不能”。在技术不成熟的情况下，去强行做超越技术水平支撑的事情，或者技术虽然成熟，但去做超越技术支撑范围之外的事情，往往不会长久，应该尽量避免。

在企业数字化转型中，做到“敬畏”技术，主要应该做好三点：一是一定要深刻了解技术；二是要合理运用技术；三是要不断创新技术。做数字化转型一定要明确什么样的技术能够解决什么样的问题，应该用来解决什么样的问题。如果企业的问题不需要技术来解决，那么盲目上马技术项目反而没有意义和价值。就拿我们熟悉的自动化厨房来讲，多数自动化设备解决的问题并非关键问题，也就是并没有通过技术手段解放多少人力。比如，一个炒菜的转筒机构，其功能只是不断地翻转，但很明显存在两个问题：一是并不是所有的炒菜过程都需要不停地翻转；二是流程中需要耗费大量工时的活动往往是选菜、择菜、洗菜、备菜等，并不是翻炒这个环节。因此，我们应该更多地将技术投入能够解放人力的环节中来拓展业务，才能更好地创造新的价值。

众所周知，当前的技术水平还没有发展到万能的程度。数字技术的三大类技术（数据技术、网络技术、计算技术）在很多应用场景中还有很大的创新空间，特别是数据技术和计算技术。例如，对很多企业的档案管理部门而言，希望数字化转型以后能够解决其档案管理的效率问题。但当前市面上成熟的档案管理系统能够解决的仅仅是档案资料的相关数据传到系统之后如何分析、处理和存储的问题，而档案管理人员真正的痛点和诉求点往往在于如何将纸质档案和数字化系统对接的问题。显然，这一问题的解决更多地需要通过创新与开发新的识别技术、物联网技术等软、硬件技术产品来解决。因此，推进企业数字化转型，不断地进行技术创新是必须也是必要的，这不仅是解决企业痛点和问题的基础，也给不同行业中深耕的企业带来新业务拓展的机遇，这与国家鼓励科技创新的战略举措是一致的。

例如，潞安化工集团公司在打造国家级智能化示范矿井时，通过推广新型装备技术应用，有效助力矿井数字化转型，主要有：①率先试点绿色智能充填开采。如高河能源积极践行“绿水青山就是金山银山”的理念，试验实施了“中厚煤层膏体充填开采”项目，实现了膏体自动配比、管路压力自动监测、充填区体积自动监测以及运输设备、破碎设备和充填设备集中控制的目标，真正将“智能”和“绿色”结合起来，实现智能绿色高效开采。②多点探索盾构机的应用。如新元公司、余吾煤业应用了直径 4.53 米及 3.63 米的全断面岩巷掘进机进行岩巷掘进，单日掘进量最高为 23 米，最高月进 409 米，掘进效率平均提升 380%。③构建智能供电物联网平台。如常村煤矿、五阳煤矿等建立了智能供电物联网平台，通过对地面变电站及井下变电所高低压供电系统防控预警、智能防越级跳闸、智能选择性漏电保护等改造，保障了矿井供电系统的稳定、安全运行。④创新试点煤矿新材料、新设备。如新元公司通过在主运输系统应用芳纶带配合永磁直驱电机、高压组合变频器，在井下供电系统中应用动态无功补偿装置等多种装备提升方式，实现节能降耗、降低运维成本，提升矿井综合保障水平。⑤VR 助力安全提升。如高河能源积极探索应用 VR 智能虚拟现实技术，通过 VR 虚拟现实技术，模拟井下实景和事故现场，实现了虚实结合、沉浸探索、模拟实训，提高了矿井安全管理水平和应急处置能力。⑥AI 提升监管水平。如高河能源、新元公司与先进企业合作，在井下现场探索应用 AI 智能识别技术，通过视频 AI 识别，实现透明可视化管控，重点开展“用视频、反三违、防风险”工作，监督现场作业人员“上标准岗、干标准活”，切实增强矿井安全管控能力，全面提升安全管控水平，逐步形成有效的视频监督管理机制。

再如，中国商飞在数字化转型中通过发展智能技术实现智能制造。例如，通过摄像头、传感器等手段，结合新一代的通信技术，实现生产数据的实时采集，通过图像识别、机器学习和数据分析，智能化解决生产现场“视而不见”“盲人摸象”“雾里看花”等问题。同时，中国商飞不断加大智能技术的研发应用。目前，中国商飞在智能制造中开发应用的智能技术，如表 8－1 所示。

表 8－1　中国商飞智能技术助力智能制造

智能技术名称	内涵及应用
增强现实技术	将真实与虚拟的信息相互补充、叠加
激光投影技术	将 3D 数据和产品实体互联，零件的点线或面精确投影在工件上，面向过程的自动质量控制。具有高精度、高定位质量与引导技术等特点
照相测量技术	利用摄影测量系统对工装和零部件进行测量，检测工装和零部件质量
机器视觉技术	基于无人机的大型客机表面喷漆状态检测
图像识别技术	如复合材料自动铺放多余物识别、装配误差识别、荧光缺陷检测等
深度学习技术	如基于人工智能的复合材料缺陷检测
大数据预测性技术	如基于数据统计的刀具监测
基于实测数据的工艺实时分析与优化	实时调整的零件加工/装配工序；优化生产计划安排；评估生产工艺能力；工艺难易合理推荐工艺
数字孪生透明工厂	建立以实际生产数据驱动的三维数字化车间软件平台和综合集成管控系统，形成实际生产过程的“数字孪生”

显然，做数字化转型，我们要“敬畏”技术，要深入了解技术，明确其应用场景及能够带来的价值，并不断地研发与创新。

例如，海淀（中关村科学城）城市大脑为解决城市民生中的垃圾分类处理问题，实现全品类、全主体、全过程的三全覆盖目标，着力打造闭合链条，确保生活垃圾“分得出来、投得正确、收得合格、运得出去、处置得了”，海淀城市大脑打造了智慧化城市垃圾分类和处理技术与装置。通过对密闭式清洁站、厨余垃圾车等加装物联感知设备并纳入监管，同时投放身份识别卡用于垃圾产生单位的主体识别，建立了数字化台账，实现了垃圾分出率的稳步提升。为满足城市大脑建设需要，响应政府“多杆合一”政策号召，采用“共享”的杆体理念设计，打造了集照明、监控、5G基站、LED显示屏、应急报警等于一体的智慧灯杆。灯杆采用核心嵌入式智控机箱，安全有效地支撑了外接设备，提高了安装效率，降低了运维成本。为实现城市大脑赋能河湖水质监测，基于全球首创量子点光谱传感技术开发水环境监测终端——量子点光谱仪，在海淀全区建设了129个监测站点，实现水质实时监测和污染溯源，对温度、浊度、COD、QDI、高锰酸盐指数、总有机碳、悬浮物等多项指标进行实时监测。同时，运用污染物溯源方式，捕捉非法排污案件。通过水基因溯源技术，不断积累并整合市、区监测点位和数据，实现精细化、智能化监控。为助力智慧城市建设，具备自学习、自优化、自演进特征，基于人工智能、知识图谱，区块链、数字孪生等相关基础技术平台能力支撑的城市大脑软硬件一体化人工智能设备“脑库”发挥了作用。“脑库”助力城市自身知识、城市规则知识、城市经验知识的构建，实现对城市时空的全方位感知、推理研判（知识检索、逻辑分析等）及赋能应用。为解决快速交通事故研判，迅速恢复社会交通，提高路面事故处置效率，城市大脑构建了“交通闪绘”系统。基于交叉路口的基础底图与事故基础信息，建立专业的绘图平台。“闪绘”平台节省了人工测绘和手工绘制路口基础数据的步骤，提升了效率，缩短了人工处置事故的成本和时间，方便了群众出行等。

再如，重庆农村商业银行股份有限公司引领的面向感知认知能力的银行智能数字化平台建设项目，包括7大平台21项标准能力的感知认知引擎，可应用于全行上百个场景，提供超过传统200人的数字化人力，有效支撑“方言银行”“空中银行”等特色化服务，实现远程视频服务在线下网点的快速推广，成功迁移近90%传统柜面交易，已在近400个网点运行，提升了传统工作效率和金融服务便捷度。

可以看出，只有充分了解不同技术及其应用场景和对象，数字化转型才能步入良好赛道，才能不断地推进我国数字经济事业的蓬勃发展，实现经济和社会的高质量发展。在不了解技术本质的前提下去做企业数字化转型是不成熟的，也很难行走长远。

第9章　智能制造、大规模定制与工业互联网

9.1　价值创造的理想模式——大规模定制

随着社会经济的发展，人们在对产品的基本功能需求之外，更倾向于对产品附加价值（如美观的包装、令人惊讶的设计等）和隐性价值（如获取产品的便利性、趣味性、挑战性、情感性、社交性、在产品中融入某种理念等）提升的需求。个性化、特色化的产品逐渐成为人们消费的焦点，因此，企业必须以一种更加开放的运营理念不断给客户提供满意的个性化产品，才能获取持续性的竞争优势。

本质上讲，个性化产品就是高度差异化产品的表现形式，而个性化需求必须靠“个性化定制”模式来匹配，定制就是按照客户的需求提供对应的产品。

第8章我们探讨了数字化转型的商业模式创新问题，可以看出，从“精准、跨界、融合以及客户深度参与”等特征来看，不同客户在这些方面的诉求是不同的，这本身也就是个性化定制的体现。因此，从需求方价值创造的角度来看，个性化定制是商业模式价值创新的核心模式。

>>> 大规模定制（Mass Customization，MC）模式

从“价值”的“三大法宝”角度来看，不同“个性化定制”模式的差异必然体现在“三大法宝”的不同指标上。尽管“三大法宝”之间的关系是相矛盾（相悖）的，比如质量和交货期的提升必然要导致成本的提高等，但对企业而言，在不影响“质量和交货期”的前提下，如果能够降低成本肯定是具有一定意义的。因此，企业在给客户提供不同个性化定制产品时，也会考虑如何有效降低成本的问题，这就是大规模定制探讨的核心问题。大规模定制是以大规模（或近似大规模）的生产效率满足不同客户个性化需求的

模式。

显然，该模式的实施中有一个核心矛盾需要解决，即个性化、多样化需求（需求方诉求）与规模效益（供给方诉求）之间的矛盾。如何解决该矛盾是大规模定制模式实施中需要探讨的核心问题。

>>> 规模化和个性化矛盾的解决思路

显然，要想解决上述矛盾，应该尽可能地将一定批量（规模）的相同或相似的活动在生产过程（参考前文“三链一流”内容）中的同一环节进行处理。因此，企业首先必须进行个性化订单上的分类和处理，在接到客户个性化订单后一定时间内集中处理一批订单，看看订单中相似活动的程度，进而再进行决策。例如，在戴尔的大规模定制模式中，一个半小时统计一次订单。这个时间对戴尔来说既可以满足客户个性化需求对产品交货期方面的要求，又可以实现订单的集中处理，找到订单中相同或相似的环节来安排生产，提升规模生产效益。

不同个性化订单中相同或相似的活动越多，对企业实现规模效益而言越有利。如何调节不同订单中相同或相似的活动，需要借助客户订单分离点的思想。图9－1中的五种定制方式中，“按订单设计方式”（ETO）的个性化程度最强，而“按订单销售方式”（STO）只是在产品的销售阶段才产生差异，在销售阶段之前所有的生产过程都可以采取规模生产的方式。

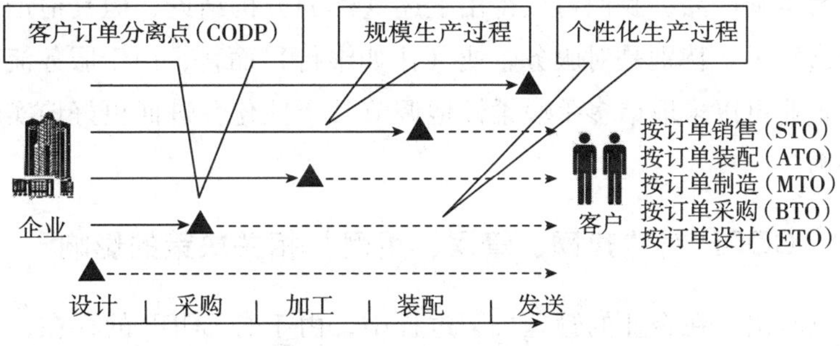

图9－1　客户订单分离点（CODP）示意

可以看出，企业只要能够把握不同订单到来以后其差异点在什么地方，就可以很好地调节自身的规模生产效益与客户个性化需求之间的关系，进而平衡二者的矛盾。这个差异点叫作客户订单分离点（Customer Order Decoupling Point，CODP）。

如图9-1所示，CODP越靠近客户端，左侧环节都可以采取规模生产的方式提高规模效益；相反，CODP越靠近设计端，规模生产效益越低，但却可以给客户提供更加个性化的产品，当然这样的定制模式需要支出较多的成本，只要客户愿意支付较高的费用，企业也是可以满足其高度个性化要求的。

例如，戴尔电脑是21世纪初做大规模定制非常典型的企业，客户通过网络（或电话）定制戴尔电脑，可以选择白色外壳、黑色外壳、红色外壳、蓝色外壳等，可以选择一条内存、两条内存等，还可以选择一年联保、两年联保等。显然，其CODP是在装配环节。为什么戴尔要将CODP设计在装配环节，而不考虑往前移，比如移到加工环节呢？

本质上，上述问题也就是企业战略定位问题。因为客户订单分离点的确定也就决定了我们到底要给客户提供一个什么样的定制产品。根据前述分析，这样的问题只能通过权衡“价值”“三大法宝”的思路来解决。比如，戴尔将客户订单分离点由装配阶段调整到加工阶段，电脑的生产成本高不说，关键是从客户角度来讲有没有太大的价值和意义，比如，客户希望加工一个S形的内存，先不说该内存能否生产出来，即便是能够生产出来，在笔记本电脑中插入S形的内存，不仅占用较大空间、影响散热和性能，而且从电脑外面也看不出来，客户也得不到感官上的满足。所以，综合考虑供、需双方针对S形内存在三大法宝“质量、成本、交货期等”各方面的诉求以后，显然这样做的意义并不大。

作为电脑产品，我们可以得出上述这样的分析结论，但其他产品就不一定也是这样了。特别是对服务企业（比如银行）而言，由于服务流程一般较复杂，企业可以采取诸多手段柔性地调节其个性化，进而更好地实现供需诉求的平衡。

>>> CODP对“建网、管网、用网”相关决策的影响

可以看出，在企业的管理决策过程中，由于有CODP的存在，必须考虑该点之前及之后应该分别在供应链管理的“建网、管网、用网”等相关活动的决策方面进行有针对性的调整。

比如，在图9-1的CODP左侧环节，由于采取的是规模生产方式，各阶段的产品需求相对来说较容易把握，因此在“建网、管网、用网”等相关活动的决策方面需要尽量考虑如何降低成本的问题。比如需要构建能够有效

降低成本的外部供应链（选择低成本的上下游成员），和他们签订长期定额合同等；企业内部则需要构建有利于分工的组织架构等来匹配。而在该点右侧环节，由于需要满足客户的个性化需求，对供方供应链管理的柔性提出了更高的要求，因此在“建网、管网、用网”等相关活动的决策方面需要尽量考虑如何提高灵活性的问题。比如需要构建能够有效提高灵活性的外部供应链（选择灵活性强的上下游成员），和他们签订短期非定额合同等；企业内部则需要构建有利于提升灵活性的扁平化组织，甚至阿米巴组织模式等来匹配。这就是大规模定制实施的基本思路。

但显然，随着个性化程度的提升，对供应链管理（建网、管网、用网）柔性水平的要求必然要提高，这对企业而言是一个巨大的挑战。尤其是在个性化定制模式下，企业需要组织、领导和控制的内外部资源不仅数量繁多，而且种类复杂，如何才能更好地通过合理的建网、管网、用网方案整合和利用好这些资源，需要我们进行深入思考。

在数字经济环境下，由于有了数字技术（数据技术、网络技术、计算技术等）的支撑与赋能，为我们进一步实现供应链管理（建网、管网、用网）柔性水平的提升带来了新的路径，这本质上也就是“智能制造”的思路。需要注意的是，智能制造本质上是一个广义范畴，不仅仅局限于“制造”环节。

9.2　智能制造赋能价值创造

>>>　“智能制造”赋能大规模定制模式

图9-1中CODP在设计环节能够实现规模生产的活动变少，如何才能更好地对定制过程进行全面优化，以提升企业运营的灵活性，实现较高程度的客户个性化定制模式，是一个值得思考的问题。为了解决这一问题，“智能制造”的出现是一个必然。以下结合一个例子，我们来全面分析和理解智能制造如何赋能大规模定制模式的实现。

例如，红领（酷特智能）是山东青岛的一家智能服装定制工厂，一天可以生产3000件完全不同的衣服，一个款式的衣服不再是过去的大、中、小三个号码，而是9000个号码。总经理张代信一大早就忙着和助手赶往青岛港，他们接到的最新订单是要在5天内为青岛港的30多名员工定制工装。一个小时量完30多人，将近700个数据，秘密就在他们开来的这辆大巴车里。青岛港的员工已经在大巴外排成了长队，员工们第一次用这样的方式定制工装，都觉得很新鲜。量体有专门的单间，客户换好紧身衣后，3D扫描数据就会实时呈现在计算机里。制衣所需要的19个部位的22个数据不仅可以同时测出来，而且精度可以达到毫米。

不到1分钟，这位客户的量体就结束了，而此时刚刚量好的数据已经传回了工厂的大数据定制中心。传统服装生产的三大关键工艺（打版、排料和工艺要求）可以统一在这里快速完成。“这些都是今天下单的实时数据，从国内外市场发回来的实时数据，通过这些信息我们可以自动导出客户所需要的版型。比方说这个订单，这就是客户所需要的一套版型，我们通过这个版型就可以生成它需要的一个款式，然后发给裁剪，进行自动裁剪。”

短短几分钟，制版师刘阿娜已经完成了七八个订单的制版。服装业常说：抄款容易、抄版难。在手工打版时代，就算像她这样拥有几十年打版经验的师傅，完成一套西装打版最少也需要一整天。而现在只要20秒。“这是怎么实现的?”刘阿娜回答说：“通过我们的大数据，我们经过13年的积累，已经有超过百万万亿组数据。”

屏幕上层层叠叠的蓝线是数据库里已经存好的各种型号的大数据。以前批量生产的服装往往只有大、中、小三个号，最多也不超过十个，但在这里每套衣服存着9000多个型号，从1.3米到2.5米，高矮胖瘦，各种身材的数据都有。只要新输进来的量体数据没有极特殊的情况，计算机都能瞬间完成匹配。

厂房的自动剪裁区，工人们正在将塑料薄膜真空吸附在布料上。固定后，那些弹性大、表面光滑的面料在剪裁过程中就不会滑落变形。没有上设备之前，一天300个人用手工裁剪，300人每天只能做500～600套，上了自动化设备后，只有210个人，一天产能可以达到1800～2000套。布料上的线不是粉笔画的，而是激光投射出来的。个性定制经常会用到条纹和格子面料，要想让对线对格准确无误和申请数据完全匹配，就需要用激光投影来校准。格子面料跟素色面料不一样，个性化的定制有大格有小格，需要上面的激光投影仪把激光打下来，根据面料格子大小来满足产品的要求，能更精准、更细化。通过技术改进后，裁出的面料其对格精准度令人满意。例如刚裁完的大袖，两边裁完之后非常对称，接口也正好，包括后背和领子，竖条横条都是一模一样。这是裁格子料最难的地方。

剪裁好的面料会通过智能物流的吊挂系统传到缝纫区域的不同工位，每一个吊挂上的布料都不同，它们都来自不同的订单。如果说量体、排版、裁剪这些工序可以靠智能化的机器设备来替代人工，那么在缝纫环节，小到穿针引线这样的工序总共有320个，如果全部开发智能机器来替代人工，成本高不说，像丝绸、羊毛这些面料的缝制手感，机器也无法达到像人一样的精细。那么这里的智能化是怎么实现的呢？每个吊挂上的布料都挂一个电子标签，里面存着相应的加工要求，工人们只要刷一下卡，就可以在他们面前的小屏幕上读取到这些加工要求，光是他们头顶上的缝纫线就有好几百种。

用哪种线？用什么方式缝制？工人们不用担心会出错，只要按照屏幕显示指令加工就可以了。以前完成这些工作都是车间主任先去工艺师傅那儿抄份密密麻麻的工艺说明书再分配给大家。按照现在每天3000个订单、几百个款式的生产量，至少需要500个车间主任才能完成。工人说："我们现在没有车间主任了，派活都是通过刷卡显示来实现，比如说这个显示的轻微后掰肩，每个客户都不一样，有的客户就是溜肩，这里直接就显示。"

虽然个性定制比非个性定制成本高出了1.1倍，但2015年红领定制业务的收入实现翻倍增长，利润率达到25%以上。

今天车间里来了一批东南亚客商。国际商业界一直认为工艺复杂、变化多样的传统制衣产业很难进行智能化改造，当他们得知中国有一家智能工厂能做到成衣个性化、批量定制时，都觉得很惊讶。

"口袋固定板放到那个面料上面，然后再把那个面料放上，最后放到缝纫机上。"在这里，一个口袋制作被拆成了九道工序，每个人只负责一道工序。泰国客人不断向米庆阳提出各种问题，在他们传统的服装工厂，像这样的工艺往往都只用一人从头到尾完成。米庆阳说："每一个工艺我们都把它拆解到每一个操作的小单元，每一个单元就是每一个动作，每一个员工按动作进行操作。例如，这件衣服的拿起，这是一个动作，把这件衣服放到缝纫台上，这是一个动作，在缝纫过程中又是另外一个动作，然后缝制完之后把这件衣服挂到吊挂线上又是另外一个动作。我们把整个缝制过程的所有动作拆解到最细，每一个动作的标准工时实际上我们是知道的，然后把整个标准工时组合到一起就是一个工序。我们把所有的资源，包括人、机器、设备所有的点在整个计算的环节全部排到一起，而每一个人、每一个机器的资源，在系统里面都是做了管理的。”

整条服装流水线被拆成300多道工序，按产能每天3000个订单，9万个工序，近20万个工艺，以什么样的方式分配给生产线上的2000名职工，再以什么方式组合能够科学高效？秘密就在于信息中心，它是整个智能工厂管理系统的后台大脑。在信息系统中，每一道工序都对应一个软件模块。他们自主研发的这套软件系统实际上就是一个智能化的车间主任，通过算法自动完成每天的排产。①

>>> 客户订单分离点的判断

根据前述戴尔的例子，判断CODP有一个基本规律，也就是CODP所在环节的活动在订单没有到来之前还没有开展，而其前序环节的工作已经完成，如图9－2所示。在CODP所在环节开展活动的前提，是在前一工作结果的基础上进行选择的过程。比如，戴尔的CODP在装配环节，在客户订单没有到来之前，没有办法进行电脑的装配，因为不知道该选择什么样的零部件进行装配。但这时，零部件的加工工作已经做完了，这些零部件已经放到联合仓库中等待戴尔电脑装配时进行选择调货。

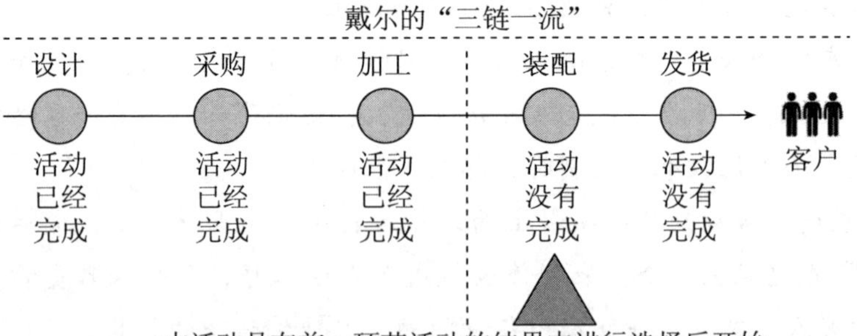

图9－2 判断客户订单分离点（CODP）

这时我们来分析红领的CODP到底应该在什么环节。

首先，红领的CODP肯定不能在装配（缝制）阶段。因为如果CODP设置在这一阶段，也就是在客户个性化订单还没有到来的情况下，就把布料裁

① 资料来源：央视经济频道《中国财经报道》，有删改。

剪完成了，这样操作显然有很大的问题，一是裁剪时不知道该裁剪什么布料、裁剪多少、裁剪的尺寸等，因为没有客户订单数据进行支撑，只能靠预测来指导，但在个性化定制模式下，需求波动较大，实现准确预测显然较为困难。二是如果按照个性化需求预测的数据提前进行裁剪，裁剪后的布料如何保存？订单到来之后，如何快速寻找到已经裁好的布料？如果订单到来之后，需求和已经裁好的布料不一致，又会导致很大的浪费等。这时，一系列的问题就会出现。因此，CODP 设定在装配（缝制）之前的阶段上可能较为合理。

其次，根据上述案例阐述，量体车将量好的客户数据即时传回工厂进行个性化生产，感觉定制工作好像是从设计开始的，CODP 是在设计阶段。但实际上，经过较长时间的服装版型数据的积累，红领已经完成了原先由人工进行版型设计的活动，将已经设计好的各种款式、各种尺寸的版型数据存在了数据库中，可以根据对应的订单信息随时调用。因此，设计环节的工作实际上已经做完了。

可以看出，红领的 CODP 是在加工（裁剪）阶段，这样不论从收益角度还是风险角度来讲，都相对较为合理。

>>> 智能制造全流程赋能效能提升

这里，我们以成本分析为例，看一下在不同的环节如何用数字技术进行赋能。在图 9－3 中，我们按照“三链一流”的思路，对红领服装生产中的几个主要环节展开讨论。

（1）在设计环节，原先主要的成本支出在于每次打版的人工成本。为了降低这一成本，通过若干年的积累，将设计好的版型数据累积到数据库中，根据客户量体或者订单数据进行匹配后直接调用，避免了重新打版所需要耗费的时间和人工成本。但其中的难点在于版型数据的存储以及调用时的智能优化算法等。这显然需要数字技术（数据技术、网络技术、计算技术）的支撑与赋能。

（2）在采购环节，原先主要的成本支出在于布料或辅料（如线、扣子等）的采购和库存成本。为了优化这一成本，需要通过布（辅）料的采购和库存决策优化过程进行解决。决策优化的难点在于采购和库存决策方案的优化算法，特别是支撑算法运行所需要的预测技术是一个需要深入探索的问题。例如，采购决策时，必须提前对未来一段时间内需要的布料、辅料等物资的库存量进行动态预测，才能保证在拟定的“三大法宝”约束下，满足客户需求。显然，这也需要数字技术（数据技术、网络技术、计算技术）的支撑与赋能。

（3）在加工（裁剪）环节，原先主要的成本支出在于每次裁剪所需要耗费的人工成本，通过引入自动化裁床设备可以提升裁剪效率，但其中难点在于如何实现裁床的智能裁剪，以及针对整体布料上裁剪方案分配的决策优化，这些都是需要深入探索的问题，该裁剪方案分配的优化问题本质上与集装箱配载优化等问题类似，需要决策优化算法进行求解，这也需要数字技术的支撑与赋能。

（4）在装配（缝制）环节，对于服装而言，完全的自动化设备缝制是不可行的，必须要人工操作，这是因为以现有的技术水平而言，机器设备等不可能在所有领域替代人工。因此，主要的成本支出在于每次缝制所需要耗费的人工成本。针对这一问题，可以通过引入流水线作业的方式，通过精细的分工来降低人工成本。其中的难点在于智能物流调度方案的决策优化算法，也就是流水线作业，需要待缝制的布料（包括辅料等）围绕人的工位来“运动”，如何才能保证“运动”的精准，是一个需要深入探索的问题，该问题本质上就是智慧物流中的调度优化问题，需要调度优化算法进行求解。这也需要数字技术的支撑与赋能。

尽管这里我们没有对红领内外部供应链中的所有环节进行分析，但通过上述简单例子的分析可以看出，在任何企业“三链一流”中的不同环节，降低成本和提高效益的方法和途径各异，不能一概而论。但为了更好地优化不同环节活动的流程，提升不同环节活动的灵活性，真正实现优化成本提质增效（本书不强调“降低成本”，因为前述章节在分析“三大法宝”时指出“降本”不一定能“增效”，因此，改用“优化成本”这一方式表述），必须要用好数字技术的支撑与赋能，并且前提是各环节数据的有效打通和利用。这本质上就是“智能制造”的核心思想。

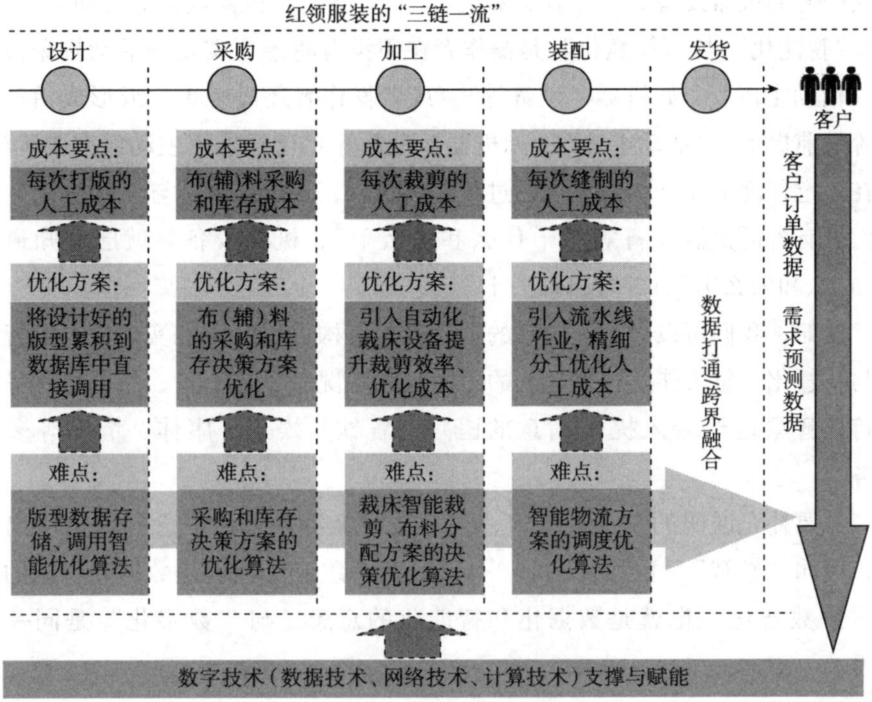

图9-3 全面分析优化成本的方案

9.3 如何实现"智能"与"智慧"

>>> 理解"智能"与"智慧"

近年来，随着数字经济的发展，智能和智慧等相关概念逐渐拓展开来，如智能制造、智能交通、智能矿井、智慧城市、智慧社区、智慧物流、智慧医疗、智慧养老、智慧教育、智慧家居等。这里，我们首先解释一下"智能"与"智慧"的关系。本质上讲，智能与智慧是同一个内涵，但其区别是，"智慧"一般是用来描述人、动物、植物等"生物"的，以及包括"生物"在内的系统，比如社区、城市等；而"智能"一般是用来描述机器、设备等"非生物"的，以及单纯由机器、设备、硬件、软件等组成的系统。

理解"智能"与"智慧"需要将其和"自动化"进行比较。自动化是"活动主体"（如机器、设备等）按照操作者的要求和意愿自动完成活动的过程，比如我们常见的全自动洗衣机、全自动扫地机器人。简单讲，自动化是我们告诉机器设备等“干什么和怎么干”，然后，机器设备等自动去干。

“智能化”与“智慧化”是操作者在还没有将想要实现的活动指令传递到“活动主体”（如机器、设备等），或者操作者还没有想好或形成活动指令等的前提下，“活动主体”（如机器、设备等）已经能够主动地完成活动，并在一定程度上让操作者满意的过程。简单讲，“智能化”与“智慧化”是我们没有告诉机器设备等“干什么和怎么干”，机器设备等就已经知道要“干什么和怎么干”，并且自动去干。

比如，我们可以设想，未来的智慧养老机构可以真正地实现养老的智能化与智慧化。每天能够根据老人的不同身体状况及不同心情、不同喜好等动态特征智慧地给老人提供满意的医疗、餐饮、娱乐、康体、情感等多项服务。

需要补充说明的是，近年来，很多数字经济领域的概念和词汇层出不穷，例如“数智”“数智化”等。本质上，“数智”也就是数据和智能的意思，“数智化”也就是数据化和智能化的意思，与“数字化”是同一个意思。

尽管真正意义上的“智能”与“智慧”还需要我们不断探索和实践，但较多企业已经在走向“智能”与“智慧”的道路上进行探索。

例如，近年来，内蒙古交通投资（集团）有限公司（以下简称“交投集团”）根据企业发展需要，明确提出了建设“数智交投管控系统”的构想，要求建成穿透式监管系统，实现数智化管控支撑，有效监管支撑保障国企做强做优做大。交投集团所属内蒙古大数据投资有限公司联合多家互联网头部企业的技术力量，结合交投集团实际情况，多次进行调研、分析和研究，充分考虑交投集团数字化转型的需要，以及国企改革的管理要求，最终确定了系统的建设方案。系统涵盖集团财务管理、投资管理、资产管理、人力资源管理、合规管理、决策支撑、协同办公、智慧党建、智慧纪检、数据治理等多个功能模块，各系统通过统一门户模块进行协同，实现数据的互通共享，经过数据治理形成统一数据库，最终形成企业数据中台系统，实现“流程通、数据通、管理通”，横向覆盖人财物，纵向贯穿全层级。系统通过对各种数据的整理分析，实现预测预警、辅助决策等功能，辅助企业优化管理，支撑公司高质量发展。

通过数智交投管控系统建设，实现交投集团工作流程管控、数智支撑，把管理建在制度上，制度建在流程上，流程建在权限上，权限建在系统上，系统建在数据上，形成一个环环相扣的完整体系。系统建成后，可以促进管理和提升效率，形成穿透式监管体系，巩固深化改革的成效，有效支撑保障交投集团做强做优做大。

再如，中联重科提出智能产品的“三个自”，即通过加装嵌入式传感器，实现产品自诊断、自调整、自适应，让设备“能感知、有大脑、会思考”。比如，用于核电站外层安全壳穹顶的吊装3200吨的履带式起重机，起吊、变幅、升钩、行走平移、调整、落钩要一气呵成，每个螺栓必须严丝合缝。中联重科给起重机装上100多个传感器，实时感知压力、载荷、速度等状态，得以“又轻又准”地完成高难度动作。原来工程机械设备是孤立的，现在每台设备都装了传感器，工程师坐在家里就能知道产品的状态，产品纠错、迭代和创新的速度大大加快。

智能化产品的大数据汇集到中联重科自己的工业互联网平台上。目前，这个平台已采集超过9000余种数据参数，其中包括工程机械设备的工作时长、压力、挡位、油耗等多类工况数据。基于这些数据，可以对关键部件进行远程健康评估、寿命预测和预测性维护，由被动服务变为“主动、预测性服务”。“产品+传感器”再进一步，还可以“+人工智能”。中联重科将此应用于智慧农机和智慧农业，比如收割机通过机器视觉识别作物的长势和倒伏情况，并自动调整割台高度，从而提高作业效率。

再如，东风汽车集团旗下的新能源汽车品牌岚图汽车制造厂的职工就深刻感受到了5G技术给汽车智能制造带来的益处。这家工厂原本需要花费13个月建设生产线，最后却只用了7个月的时间。该厂工作人员表示，他们利用5G广连接的特性，利用数字孪生技术，在建厂之前就已经把工厂的每个环节在电脑里模拟出来，大大减少了实际建厂的时间。而节省下来的时间可以生产更多的车辆，工人的薪水也能随着产量的增加而增加。

>>> 实现“智能”与“智慧”的前提

显然，在上述红领例子的“三链一流”中，不同环节的活动根据其对“价值”（三大法宝）的诉求不同，有其对应的不同目标，如何有效实现这些不同的目标，需要有针对性的活动方案进行处理。例如，设计阶段构建版型数据库、裁剪阶段引入自动化裁床、缝制阶段引入流水线作业和智能物流吊挂系统等。

由于在上述“三链一流”不同阶段需要解决的核心难点问题不同，需要不同的数字技术（数据技术、网络技术、计算技术等）进行支撑。支撑的目的就是实现不同环节活动的智能化和智慧化，也就是在我们还没有将想要实现的活动指令传递到不同环节的“活动主体”（如自动化裁床、智能物流吊挂设备），或者我们还没有想好或形成活动指令等的前提下，这些“活动主体”已经能够主动地帮我们完成活动，并在一定程度上令我们满意。

比如，当我们在缝制布料时，智能物流吊挂系统能够主动地帮我们将需要缝制的布料在时间和空间两个方面精准地送到我们的缝制工位面前，并且给我们自动的提示和预警等；再如，在我们还没有接到客户订单之前，库存管理系统就能够主动地告知我们什么样的布料、辅料等应该采购多少，在什么时间之前采购，什么时间应该送到货，采购成本应该限定多少（也就是“三大法宝”指标的细化）等。这样一来，我们在各环节的活动效率和效果将会有很大的提升，也能够更为有效地实现柔性诉求，提升客户价值体验。这也就是智能制造的魅力之所在。

当然，实现智能制造的前提是，“三链一流”中各环节活动中数据的打通，通过数据的打通和数字技术的赋能，实现不同环节之间协同效应（“1+1>2”）的发挥。要想实现这一目标，必须把这些不同环节的活动加到同一个互联网平台上，参考前述“互联网+”思维所述。而在数字技术支撑下，通过基于跨环节（跨界）数据的预测技术，可以更好地提升生产过程中各个环节的“柔性”水平和协调能力，在尽可能降低成本的同时，提升经营效益。智能制造的逻辑关系如图9-4所示。

前文已指出，“智能制造”是一个逻辑概念，也是一个涵盖“三链一流”所有环节的大范畴概念，不仅仅适用于制造这一行业领域，在其他行业领域同样适用。

例如，某大型国企集团是当地政府大型国有平台公司，下辖5家从事工程建设子公司，服务于城建、交通、水利等不同行业。由于各子公司独立经营，业务板块不相同，信息化程度高低不一，工程数据无共享，集团总部对各工程项目推进进度、人员履职、安全管理、质量管理、投资管理等情况很

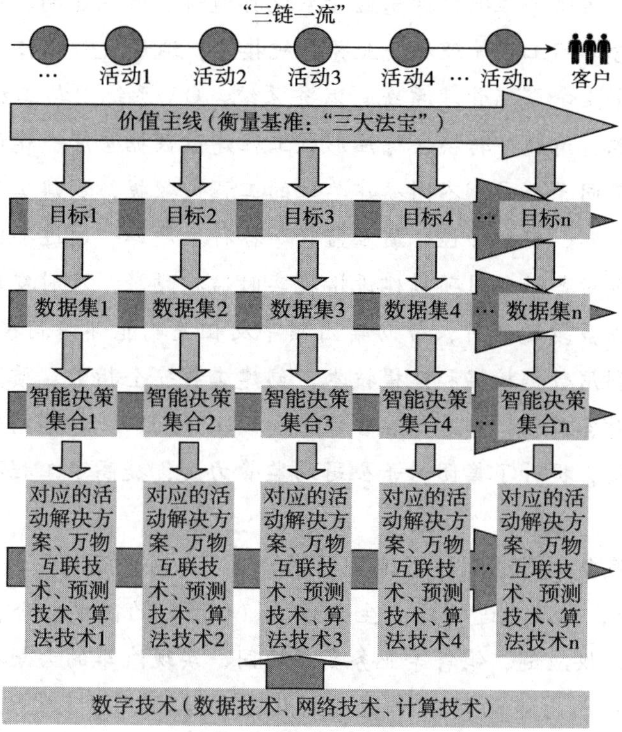

图9－4　"智能制造"示意

难掌握和监管，不仅无法实现问题防患于未然，出了问题也难以追溯和追责。四川华泰智胜科技发展有限公司及其全资子公司（北京智胜项管科技有限公司）通过其自研的华泰项管大脑（华泰项管低代码开发平台）充分调研了该国资集团"难痛卡堵"等问题，为集团构建了"工程项目大数据监管平台"，建立了从集团到子公司再到项目部的三级智慧化管控机制，实现了从集团到子公司再到项目部对在建工程的投资掌控、进度把握、履职监督、安全管控、质量监督、现场监督、高效处置、科学决策等智慧化监管。

该大数据平台由集团工程项目智慧监管系统、子公司全生命周期管理系统及智慧工地等三部分构成。子公司全生命周期管理系统聚焦工程建设项目全过程管理，接入各工地项目部物联网传感设备，从前期推进、履职管理、安全管理、巡查管理、进度管理、质量管理、文明施工、AI预警、应急资源调度9个维度帮助各子公司工程管理人员及时发现和处置潜在的风险，高效推进项目建设。集团工程项目智慧监管系统打通与当地住建局、水务局、应急局等业务主管部门工程管理相关业务系统接口，通过大数据技术对各子公司的工程项目全生命周期管理系统、财务系统、OA 系统中与工程项目相关的数据进行抽取、清洗、转换、标注形成工程建设数据仓库，建设全集团涵盖不同时期、不同子公司、不同参建单位的工程大数据，创建工程投资、工程进度、人员履职、安全管控、质量监督等各种主题库。通过集团工程项目可视化监管大屏对各子公司项目建设情况实时监控预警，及时发现问题，再通过工程大数据多维度分析，帮助集团领导及相关职能部门洞察问题本质。该大数据平台利用数据挖掘和建模技术，创建工程安全指数、质量健康指数等算法模型，对各工程指标进行综合评估和预测预判，帮助集团领导层正确决策、精准施策，提升了集团对子公司的监管力度，提高了工程项目管理的效率和效果。

再如，广汽集团通过 IT（信息化技术）、CT（通信互联技术）、OT（运营自动化技术），以及先进的广汽生产方式（GPS）的高度融合，使产品研发、生产制造、供应链、销售等业务高度协同，实现汽车的大规模个性化定制与智能制造。已上市的两款车型定制化组合 Aion LX 可实现 6 万余种，Aion S 可实现 1.6 万余种，极大地满足用户个性化需求，同时也为企业带来了较大的经济效益。为了更快地向用户交车，工厂采取以市场（订单）为导向来决定物料匹配、生产的准备、设备的准备以及人员的准备，最大限度地减少浪费。通过导入智能物流系统和智能网联技术，实现物流订单、备货、交付、在途跟踪、异常预警、到货验收、备件、配送等全过程管控，确保生产过程的准时化（JIT）。

>>> 实现“智能”“智慧”中的关键问题和实现逻辑

通过上述对“智能制造”的例子分析可以得出如下结论：“智能制造”是通过数字技术支撑和赋能制造过程中各环节的活动，在我们还没有将想要实现的活动指令传递到不同环节“活动主体”，或者我们还没有想好或形成活动指令等的前提下，这些“活动主体”已经能够主动地帮助我们完成活动，或者为我们开展活动做好必要的准备，并在一定程度上令我们满意的过程。

显然，不论是实现“智能制造”还是实现“智能交通” “智慧城市”

“智慧社区”等，其中的关键问题在于，“智能”和“智慧”的前提是必须实现精准的预测，要想实现精准的预测，必须通过对相关数据的获取和对数据的合理分析计算才能实现，如图9-5所示。

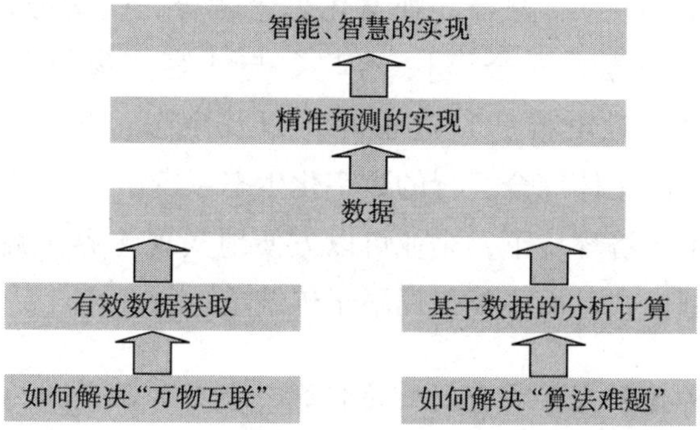

图9-5 实现“智能”“智慧”中的关键问题

有效数据的获取必须做好真正意义上的“万物互联”，这里的“物”泛指各种“资源”，当然也包括对“人”的互联；而基于数据的分析和计算进而实现有效、精准的预测，必须解决好“算法”的难题。这是“智能”“智慧”实现中的两大关键问题，说得更普遍一点，也是各行各业、各领域发展数字经济、实现数字化转型中的两大关键问题。

问题往往孕育着机遇，针对上述两大问题探索其解决方案，并在硬件、软件等技术上进行研发与创新，可以成为企业未来业务拓展的新的广阔市场。这一观点将在后文中阐述。

9.4 “跨界—融合—参与”定制模式（TIPC）

前文指出，在传统环境下，由于网络和数据技术等的制约，企业获取大量、精准的客户需求数据和环境数据较为困难，供需关系往往较为简单，客户一般也很难提前参与到产品/服务的开发设计、生产和营销等过程。同时，网络和数据技术的制约也限制了不同行业之间界限的打破，跨行业、跨供需（跨界）的经营管理模式较难形成。而在数字经济环境下，数字技术的发展不仅使企业可以实时有效地获取消费数据和资源动态数据，研判和预测消费者行为和资源变动趋势，为精准运营提供有力的支撑，而且可以有效去除供应链的中间环节，拉近不同行业、不同企业以及企业内不同部门、岗位、设备等之间的距离，使不同主体之间方便地形成链接关系，因而有利于实现传统环境下难以实现的精准（如精准供应、精准生产、精准营销、精准服务等）、跨界（如不同行业、不同企业、不同部门、不同环节、不同设备等之间以及供需之间的跨界）、融合［如文化理念融合、模式融合、流程融合、资源融合、信息（数据）融合等］、客户参与［客户参与产品/服务开发、设计、生产、销售（社群推广）过程等］以及生态、共享关系的搭建等，从而构建起多个供需主体综合运行的数字化生态系统。

因此，在数字经济环境下，企业可以方便地实现跨界、融合、客户深度参与的个性化定制模式，而不仅仅局限于传统单一行业内产品/服务的定制。

例如，为了构建和完善安全高效的智能公交新体系，作为公交车生产商的中通客车集团基于互联网技术积极推进不同行业资源间的跨界融合、信息共享等，并推出智慧公交解决方案。例如，在公交管理应用方面，通过与不同部门间（如交管、导航等）的信息共享，从多维度来分析各线路客流、驾驶情况以及各时段的线路危险情况等，为公交车驾驶员培训、公交车线路安排等提供数据支撑；通过精准分析客流早晚高峰、乘客组成等数据，形成公交运行态势、驾驶员评价报告，为公交运营优化提供支撑。

这种新型的“跨界—融合—参与”定制（TIPC）模式，是本书作者首次提出的面向数字经济环境的新型定制模式。

以下，通过一个典型的例子进行阐述。

例如，海尔的空调定制就是一个典型。初春家里刚停了暖气，孩子们很容易感冒。想要屋里恒温，就需要一直开着空调。空调一般都是机械风，直吹的话对孩子健康不利，并且其电机的运行声还经常会吵醒熟睡的孩子。因此，许多年轻父母都在寻找一款更适合母婴的空调，但他们搜遍了各大家电网站也没有找到。在海尔家电定制平台上，用户发现可以根据需求自行设计商品，就算是T形的冰箱或圆形的洗衣机，只要创意发起人能号召足够数量且有相同需求的买家，用户就能平价享受到专属定制产品。

在海尔家电定制平台上定制一款无噪声的自然风空调，即使夜深人静，运行的空调也不会打扰孩子的休息。发起的订单在定制平台上通过后，工厂便会快速回应。为了更快地回应消费者的定制需求，海尔将空调拆分成送风、电器、冷媒等五大模块。通过在供应链平台上发布需求，对于每一项新功能的需求，外部技术团队和供应商都可以与企业内部各部门公平竞标。例如，海尔空调的离子送风模块就是借鉴了火箭点火推进器技术，是与外部的军工研究所共同开发的。空调的噪声主要是电机带动风扇高速旋转引起的机械声，海尔空调的离子送风方案颠覆了传统送风模块的送风原理：技术人员通过模块上的针尖高压放电，产生电离子，带电离子从针尖向铁丝网方向垂直运动，在针尖附近形成负压区，空气从高压往负压运动，从而形成了离子风。由于空调送风不再采用电机风扇，解决了噪声的问题，因此这个设计从数十个方案中脱颖而出。

海尔的模块商资源平台上互联着近3万家模块供应商，汇集了4万个资源方案。正是有了对模块的控制能力，他们才能快速响应客户的定制需求。正是因为有了开放的模块供应商平台，才能更好地与供应商合作，把军工技术转换成民用技术进而应用在空调上。正因为有了如此多的资源，通过不断的合作、交互，海尔才研发出了更多的新技术和新产品。送风、电器等模块的外包，为个性定制的创新产品引入了全市场的技术资源。而空调的核心部件生产则由海尔新建的互联工厂完成，他们正在尝试让整个生产变得更加智能。

以空调的冷凝器生产为例，冷凝器相当于空调外机的散热片，由595个铝箔片和22个换热管组成。铝箔片的薄厚、间隔和串管的贴合度会直接影响空调散热和制冷效果。每个铝箔仅有0.1毫米厚，薄如刀片，想要把22个换热管完全紧密地插到590多片铝箔中并非易事。通过采用自动化的设备进行操作，确保了每个换热管和铝箔紧密结合，保证了空调的使用效果。

如果仅用单一的自动化设备，即可让冷凝器制造的不良率从百分之一下降到千分之一。但互联工厂要实现的不仅仅是机器换人这么简单的事情，工厂里生产的全部是个性定制的空调，需求和功能不同，冷凝器的内部结构、铜管的角度和方向也不一样。在智能互联工厂中，机器人配合默契地对焊接好的冷凝器部件进行折弯加工。数字化机器全流程的设备互联，让机器人可以自动识别加工信息。冷凝器的折弯机器人可以相互传递信息，直接获取产品的相关型号信息，而传统的生产过程则是要靠人去观察。设备自动互联之后，大大提升了冷凝器的生产效率。通过机器人的自动折弯，每天每条线可以多产出1200台左右。

焊接好的冷凝器被送入氦检箱，氦气的微孔渗透性强，对冷凝器泄漏的检出率比传统方法提高近百倍。每台氦检箱的检测数据均被完整保留下来，整个流程形成全数据跟踪。在工厂的大数据中心，经过全样本分析，互联的设备在统一标准下会形成一条完整的生产监控曲线。生产过程中，一旦某个环节偏离了这条最理想的生产曲线，系统就会自动报警，避免了跨环节间的误差叠加。在这个平台上，通过定义数据的规范，能够达到一个全价值链的数据流通。工厂端通过工厂的IT系统与机器的自动化控制系统进行融合，进而提高了整个生产的柔性程度。

海尔大数据中心互联了工厂里的每一台设备，让机器和人逐渐形成了最完美的默契和配合。然而，海尔的互联工厂并不满足于制造体系内部的联通，它还给每台空调里加装了智能模块，实现了空调与用户的互联。传统的用户交互和信息挖掘主要是通过用户回访、电话回访、调研问卷等方式完成的，但其真实度和效率非常低。通过智能互联空调，可以在总部研发中心实时、低成本、快速准确地收集用户信息，对于产品研发十分有价值。

例如，2015年，根据好空气数据中心的信息反馈，互联工厂发现很多用户家中的空气质量差，室内机很脏，影响了空调的正常使用效果，因此有针对性地研发了一款自清洁空调。该产品成为市场上的爆款。再如，空调技术人员表示，现在用户对于空调的清洗，只知道清洗过滤网，其实空调藏污纳垢最严重的地方是蒸发器。因此，海尔开发的自清洁空调通过快速结霜能够将深藏在蒸发器里的污垢和细菌快速冲走，并通过空调的排水管道送到室外，实现自清洁。

通过大数据分析，海尔互联工厂不断抓住用户的各种痛点和需求，而这些还远远不够。与空调的机械风相比，大自然的风没有规律，变化的风速会给皮肤表面形成不同的刺激，而在试验中心模拟出来的自然风速是否最令人体舒适，要在智能仿生人身上找答案。通过在实验室布置980个温度传感器，测试出房间的三维温度场，通过智能仿生人感应并将采集的数据传输到热环境舒适评价系统，可以将不同的风速和温度对人体产生的变化通过色块展现出来。哪种风速和温度下人体才感觉最舒适，智能仿生人会把所有数据传输到热舒适研究中心，舒适度合格的数据参数就会被系统保存下来。目前，工程师们已经积累了15万组有效参数，只要工程师们采集到所有的有效参数，用户足不出户便能享受到最舒适的自然风。

在海尔的设计中心，自然风空调的外观设计团队也在同步进行着头脑风暴。通过与意大利设计师进行远程交流，针对自然风空调外观的设计，这个国际化团队提出了自己的创意。在海尔的定制平台上，连接着来自日本、欧美等不同国家的30多位设计师，谁的方案最受欢迎，谁就最后胜出。为什么这些国际顶级设计师会愿意参与个性定制的项目？原来，设计师们的创意收益是与最终的销量挂钩的。无论是设计师，还是技术方案的提供者，只要共同开发的产品在市场上热销，每一个参与者都会按比例收取回报，卖得越好回报率越高，每款定制产品对于设计师而言就相当于用专业技术投资的小微项目。设计师们作为创意的提供者或追随者，全程参与这个产品，在不断修正过程中，产品从无到有。尽管中间会经历反复波折，但这就是大规模定制对于用户的魅力所在之一，同时，把冷冰冰的工业化产品赋予更人性化的东西，也是消费者的追求之一。①

通过该例子可以看出，海尔的定制模式与前述红领制衣的定制模式不太一样，红领是典型的大规模定制，客户并没有很好地参与到产品的开发过程中，同时跨行业的跨界行为表现得也不突出，基本是在制衣行业内部环节之间进行的跨界和融合。而在海尔案例中，消费者为了得到一款有风无声的空调，深入参与到了产品生命周期的多个阶段，同时也引入了跨界融合的技术，可以看出，海尔的定制模式属于本书提出的“跨界—融合—参与”定制（TIPC）模式。

那么，红领的MC定制模式和海尔的TIPC模式哪一个更具有优势呢？答案是两者都有优势，不能说复杂的模式就是好的，关键是适合企业的模式就是好模式。

9.5　人工智能（AI）与大模型运用

可以看出，不论是实现“智能”还是“智慧”，其前提是一定要对相关数据进行合理的分析和处理，这也必然要涉及人工智能的问题。

从技术概念来讲，人工智能（Artificial Intelligence，AI）是研究、开发用于模拟、延伸和扩展人的智能的理论、方法、技术及应用系统的一门新的

① 资料来源：央视经济频道《中国财经报道》，有删减。

技术科学。

简单讲，人工智能是希望机器设备等具有像人一样思考、分析和解决问题的智力和能力。

显然，人类也不是从一出生就了解各种知识的，需要有一个学习的过程，要想让机器具有像人一样思考、分析和解决问题的智力和能力，也需要有一个学习的过程，这就是机器学习。

实际上，20 世纪人们已经在研究人工智能的逻辑和算法，但受限于当时的软硬件设备的技术水平，一方面是便于机器学习的各领域的数据量还不能够充分积累，另一方面是技术水平不能够支撑起短时间内对大量的数据进行复杂学习的过程，这都导致人工智能的发展受到了制约。当前随着数据、网络、计算等技术的不断发展，软硬件设备的技术水平逐渐支撑起对大量的数据进行复杂学习的过程，因此也导致了人们对大模型应用的关注。

例如，ChatGPT（Chat Generative Pre - trained Transformer）是美国人工智能研究公司 OpenAI 新推出的一种人工智能技术驱动的自然语言处理工具（聊天机器人程序），于 2022 年 11 月 30 日发布。

ChatGPT 通过连接大量的人类语料库来训练模型，使其拥有语言理解和文本生成能力，还能根据聊天的上下文进行互动，实现了与真人聊天类似的功能，并且其在撰写文案、报告、文章、编程、翻译、图文制作、智能主播、智能客服等诸多领域都得到了应用。

例如，当前很多智能互动服务机器人需要根据其服务的环境和场景（如酒店、餐馆、其他服务场所等）和顾客进行语音交流和沟通，有了 ChatGPT 等大模型的支撑与赋能以后，可以更好地在人类已经总结的知识数据中学习相关环境下的交流内容和方式，提升顾客的服务体验等。

尽管 ChatGPT 等大模型技术在助力不同主体实现“智能化”和“智慧化”方面有一定的进步和作用，但其自身的创新能力仍然有限。尽管预期会在较多领域进行应用与赋能，但与任何技术一样，都有其适合的领域以及应用上的局限，这一点希望企业等各类主体能够正确认识，以免盲目跟风和做不必要的投入。

9.6 构建智能制造的基座——工业（产业）互联网

通过前文分析可知，在数字经济环境下，企业不论进行商业模式创新，还是实施面向 MC 或者 TIPC 定制模式的智能制造，其难点和关键问题在于如何通过打造基于“三链一流”的开放场景来融合和利用各种资源，同时还要保证资源的即得性、可用性、丰富性、灵活性和可靠性。显然，对企业而言，如何精准获取企业内外部的各种可利用资源（含潜在可利用资源）的信息（状态数据），进而与企业的资源需求相匹配，是其在实施智能制造时实现资源有效获取与利用的前提和基础。为了应对这一问题，有必要站在更高的产业发展和经济社会协调发展的角度，打造出统一的工业（产业）互联网平台。

工业互联网（Industrial Internet）（也可以称为产业互联网）是新一代信息通信技术与工业（产业）经济深度融合的新型基础设施、应用模式和产业生态，通过对人、机、物、系统等的全面连接，构建起覆盖全产业链、全价值链的全新制造和服务体系，为工业乃至产业数字化、网络化、智能化发展提供了实现途径，是第四次工业革命的重要基石。

工业互联网以网络为基础、平台为中枢、数据为要素、安全为保障，既是工业数字化、网络化、智能化转型的基础设施，也是数字技术（如互联网、大数据、人工智能等）与实体经济深度融合的应用模式，同时也是一种新业态、新产业，将重塑企业形态、供应链和产业链。

当前，工业互联网融合应用向国民经济重点行业广泛拓展，形成平台化设计、智能化制造、网络化协同、个性化定制、服务化延伸、数字化管理六大新模式，赋能、赋智、赋值作用不断显现，有力地促进了实体经济提质、增效、降本、绿色与安全发展。

在工业互联网的逻辑和技术层面，“链网协同”是一个较好的思路。“链”指区块链，提供了安全、高效、可信的技术方法，为解决机构与机构、人与人、设备与设备之间高效协作带来机遇。“网”指互联网和工业互联网，采用树状层次化治理架构搭建的国家顶级节点网络标识解析体系，为万物互联提供解决方案。

但由于单纯的“网”往往存在一定安全可信风险，因此，链（区块链）网（互联网、工业互联网）协同的趋势逐渐拓展开来。加快区块链与互联网、工业互联网深度融合，有利于实体经济提质增效，构建“诚信产业环境”，推动我国经济体系实现技术变革、组织变革和效率变革。

例如，“星火·链网”作为国家区块链新型基础设施，自2020年8月启动建设以来，在推进区域数字化转型的探索上发挥了重要作用。“星火·链网”是在工业和信息化部的指导与专项支持下，由中国信通院牵头，联合北航、北邮、中国联通等多家企事业单位建设的国家区块链新型基础设施，是为持续推进产业数字化转型、推动数字资产价值化、利用区块链自主创新能力而谋划布局的新型基础设施。作为国家区块链新型基础设施体系，推动“星火·链网”体系的建设对于我国持续推进产业数字化转型、实现数字资产价值化、支撑数字经济发展具有重要意义。

2018年11月，工业互联网标识解析国家顶级节点在武汉光谷正式上线。2021年11月，“星火·链网”武汉超级节点率先在光谷上线，并开始面向全球提供服务。光谷坐拥顶级节点和超级节点两大标志性网络枢纽，日益成为服务湖北、覆盖华中、辐射全国的工业互联网产业集群的数据融合枢纽。顶级节点加速发展，标识解析发挥实效。经过三年发展，该节点累计标识注册量超72亿，在省内建成12个二级节点，应用覆盖汽车制造、工程机械、电子信息制造等湖北“51020”现代产业集群一半以上行业，已初步实现“有体系、有流量、有应用”的布局目标，光谷企业积极参与工业互联网标识解析建设，工业互联网标识赋能产业数字化转型效能逐渐凸显。

工业互联网标识解析体系解决了身份识别和数据共享的问题，区块链则为数据上链后形成连接秩序提供重要机制和手段，是形成工业互联网中数字生产关系的关键。作为国家区块链与工业互联网新型融合基础设施，“星火·链网”基于现有国家顶级节点，以工业互联网为主要场景，以标识这一重要数字资源为基础，以区块链技术为自主创新，并将与芯片技术、人工智能结合发展，为数字化转型升级提供可持续战略支撑。“星火·链网”相当于为光谷搭建了贯通全球的数字高铁，产业数据通过星火·链网进行连接，从确权到交换，从资产化到价值实现，都能得以体现。

再如，2022年6月8日，“星火·链网”超级节点（重庆）正式上线发布，标志着重庆超级节点正式上线运行并开始向全球进行服务。“星火·链网”超级节点（重庆）已于2020年9月正式签约，是全国首个落地的超级节点项目。经过一年多的开发及建设部署，重庆超级节点正式上线，丰富了重庆数字经济产业生态。重庆在建设超级节点的同时，也在积极支持、鼓励各行业建设“星火·链网”骨干节点。目前，重庆电信、纸贵、亿利等骨干节点已通过建设评审，推动区块链产业基础进一步完善，赋能重庆实体经济产业级应用，加速培育数字经济的新生态体系。

通过近些年的发展，我国在工业互联网布局和技术领域已经取得了较好的成果，在工业互联网的应用领域也取得了长足的进展。如工业互联网赋能园区数字化转型、工业互联网赋能特殊行业场景等。

例如，作为巴南工业经济的主战场，重庆数智产业园以科技创新为引领，建设了全国首个工业互联网标识解析（园区型）二级节点，围绕信息化融合应用，以“智转数改”赋能产业发展，推动传统制造业企业从制造迈向“智造”。

园区依托工业互联网标识解析（园区型）二级节点、智慧园区平台、普洛斯腾龙5G软件服务云中心打造工业互联网基础平台及应用平台，围绕园区企业发展痛点，解决标识各异、信息未共享公用、信息资源分散及信息滞后、设备庞杂、系统间各自独立、跨系统间联动不易、运营效率低下等问题，以智能装备制造、消费品工业等3大产业为核心服务对象，构建四项服务体系。

一是构建“节点服务体系”。以统一的公共服务平台为中枢神经，实现企业、园区、政府侧数据的自动接入；基于园区业务特征对底层数据进行分类处理、数据建模和数据应用，打造数据全生命周期的整体闭环，彻底释放数据生产力。二是建立“产业服务体系”。以工业互联网赋能园区管理者和区内中小企业，实现面向政府和企业两侧的多个应用场景和数字服务的创新，提供企业数字化转型的工具、方法论，提升园区治理水平和整体运行效率。三是打造“应用研发体系”。导入工业操作系统关键技术和开放生态并带动持续创新，协作探索数字化转型路径，将工业应用开发化繁为简。四是完善“要素服务体系”。通过赛事、培训、标杆推广等活动推动工业互联网下沉，形成人才、技术、数据等全要素融合的合作共享体系。

再如，为落实国家部委《三年行动计划》要求，2021年8月6日，由工业和信息化部、应急管理部、国务院国资委组织召开的“工业互联网＋安全生产”油气管道行业试点启动会在国家管网集团总部召开。自此，国家管网集团联合中国工业互联网研究院和中国安全生产科学研究院，在有关部委指导下开展“工业互联网＋安全生产”油气管道行业试点示范，推动实现我国油气管道基础设施安全管理数字化，提升管网安全水平。为此，中国电子为国家管网打造了智慧平台。

按照应急管理部等部委相关要求，结合油气储运安全生产实际，梳理工业互联网 + 安全生产应用场景，形成了涵盖工程建设、生产运维与安全环保等方面的完整场景体系。聚焦部委关注，在设计阶段固化安全设施设计标准，辅助形成路由报告，在采购环节重点关注设备设施检测检验报告；在生产与安全环保领域，建设隐患与风险管理场景，将隐患数据上传至应急管理部系统，通过接口获取应急部提供的灾害预警信息、应急资源信息、第三方施工信息。在企业层面，根据企业业务特点，开展外业数字化、智能工地、生产安全监测、设备远程监测诊断等应用场景建设。

平台建设坚持试点先行，在试点中不断总结经验并进行完善提升，使之具备在国家管网内部和油气储运行业进行推广应用的条件。截至 2022 年底，已在隐患管理、线路安全预警、现场管理、工程 HSE 管控等 4 个重大应用场景下建设了一系列数字化应用，在 LNG 接收站、城市燃气、危化品储运设施等建设和运营上具有较强的可复制性。

如在隐患管理场景上，通过梳理油气储运设施风险及隐患判定和分级管理标准，建立了隐患数据全类别模型（含 3 大类 24 小类），支持从总部到基层站队完成隐患发现、报告、指派排查、整改和确认的闭环管理流程。通过隐患管理平台实现了输油气分公司、地区公司和集团公司的隐患管理一本账，实现了隐患治理全过程的监管和进展的动态跟踪。

在线路安全预警场景上，一是对于高后果区进行多源融合预警。利用机器视觉学习、国产智能识别算法的模型转换与量化、算力共享协商算法等技术，通过管道高后果区和高风险管段光纤预警与视频智能识别监控系统联动，对威胁管道事件进行多源报警确认。46 台设备在 1 年内共计捕获 31279 次告警信息，准确率 96%，节省了 1200 万元的人工巡护成本。二是管道沿线地质灾害监测预警。构建覆盖管道沿线上百个关键风险点的监测网络，通过监测设备快速感知、实时监测地质灾害发展过程与管道状态，运用自主知识产权模型及分析算法，预警并将预警信息推送至移动端，支撑“采集—分析—预警—处置”的地灾防控业务流程落地，实现地灾全生命周期管理，提升了油气管道风险防控能力。上线一年内成功预警大小地灾 533 次，包含 8 次较大管道沿线地质灾害，通过有效处置措施，及时消除了管道安全隐患。

三是推广使用管道自爬行内检测机器人。利用自爬行监测技术和高灵精度传感器、惯导系统，研制管道自动力爬行智能测径—惯性测量组合式检测器，实现新建管道投产前几何测径检测及中心线测绘。简化了现场作业流程，缩短近50%的检测工期，检测效率、监测数据质量合格率得到了提高，降低了现场操作管理难度，提高了管理质量；创造了明显经济效益，切实降低了检测费用，每一公里检测费用节省3700元。四是环焊缝质量风险排查数据收集管理。平台上线后收录几百万道X65及以上钢级环焊缝的海量字段属性信息，包括已开挖复检管道，以及针对发现的不合格口及确定需要修复口进行预警修复。用户可按照权限对环焊缝属性进行查询、修改、删除等操作，平台可自动记录相关修改过程。五是构建智能阴极保护平台，实现测试人员位置与测试桩位置自动校核，日常阴极保护测试数据自动图像识别上传、存疑数据校核与复测、数据分析与预警等，实现了阴极保护日常工作的数字化管理。

在现场管理场景上，一是构建维检修安全作业管理平台。利用大数据、物联网、AI等技术，实现“9+1”作业流程数字化，解决作业票审批流程长、烦琐，高危作业的JSA分析不到位，作业交底不严格，作业条件确认不到位等业务痛点，全面提升作业效率和本质安全水平。二是引入LNG接收站挂轨机器人。利用挂轨机器人搭载模块化传感器，应用图像采集识别、激光光谱检测和红外热成像监控技术，实现对人员不安全行为、可燃气泄漏、设备异常高温或火灾等隐患实时监测，试运行4个月内累计发现人员未佩戴安全帽8次，红外热成像高温报警2次，激光监测泄漏点6次。三是构建管道作业区智能管理平台。作业区智能平台自动采集SCADA系统、输油泵状态、压缩机状态等各类生产实时数据，通过工业网闸、4G/5G/Wi-Fi等传输通道汇聚到平台，同时将报警数据推送至移动端实时提醒，便于及时应对处置。通过AI智能识别、人员行为识别（工装、工帽识别）、可燃气探测、油品泄漏监测、火情监测、人员定位、周界安防等工业物联技术对站场进行智能化改造，提升站场风险感知和管控能力。通过作业区智能建设，增强了终端感知能力，实现了数据的自动采集及36类业务数据自动汇聚，实现了作业区所有表单电子化，打破现场管理的时间、空间限制，提高了作业区工作效率。

在工程HSE管控场景上，通过构建智能工地应用，实现工况数据自动采集分析。在工程HSE管控场景中，结合在建项目管理需求，依托视频监控及智能行为分析、施工工况参数自动采集分析、机组GPS定位、人员机具图像识别、二维码应用、无人机建模等智能化技术手段，强化工程项目施工现场的安全管理和控制。利用传感器和无线传输模块，自动采集电压、电流、送丝速度、喷砂压力等工况参数，结合施工工艺规程，对超限参数进行预警。对自动采集工况数据进行分析，通过采集数据生成数据分析报告，集成PIM系统，对设备开机状态、超限报警、热输入值报警、数据完整性、进度真实性进行管控，辅助提升施工质量。

第 10 章　国企数字化转型的组织重构与生态建设

10.1　数字化转型的组织重构

前文指出，对任何企业而言，资源是支持企业运行的基本要素。如何对企业需要的各种资源进行有效整合和利用是实现企业价值创造的根本。这一问题体现在企业外部就是外部供应链的建网、管网和用网的内容，体现在企业内部就是内部供应链的建网、管网和用网的内容，也就是企业内部组织的构建、管控和运作的问题。

在数字经济环境下，因为有数字技术的支撑与赋能，不论是企业外部组织还是内部组织的构建、管控和运作实际上都要受到新技术的影响。如企业通过数字化转型打造出超柔性的资源跨界、融合、链接、共享、共创的生态组织，打造智慧供应链（物流）系统，构建超智慧组织体系等。

例如，云南省建设投资控股集团有限公司引领创建的“云上营家”生态化供应链平台，集成采购、营销、物流、支付、关务、溯源六大模块功能，构建智慧供应链生态系统，实现商贸全流程在线、物流全链条可视、资金全环节监管、信息全方位共享、服务全天候保障的五大目标。构建起报关报检一站式数据通关平台，为跨境物流平台建设提供全天候、智慧化解决方案。

因此，我们需要探讨，在数字经济环境下，企业通过数字化转型搭建企业内外部组织架构的基本逻辑是什么，以及如何通过数字化转型做好组织重构等。在此基础上，对于国企的数字化转型，其组织架构的变革问题也应该在有关国家政策的指引和规范下，有针对性地进行探索与尝试。

>>> 组织重构的逻辑

以下我们用最简单的例子来研讨在数字经济环境下，影响企业组织架构设计的主要因素到底是什么。

例如，在数字技术支撑下，很多传统的线下教育培训课堂可以方便地在网络平台上进行（如通过腾讯会议、ZOOM 等平台上课等）。如果从本书所提出的“三大法宝”的角度衡量，这种线上授课方式不论从授课的便利性、传播的广度、授课内容的多样性和丰富性、良好的记录性，以及较低的成本（时间、空间、交通、机会成本等），较好的时间交付性等方面都给供（培训方，如教师、专业机构等）需（学习方，如学生、学员、职工等）双方带来了较好的价值，同时也在一定程度上给社会创造了价值。如在特定环境下，当线下授课受到一定制约时，这种授课方式可以较好地解决教育间断性的社会问题，节约了线下社会资源等。

这时，我们来看一下该线上教育模式下的组织架构。

如图 10－1 所示，我们比较了两种不同的线上授课模式下的组织架构：一种是图 10－1（a）所示的单纯听课和互动交流模式；另一种是图 10－1（b）所示的听课、互动交流再加分组研讨后汇报的模式。

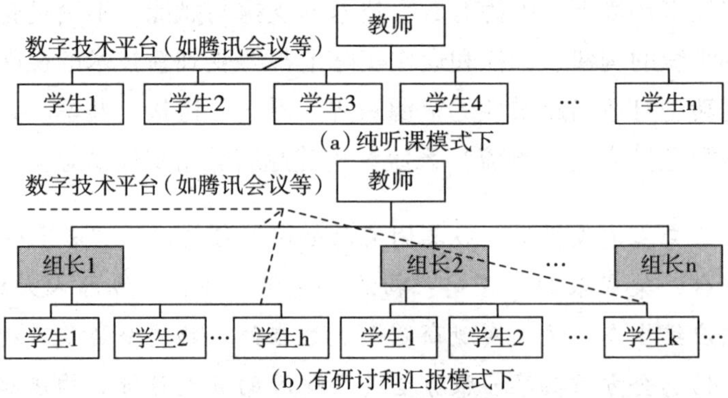

图 10－1　数字经济环境下不同功能的组织架构比较

显然，在图 10－1（a）所示的单纯听课和互动交流模式中，只要数字技术（数据技术、网络技术、计算技术等）允许，同时听课学生的数量就可以不断地扩大，这时，组织是扁平的，在教师和学生之间无须再有中间层级出现。

但在图 10－1（b）所示的听课、互动交流以及分组研讨及汇报模式中，就必须在教师和学生之间再增加一个层次，也就是组长层次。

我们来思考一下，这个组长层次是否能够用数字技术替代，进而进一步让组织架构扁平化？目前来看是非常困难的，除非我们能够开发出与“组长”在组织研讨和汇报活动中能力一样的智能设备（如人工智能机器人等）来充当组长的角色。但就目前的技术水平而言，还需要进一步研究和开发。

通过上述的小例子可以看出，在数字经济环境下，企业的组织架构是否都可以进行完全的革命性重构（如所有组织都向完全扁平化方向发展，或者全部采用“阿米巴”的组织架构模式等）并不能一概而论。通过上例可以分析出，影响组织架构的因素主要有两个：一是技术水平（包括相关设备、设施的科技创新水平和数字技术水平等）；二是组织架构要实现的功能。显然，组织架构要实现的功能，是由其目标（干什么）决定的，而目标是由企业的战略决定的。

10.2　数字化转型组织重构的 8S 方法

根据上述分析可知，影响组织架构的因素主要是技术水平和组织架构要实现的功能，而功能又是由企业战略所确定的目标决定的。因此，这里提出数字化转型组织设计的基本方法：

（1）根据文化引导战略、战略指导组织的逻辑，通过战略目标的分解，明确组织的目标。也就是要“明确目标”。

（2）按照组织目标设计组织的层级，同时设计各层级中各职位（岗位）的功能（包括责、权、利等）。也就是要“划分职位”。

（3）考察数字技术及其关联技术的功能是否能够替代某职位的功能。也就是要“考察功能”。

（4）对能够替代的职位，用数字技术及其关联技术进行替代，同时对技术进行优化。也就是要“替代职位”。

（5）对不能用数字技术及其关联技术替代的岗位，仍需要用人工，但应考虑组织方案的优化（其中也包括采用技术手段进行支撑的问题）。也就是要“优化方案”。

（6）根据上述分析结果，综合考量后设计组织结构。也就是要“设计组织”。

（7）在综合考量企业的整体组织架构设计（包括对外部组织功能的衔接）的基础上，架构数字化系统（包括对数字技术及其关联技术的衔接）。也就是要“架构系统”。

(8) 将上述组织结构方案落地实施，并不断反馈和持续改进。也就是要“持续改进”。

本书将上述8个步骤的方法命名为“企业数字化转型组织设计8步法”(8S－OD) (8－Step Organizational Design for Enterprise Digital Transformation)，即“明确目标、划分职位、考察功能、替代职位、优化方案、设计组织、架构系统、持续改进”，如图10－2所示。

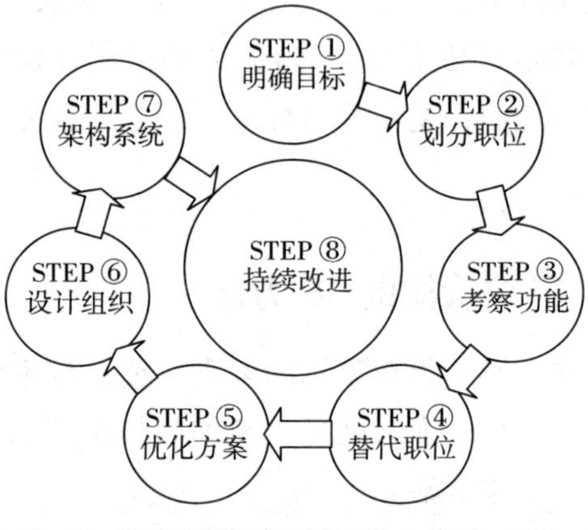

图10－2　数字化转型组织设计8步法(8S－OD)

10.3　超柔性组织的构建

上述企业数字化转型的组织设计方法主要是针对企业的“人力资源组织架构”来探讨的。从整体范畴来看，企业的资源种类众多、数量庞大，特别在数字经济环境下，数据也会作为一种重要的资源出现（一般来讲，企业积累起来的有价值的数据往往又被称为“数据资产”）。针对企业众多的资源，如何进行合理组织与利用，实现“正确地做，正确的事”，是企业数字化转型“组织”构建时需要考虑的重要问题，因为“组织”的对象就是企业中的各种资源。

>>> 超柔性组织的资源划分

众所周知，不论是在传统环境下还是在数字经济环境下，一般来讲，企业中的资源从功能角度划分主要有业务资源（如人员、物资、土地、物业、设施、设备等）、资金资源和信息资源。在数字经济环境下，信息更大程度上以数据的形式表现，因此，企业关注的资源主要包括三类，即“业务资源、资金资源和数据资源”。

前文所述，数字经济环境下企业的经营管理更加显示出一些新特征（如精准、跨界、融合、参与、链接、共享、共创、生态等），这些特征表现在不同的供需关系上，必然以个性化的形式体现（如个性化的需求和个性化的供给）。因此，企业在资源整体的组织和利用上必须考虑的一个核心问题就是如何提升资源配置和利用的“柔性”（灵活性），进而实现供需双方的“个性化诉求”。因此，对于企业而言，如何通过数字化转型构建一个非常柔性化的组织至关重要，本书称之为“超柔性组织”（SFO）（Super Flexible Organization）。当前，有些国有企业已经在柔性供应链组织架构的变革方面进行了探索。

例如，四川华西集团有限公司引领创建的四川华西集团数字建筑供应链平台，集供应链咨询、平台建设、运营和供应链集成等功能于一体，以物联网、云计算、大数据等技术为支撑，深度、跨界整合采购方、供应商、物流仓储、金融企业、行业协会等采供应链上的用户需求。建成以来，已入驻建筑企业 50 家、供应商 10 万家、大型金融机构 10 家，实现交易额超 1200 亿元，每年为采购单位提供寻源服务超 13000 次，为包括央企、四川省属国企、四川地市（州）国企、民营企业等在内的多家各类规模企业提供数字供应链服务。

>>> 超柔性组织的架构关系

一般来讲，“超柔性组织”的架构关系可以简单表示为图 10－3。在该组织中，各类资源应该动态地存储在资源层的资源池中，价值活动单元是资源的动态组织单元，不同价值活动单元的活动形成了不同产品/服务的组合类别，进而为客户和企业创造不同的价值。

例如，在数字经济环境下，传统大型超市的经营模式逐渐向新零售模式转变。消费者既可到店购物，也可以要求对食材进行当场加工和堂食，还可以实现门店附近×公里范围内××分钟送货上门。所有这些服务都可以当场线下或在对应 APP、自助设备下单结算。可以说，这种集线上、线下购物结算、商品零售、食材加工、餐饮服务、外送服务以及其他惠民服务等于一身的跨界融合模式已经是当前商超转型的一个方向。

同时，在数字经济环境下，由于有互联网的广泛连接和精准的企业内、外部环境以及客户需求/参与大数据的有力支撑，企业可以方便地实现跨界、融合、客户深度参与的个性化定制模式（前述章节阐述），而不仅仅局限于传统单一行业内产品/服务的定制。这种新型的定制模式也对企业组织架构的“柔性”提出了新的挑战，企业必须构建“超柔性组织架构”才能进行有效的支撑。

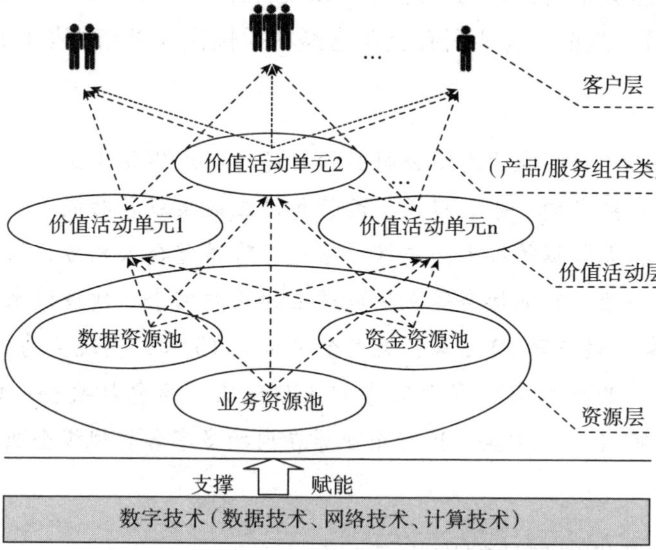

图 10－3　数字经济环境下的企业组织架构

例如，对于某养老院而言，基于互联网和大数据的分析很容易实现给不同老年人（或不同群体）提供精准的个性化养老组合服务。每个养老服务组合中都可能包括服务层中的医疗、餐饮、娱乐、康体、情感等多项服务。服务的提供，可能需要调用资源层中若干不同种类和数量的跨界资源。比如，某老年人想到院外用餐，必须调用资源层中的外部饮食资源和出行资源才能实现等。为实现这些服务需要构建的“超柔性组织”如图 10－4 所示。

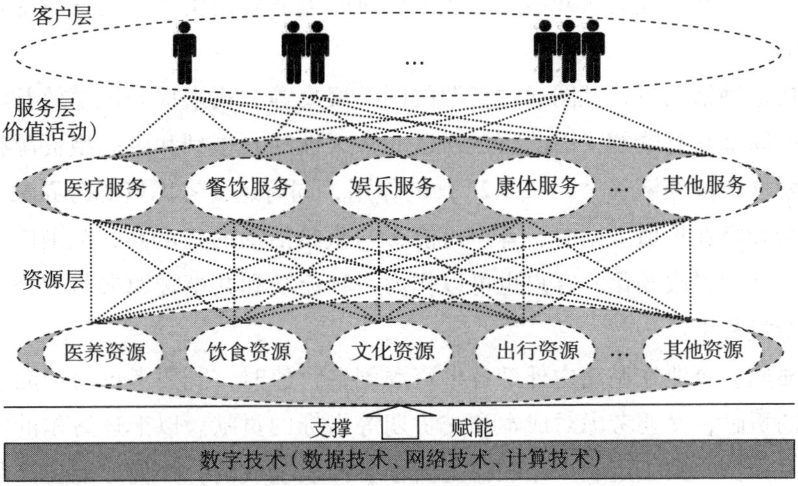

图 10－4　数字经济环境下的养老企业组织架构

10.4　数字生态场景（组织）打造

从前述章节海尔的跨界—融合—客户深度参与（TIPC）模式的例子可以看出，海尔将产品拆解成了不同的模块进行开发和竞标，这样做有什么好处呢？这里，我们从企业组织的角度分析数字生态场景（组织）打造的必要性。

本书前文指出，企业数字化转型要全面考虑三个层面的转型问题，即战略层（方向）、组织层（资源）与运作层（业务）的转型。无论是对传统的 MC 模式还是对 TIPC 模式，都需要探讨组织层面和运作层面如何支撑的问题。

组织层面和运作层面考虑的问题本质上也就是企业如何建网、管网、用网来进行战略定位的实现问题，最终衡量其好坏的无非是效率和效果。换句话说，将来如何衡量企业内、外部资源运行得好与不好，还要从“三大法宝”的角度来看待该资源是否能够很好地创造出价值。

对于数字经济环境下的企业经营管理模式而言，不同客户在不同时间点的个性化需求的内容和程度不同，每项跨界产品/服务组合在不同时点的提供都需要若干不同种类和数量的企业内、外部跨界资源的支撑，而由于企业资源和业务模式的复杂性以及供需关系的交叉关联性，不同的生产/服务活动往往需要并行或交叉开展，因此不同时间点需要使用的不同资源都是非常动态的。

在这种情况下，试图通过资源的同类聚集等方式来提升规模效益的可能性和空间都是有限的，因此需要通过非常柔性的共享型和生态型资源整合方式来发挥范围经济（“1+1>2”）的作用，同时还要考虑资源跨界融合带来的间接和潜在价值。同时，客户可能参与供给活动的程度高、范围广，使得供需之间的界限弱化，客户也可以作为一种流动和共享资源参与到企业资源的供给过程中。

显然，企业在调动内外部各种资源创造价值时，既要考虑对产品质量等指标的贡献，又要考虑对成本和交货期等指标的贡献。以上述海尔的定制空调产品为例，由于定制产品往往是由很多模块组成的，如何才能让产品更好地满足客户在质量、成本、交货期等方面的个性化诉求，需要通过划分模块来探讨。划分了模块之后，可以更好地把可整合资源范围内围绕某一模块的专业性资源更好地调动过来，不管是人的、财的还是物的资源。本质上来讲，将产品或服务拆解成不同的模块进行开发和竞标，本身就是寻找具有最优价值的资源的过程。

比如，针对送风模块，可以通过竞标将可整合资源范围内所有围绕送风模块进行研发的、设计的、生产的人员等有效整合，来突破技术难题。不仅解决了交货期的问题，也可以通过竞标找到成本合理的资源，同时又解决了质量（无电机送风实现低噪声）的问题，最终选择出价值最合适的资源。

因此，为实现这一目标，企业需要搭建一个开放的生态平台（场景）来实现资源的共享与跨界融合。因为不开放就不能实现跨界，也就不能融合其他资源。同时，如果没有开放的平台，消费者也没有办法参与进来。因此，必须搭建一个开放的生态平台才能解决产品开发时资源的跨界、融合和客户参与的问题，才能更好地实现资源的共享。

>>> 打造数字生态场景（组织）

打造数字生态场景（数字生态组织）本身也就是如图 10－3 所示超柔性组织的扩展性要求和体现，如图 10－5 所示。在资源层面，不论是业务资源池、资金资源池还是数据资源池，其中的资源都应该包括数字生态场景中的所有企业内部资源和外部各主体的对应资源。

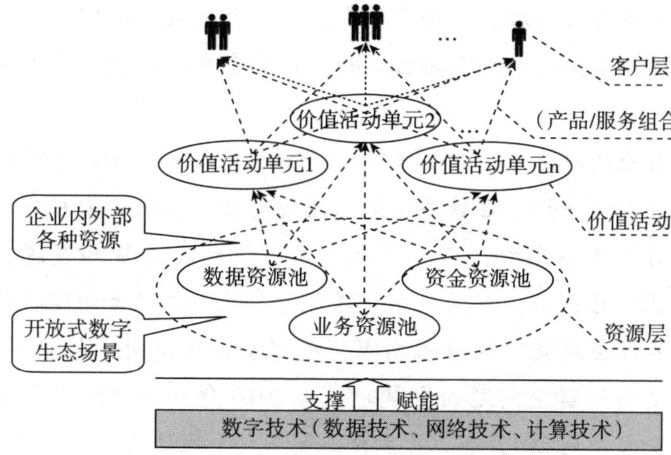

图 10－5　数字生态场景（组织）打造

数字生态场景（组织）本身应该是一个开放的系统，但并不一定是一个完全开放的系统。特别对于国企而言，其数字生态场景（组织）的开放程度是受到很多因素影响的，这是由国企在国家经济和社会运行中的定位决定的。

例如，云南建投物流公司打造的“云上营家”生态化供应链平台。通过该平台，该公司香丽片区负责人就可以在昆明的办公室开始远程办公，10 余个项目、30 多批工程物资订单信息就展现在眼前。这位曾经要常年扎根一线、每天得在香丽项目沿线奔走 140 余公里的建材“大管家”，现在可以随时随地开启“云办公”模式了。同时，远在 630 公里外的香丽高速项目现场，项目材料主管一边协调吊卸刚刚到场的工字钢，一边可以掏出手机确认收货。

建材物资采供，是施工建筑行业的“大后方”。在项目工地，采购一批大宗建材物资曾经需要经过线下招投标、签订合同、提报物资需用计划、采购下单、厂家配货、物流运输、在途监控、收货验货、支付对账等冗长的环节，耗时耗力。现在这些环节都能在“云上营家”平台完成，数字化平台成为保障施工项目“大后方”的操盘手，节省下的是大量的人工和时间成本。

在 2017 年平台上线之前，不同批次的物资会不定时运输到项目驻地，管理人员还得亲自跑到现场去收货、验货。慢慢地，集团和公司业务量攀升，给公司内部管理和服务水平都提出了更高要求，人海战术行不通了。业务员们对接的项目与日俱增，一个人得在几个州市片区内来回跑，如何用前沿科技来缩减这些翻来覆去的基础性工作，成为多年以来横亘在大家心头的期盼。

因为建筑行业的特殊性，“大而不优、多而不精”一直是建材采供领域避不开的窘境。而这一切，在数字化如潮发展的今天，从业者对建材采供领域技术攻关旷日持久的期盼，“人在家中坐”但却能“货知其流、物知所踪”的工作模式，已经成为现实。深耕建筑行业数十年，云南建投物流公司十分了解客户各业务场景下的核心需求，也深知传统建材采供业务的积弊。从数字化着手是公司解决问题的突破口。从2016年6月，公司开始着手研发数字化信息平台，到2017年7月平台一期正式上线使用，再到2020年12月平台完成新老系统更新，公司通过自主研发，解决了建筑行业“集中采购履约”“物流运输管控”“验收对账管理”全程供应链无缝融合的行业痛点，让管理人员从基础事务性工作中解放出来，把更多的工作重心用到市场拓展和探寻优质资源、优化管理流程、挖掘分析数据等更深层的业务中去。

一位拥有10年一线物资供应经验的“老兵”，在谈起平台时满是自豪，“我打个比方，如果简单量化一下工作量，以前我们纯靠人力，10个人每月负责5000吨钢材的保供任务还够呛；但现在不一样了，我们1个人每月负责1万吨的任务也绰绰有余，节省下来的时间还能挖掘新的客户资源。”

显然，“云上营家”生态化供应链平台的稳定运营是长时间数据沉淀和资源积累的结果。通过“云上营家”生态化供应链平台，云南建投物流公司不仅提升了数据掌控力，也进一步汇聚了上下游企业物资需求，整合了信息资源。通过数字积累和掌控，实现了超前分析钢材等建筑材料的市场价格走势，提前化解风险；加快上下游企业之间的业务协同；筛选出优质资源厂商和合作客户；及时发现管理漏洞，优化企业内部管控；等等。平台上下游客户也能根据自己需求，在平台上获取价格优、信誉好的合作伙伴，资源共享，实现互惠共赢。截至2020年底，平台入驻供应商近6000家、采购商7000余家、个人用户3.8余人，实名注册车辆2.5万辆、可调度驾驶员2.6万余名，实现总交易额近400亿元。

可以看出，数字经济环境下企业对资源最大的诉求就是“灵活”。只有灵活的资源，才能给不同客户提供令其满意的，具有“精准、跨界、融合、客户深度参与等”新特征的个性化产品或服务，同时企业也能够更好地将各类资源利用起来。所以可以这样理解，要想做好企业的数字化转型，必须把资源的灵活性调动起来。而资源的灵活性又体现在多个层面上。只有通过搭建开放的数字生态场景，才能更好地将资源在各层面的诉求立体化地关联起来，才能解决资源灵活性的问题。

因此，在数字经济环境下，对资源的组织和管理应该是一种动态、柔性、流动与共享相融合的生态组织和管理方式。

例如，江苏交通控股有限公司的路网协同指挥调度云服务平台是全国交通领域首创，基于互联网+、云计算和全新理念，以“云—网—边—端”新基建为技术底座，打造的扁平、敏捷、智能、高效云端数字产品服务平台。该平台通过协同交警、交通执法等路网管理与服务单位共建“路网运营生态圈”和“出行服务朋友圈”，联合公有云、导航、AI等产业链上下游合作企业共汇“智慧交通产业生态圈”，提升了路网管理的响应效率和协同能力，提升了公众服务的信息化水平。

再如，建筑行业，往往通过图纸进行工程对接，数据不互通、数字模型不接轨，会影响工程质量和效率。但是在武汉市江夏区新气象塔项目现场，施工人员只需要扫描作业点上张贴的二维码，就能看到一个三维模型。大到施工方案的选择，小到内部每一条电缆，全都清晰可见。2023年4月，中南建筑设计院启动改革重组，确定了以“新城建”对接“新基建”的发展方向，打造了国内首个建筑全生命周期管理平台，设计方与施工方共享三维模型，让所有环节摒弃纸质图纸，实现“一模到底、无图建造”。如果从设计再到深化设计以至全过程，传统的图纸有200公斤，可能需要一个小型的卡车才能运到。现在看不到一张图纸，从设计到施工是通过一个模型干到底，中间没有数据的中断，打破了设计和施工之间的数据孤岛，差错率可以减少60%，设计周期也减少了近30%。

2018年初，该院开发的全国首家工程服务互联网平台——大A工程网，即“1+N工程全产业链协同服务平台”上线，搭建起推动建筑行业转型升级的“双创”平台，推进工程业与互联网跨界融合。围绕当前建筑设计行业内资源流通壁垒，信息垄断、信息碎片产生的信息孤岛等现象，该协同服务平台形成以EPC（工程总承包）、PPP（政府和社会资本合作）等项目为轴线的全产业链资源库，以大数据应用、MR、物联网、人工智能等高新技术为支撑的战略智库，以自由在线装配为特色服务的协同服务库。现在平台已邀请了大量知名企业、国资平台、工程媒体入驻，打造资源互通，建设工程全产业链协同服务生态圈。

第 11 章　打造数字经济产业生态、赋能国企数字化转型

11.1　打造数字经济产业生态体系

党的二十大报告在“加快构建新发展格局，着力推动高质量发展”这一议题中明确指出，要建设现代化产业体系，要坚持把发展经济的着力点放在实体经济上，推进新型工业化，加快建设制造强国、质量强国、航天强国、交通强国、网络强国、数字中国。要加快发展数字经济，促进数字经济和实体经济深度融合，打造具有国际竞争力的数字产业集群。可以看出，加强网络强国和数字中国建设，加快数字经济发展是赋能实体经济发展、引领科技创新、推动高质量发展、推进中国式现代化伟大进程、建设现代化产业体系的重要途径。数字经济的发展与现代化产业体系的建设密不可分。因此，必须将数字化转型放到更大的范畴进行审视。

本书前述章节从几个主要方面分析了国企做好数字化转型的若干问题。但实际上，从大范畴来讲，单独从一个企业的角度探讨做数字化转型的问题往往是有局限性的。因为任何一个企业的经营管理活动必然要和其他的外部主体（如供应商、客户等）以及和该企业有关的各类社会治理主体（如党政机关、企业、社团、民间组织、媒体、团体组织等）相互关联。

如果不放在一个大环境下，我们是很难看出一个主体（如企业、政府、园区、城市等）数字化转型是否合适的。比如，一个小型的便民超市该怎么进行数字化转型呢？是否也需要像大企业一样花重金上一套国际知名的、复杂的信息系统？当然不是。实际上，由于人们（客户）都开始用手机支付了，超市首先应该上一套扫码支付系统，这样也就实现了数字化转型。因此，正像前文阐述的，衡量企业的数字化转型是否成功不是看用了多么“先进”的技术，也不是看花了多少钱，而是要解决企业的问题，给企业带来价

值，这时，必须从一个大的范畴角度才能梳理清楚，因为企业并不是自己一个个体在运转。

因此，企业的数字化转型必须放到产业生态这一大范畴，甚至更大的范畴来考察和规划，才能使其更加合理，如图 11－1 所示。

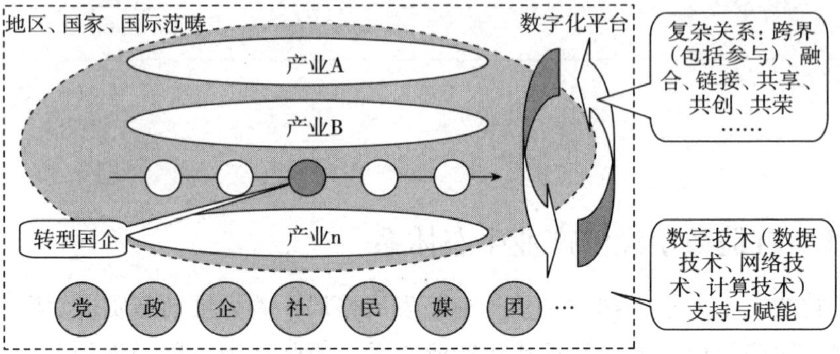

图 11－1　数字化转型的产业生态打造

可以看出，在国企数字化转型的过程中，需要从跨界（包括参与）、融合、链接、共享、共创、共荣等角度重新梳理自身所涉及行业与其他各个行业（产业）之间的关联关系，重新梳理产业主体与地区、国家甚至国际范畴各主体（党、政、企、社、民、媒、团等）之间的关系，进而打造出数字经济产业生态体系，逐渐培育数字经济发展的土壤。

打造数字经济产业生态体系时需要考虑诸多问题，比如，这些关联产业之间能否和如何产生跨界协同？需要什么样的逻辑、机制和数据、技术等作为背后的运行支撑？会给整个产业生态甚至社会带来什么样的价值？在理念方面带来什么样新的突破？等等。这都是企业数字化转型中值得探讨的重要问题。由于国企的特色和优势显著，往往在打造产业生态体系中可以发挥龙头地位的优势。因此，应该更好地发挥国有企业在打造现代化产业体系中的重要地位和作用，进而带动一个合理区域范畴内数字经济的协调发展。

例如，国家电网公司通过建设互联共享能源工业云网，赋能能源行业数字化转型升级。“能源工业云网”是国家电网公司“数字新基建”十大重点建设任务之一，定位于面向能源产业链上下游企业，充分利用现有工业互联网建设基础，集成内外部系统，通过平台复用、业务贯通、数据共享，实现资源整合、服务提升、相互赋能，构建互联共享、全域赋能的能源工业互联网生态体系，持续推动客户侧能源服务和供应链领域工业互联网发展，支撑能源领域数字化转型发展。

国家电网公司能源工业云网优势明显，依托创新的“电商工业互联网”新模式，拓展到智能制造、智慧交易、智能运维全业务链条，建设形成能源全域服务的新型商业模式。以平台的开放能力为支撑，打造强大的“能源工业社区”，提供制造、招采、电商等专业化协同服务，建立数字化改造、电商服务、物流配送、在线运维、数据变现、产业金融等价值驱动的新型商业模式，全面惠及能源行业产业链上下游各类主体。

再如，中国移动从2016年底开始打造“和家亲”平台，定位为“移动智慧家庭服务入口”，聚合终端软件、智能通信、智能连接、智能加速、家庭AI与安全等方面的核心能力，为生态伙伴提供全流程、一站式技术赋能、业务赋能与服务赋能，服务智慧家庭应用场景。重点围绕家宽、娱乐、教育、健康、养老、安防、社区、办公等场景，促进产品创新孵化、业务规模推广，为广大家庭用户提供优质的家庭信息化服务。

作为移动运营商，中国移动不仅开辟了和家亲的智能家居入口，还打造了多种AIoTel技术（智能物联网多媒体通信技术）应用场景，把产品和服务融入乡村振兴和基层社会智能化治理的探索和实践中，比如“平安乡村”工程就依托移动看家智能云平台，基于AIoTel、智能视频传输等能力，并与高校联合攻关智能编解码、QoE等关键技术，快速优化产品体验，通过自分享模式，为“村民—村委—政府”多级联动提供“智能云平台+安防设备+客户端+云存储/通信等服务”的一体化方案。

再如，中化集团的“小化加油”平台围绕油站业务进行数字化重构，以加油站和成品油零售企业为服务对象，以零售管理和营销服务为应用场景，打造了一整套具有中化油站经营管理特色的覆盖采购、配送、销售、库存管理和财务管理等油站业务的全流程数字化管理体系。该体系充分应用云计算、大数据、物联网、人脸识别、移动支付等新一代信息技术，实现多种智能终端设备与零售系统、会员营销系统的实时交换，并提供无感支付、身份识别、油品及非油品自助交易结算等功能，全面支撑中化自营站、合资合作站及加盟站等多种性质油站。

小化加油提供的解决方案涉及了集团公司、省公司、站级基础系统和C端客户，总部和子公司的零售管理系统中包含了主数据管理、供应商管理、商品管理、非油品管理、油品管理、结算管理、报表查询、发票管理等多个功能项，构建起系列核心业务构成的服务中台，匹配集成的、稳定的、反映历史信息的数据中台和实时连接云端服务器的智能物联系统，为中化能源整体业务数字化转型提供了有益的探索并起到了重要的推动作用。

只有通过包括国企在内的社会各方主体共同努力，打造出数字经济产业生态和现代化产业体系，才能更好地推进社会的全方位数字化转型工作，进而更好地实现《数字中国建设整体布局规划》中在经济、政治、社会、文化、生态等五个方面发展数字经济的核心目标。同时，部分非国有企业也通过参与打造数字经济产业生态，使自己的业务体系更加完善，使自己创造出更大的社会价值。

例如，润泽科技以数字基建助力产业数字化、数字产业化，不断夯实算力经济发展基石底座，助力数字经济高质量发展。润泽科技积极布局产业生态，以国家新基建、“东数西算”等产业政策为导向，完成京津冀、长三角、粤港澳大湾区、成渝地区双城经济圈、甘肃规模化数据中心布局，持续提升项目的规划设计、工程建设及数据中心运维的关键竞争力，打造稳定、安全、可靠、绿色的数据中心。

润泽科技在全国多地打造的智慧产业创新城项目，通过与地方政府协同，将基于数字技术支撑的现代供应链服务模式与地区打造智慧枢纽、智慧城市等契机相结合，有效探索出地区数字经济发展以及企业数字化转型的新模式和新路径。例如，将基于“新仓购+新融通”的衡阳现代物流商贸模式和基于“跨界+融合”的衡阳现代枢纽经济模式有效打通，同时将“惠工、惠农、惠民、惠企”的普惠事业与地区数字经济发展有机结合和联动，实现交通物流、产业创新与城市社会综合协调发展的高质量发展模式。未来，润泽科技还将依托自身在数据资源、基础算力、人工智能等领域的优势，开拓服务智能终端（如养老陪护机器人等）领域的研究和探索，更好地服务国家经济社会发展。

再如，由于数字经济发展需要考虑和处理好社会各主体之间的关系，更好地发挥各主体在助推数字中国建设中的作用以及协同作用（“1+1>2”），需要通过新模式的探索，搭建数字化产业生态，促进社会各主体的数字化转型。近年来，为了更好地展示我国数字化转型与数字经济发展成就，前瞻数字化转型未来态势，中国人民大学中国企业创新发展研究中心联合商务部投促局数字经济产业生态联盟、中央广播电视总台国际在线、中国航天科工二院党校等机构共同打造了“数字经济新时代——漫谈数字化转型”系列专题活动。系列专题活动通过走进地区、政府、企业、民众生活等不同场景，根据不同对象和场景的特点，以“沉浸式场景呈现 + 多形式内容展示 + 主题深度讲解与对话 + 发展机遇挖掘与前景展望 + 观众个性化参与 + 多媒体融合平台发布”等融合创新举措和形式，对我国数字经济的发展进行展示、解读和研讨，打造一个开放、融合的创新平台。系列专题活动已在中国航天科工二院党校、北京海淀（中关村科学城）城市大脑等单位成功举办。未来，活动也将走进更多的国企、央企，对国企、央企的数字化转型进行深度研讨和展示，助力地区数字经济产业生态的打造，助力数字中国建设事业。

11.2　数字化产业生态需要做好数字经济治理

从整个社会角度讲，在打造数字经济产业生态的过程中，一定要把数字经济活动的治理纳入数字经济产业生态建设当中。未来真正融合到一起的数字经济生态，将主要由产业互联网、消费互联网和治理互联网等多个互联网构成（当然也涵盖政务互联网、民生互联网等在内），如图 11 - 2 所示。这样才能把全方位、立体化、系统性的数字经济真正做好，这也是未来成功打造“超智慧社会”的核心思想。

本质上，“治理互联网”是一个大平台概念，在该平台中治理的主体是各类社会治理主体，如党、政、企、社、民、媒、团等，治理的主体翻转后也就是治理的对象。所以，治理是相对的，社会中的任何主体都有做好治理的权利和义务，也有做好自身治理的责任和义务。

由于治理的主体类别和数量庞杂，主体之间的影响、牵连和制约关系复杂，“治理”一般来讲是有一定难度的。作为数字技术的赋能场景之一，数字技术本身也应该运用于治理过程中。例如，通过数字技术（数据技术、网络技术、计算技术）对治理过程的赋能，可以实现人办不了的想办法交给技术办、人不好办的想办法交给技术办、人办的不理想的想办法交给技术办等目标。同时，通过探索和尝试技术治理手段，可以在一定程度上提升治理的效果和效率。

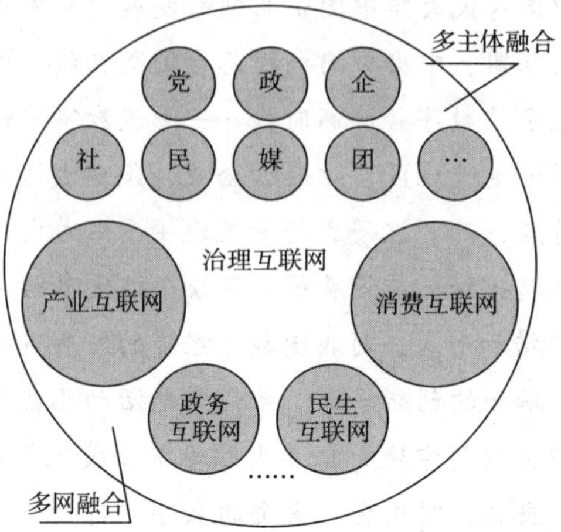

图 11-2　数字经济治理需要“多网融合”

例如，广州市海珠区经济大数据平台以新技术引领创新经济决策治理，对区域经济运行趋势进行分析和预测预判，既赋能了广州海珠区营商环境优化建设，也为区域高质量发展的精准决策提供了强有力支撑，进一步推动了海珠区的数字经济快速发展，也为数字政府建设提供了“海珠经验”。海珠区政务数据局积极发挥“数字政府”改革建设创新效能，率先开展数据治理打造全省首个“实时共享、智能预警、经济可视、核查移动”的经济大数据平台，为决策层把握经济态势、预测经济潜在风险、辅助经济决策提供有力信息技术支撑，提升政府数字治理能力，助力打造一流营商环境，推动经济高质量发展。

再如，中国建筑集团研发的农村污水治理终端设施数字化智能运营系统通过数字技术赋能乡村振兴和生态环境保护。农污治理智能运营系统的基础设施建设是系统平稳高效运行的基石。该系统基于物联网搭建的基础网络，运用云平台作为数据中心，辅以巡检智能装备，对现场污水治理终端进行自动化改造，并对现场进行安全防护。该系统采用混合云的部署方式，通过物联网技术，在将工艺、工况等数据资料进行采集、存储、分析的基础上，应用大数据技术进行清洗、存储、分析和展现，形成数据分析模型，精细化调整工艺参数和设备运行工况。系统还接入气象、水文、供水、供电等外部数据，能有效预测未来 2~4 小时流入污水关键指标。系统长期稳定运行沉淀的数据库可应用于同类农村污水处理项目，使数据成为核心资产。

可以看出，适时做好数字经济治理，对数字经济发展进行保驾护航是必要的，这也是整个国家经济社会协调发展的要求。

近些年，在数字经济的治理方面，对平台经济的治理无疑成了人们普遍关注的焦点。

11.3　平台的价值和平台经济治理

平台是数字经济的重要基础，平台经济是数字经济的重要内容。近些年，随着我国数字经济的不断发展，平台经济也增长很快，在取得了一定发展成果的同时，也存在着我们熟知的普遍性问题，比如用户隐私保护、数据安全、技术滥用、垄断扩张、扰乱社会资源分配等方面的很多问题。因此，近年来国家也相继出台了一系列组合拳进行平台经济和数据的规范和治理，如消费者信息保护、反垄断、反对资本无序扩张等相关举措，其目的是使平台经济健康发展，进而推动我国数字经济的持续健康发展。

本质上，平台经济和数字经济并不对立，从更广泛的角度来看，平台并不是数字经济的专属。平台是资源之间关系搭建的载体，是任何活动（也包括经济活动）开展的基础。在互联网没有出现之前，企业的经营管理活动也都是在平台上运行的。比如我们传统的购物中心、商场、交易会等，也都是平台。只是在数字经济环境下，有互联网等技术支撑之后，平台上链接的资源越来越多，关系越来越复杂而已。因此，平台是企业运行的基础，企业不可能离开平台运行。经济是创造价值的活动，平台经济是要通过平台这一载体使其链接的资源更好地创造出价值。

因此，判断平台经济优劣的根本，不在于平台这个资源组织的结构和模式，而在于是否能够让资源通过平台给供需双方以及其他社会主体创造出经济效益和社会效益价值。有些平台企业之所以受到人们的关注，是因为其在考虑创造价值方面不够全面，更多地考虑了自身的经济效益价值，而忽略了社会效益价值。

平台是企业运行的基础，也是数字经济发展的基础。未来，数字经济的发展逐渐由消费互联网向产业互联网推进和拓展，平台对促进实体经济发展、助力科技创新、引导资本脱虚向实等方面的支撑作用仍然会显现出来。在“十四五”期间，随着经济的数字化逐渐向政府的数字化、社会的数字化以及数字生态建设等全方位推进，作为基础支撑的平台也仍然要发挥出核心的支撑作用，否则，我们的智慧城市、智慧乡村、智慧政府、智慧园区、智慧金融、智慧民生、智慧交通、智慧物流等在脱离平台后都是无法运行和实现的。

数字经济要想发展，必须创新，一方面需要技术创新，另一方面需要场景和模式创新。技术、场景和模式的创新都需要平台及平台中各种资源的有效支撑。近年来，我国的数字经济发展取得了令人瞩目的成就。其中，一方面是技术上的成就，另一方面是模式和场景创新上的成就。本质上，平台经济是数字经济中的重要方面，更多地支撑着数字经济技术、模式和场景的创新。

从政府主体角度讲，对平台经济治理的难点在于平衡发展与安全、创新与规范、收益与风险等一系列有关对“经济”治理的本质问题。这些本质问题并非只适用于平台经济治理或者数字经济治理，而是适用于所有经济活动的治理。

从平台企业主体这一治理角度讲，从政治站位到自己未来方向的树立，再到模式的打造及技术的应用等多个方面都需要考虑。近些年平台企业的经营管理过程中之所以出现了很多问题，核心还在于没有厘清经济效益价值和社会效益价值之间的关系。不能单纯地从经济效益价值角度考虑平台的运作，更多的还是要从社会效益价值的角度来思考。正如本书前述企业数字化转型的系统框架所指出的，企业创造价值时必须考虑社会效益价值和经济效益价值两个维度才能全面。

未来，在推进国企数字化转型时，也可以考虑尝试平台企业的组织管理和商业模式。当前，国家鼓励国有企业并购整合，也可以向有价值前景的非国有平台企业投入资源。不论如何，平台只是资源的组织和管理模式，如何通过对平台的治理，利用好平台，发挥出平台经济的价值是需要思考的重要问题。

11.4 做好数字经济规划，打造产业生态

通过本章前述分析可知，做好企业的数字化转型并不是一个企业的事情，而是一个多方主体联动的打造数字化产业生态的过程。近年来，各地区［经济区域、省（区）、市、县等］都相继展开或准备开展数字经济规划与布局工作。各地区在进行总体战略规划时，能否将数字经济发展和规划列为

重点内容进行考虑和部署，能否正确、积极、有效地进行数字经济规划的落地，对于该地区能否给企业数字化转型提供必要的基础平台支撑具有重要的意义。因此，探讨合理的、具有系统性和普适性的数字经济规划框架来指导各地区做好数字经济规划具有重要的战略意义。做好数字经济规划对促进地区数字经济健康快速发展以及助力地区企业的数字化转型尤为重要。

例如，杭州市为深入实施数字经济“一号工程”，构筑新优势，2021 年 12 月编制了《杭州市数字经济发展“十四五”规划》（以下简称《规划》）。《规划》指出“十四五”时期，杭州作为全国数字经济最具先发优势的城市之一，积极抢抓“两个一百年”奋斗目标历史交汇期带来的重大机遇，加快发展数字经济，进一步重塑数字经济的产业链架构、产品和服务形态、商业模式和治理方式，以“国内国际双循环”战略构筑国际竞争新优势，不仅是顺应时代发展脉搏、展现“重要窗口”的“头雁风采”、争当全球数字经济排头兵的客观选择，更是争创数字化改革引领区、带动长三角区域数字经济加速发展、应对日益激烈的国际数字经济竞争的有为之举。

杭州市计划到 2025 年，数字经济进入跨越式发展新阶段，以数字化改革引领创新发展，数字经济系统建设不断完善，数字经济新型生产关系初步构建，数字经济生产力大幅提升。全市规模以上数字经济核心产业企业营业收入达到 2 万亿元，增加值达到 7000 亿元并力争向万亿元迈进，增加值占 GDP 比重达到 30%；数字经济总量占 GDP 比重高于全省 10 个百分点以上。数字经济“五地”建设取得突破性进展，数据要素市场改革有序推进，着力打造全球数字经济发展样板城市。

当前，我们还面临着数字经济相关基础设施建设不均衡不充分、数字经济与实体经济融合的深度和广度尚待提升、数字化治理模式尚待健全、数据要素价值尚待进一步挖掘等问题。长期以来，各地区在经济、社会、技术、文化等发展水平方面存在较大差异，社会治理水平和能力方面也存在较大差异，导致不同地区在上述这些问题方面表现程度也不相同，这些都是做好区域数字经济规划应该考虑的。

>>> 数字经济规划的总体逻辑

众所周知，从数字经济的本质来讲，精准、跨界、融合、共享、生态等是数字经济区别于传统经济运行模式的主要特征。理想状态下，要想在数字经济运行中充分发挥这些新特征的作用，其前提是全社会资源的互联、互通与相关数据的有效打通，真正实现“万物互联”。因此，在数字经济规划时必须从全社会一盘棋的角度考虑并进行统筹规划，才能真正实现社会资源的共享和优化，才能真正实现数字化生态系统的建立，实现现代化产业体系的打造。

做数字经济规划时，理念的创新必不可少。本书前述指出，如果认为搞“数字化”就是传统“信息化”的升级版，必然会将数字化平台打造为针对专一行业的技术支撑平台，难以发挥数字化平台在不同行业跨界、融合中的作用。因此，各地区在进行数字经济规划时，需要从新的理念角度进行突破，需要从数字经济运行模式的本质上进行转变，以便更好地发挥出协同效应。特别是要强调进一步发挥数字经济与实体经济的融合，拓展融合的深度和广度，实现经济社会高质量发展。

在进行数字经济规划时，如何进行数字化治理也是需要重点关注的方面。数据治理是用好数据、提高数据价值和提升数据运行效率的有效支撑。在进行数字经济规划时，考虑治理问题的关键在于实现治理的统一性和协调性。数据治理的统一性和协调性也反映在针对不同性质、不同发展程度以及对社会不同影响和作用程度的行业和领域上，解决对其数据进行规划、打通和治理的问题，是实现对全社会资源跨界、融合、共享、生态等特征的有力支撑。

再者，从传统常规规划来看，一般来讲，产业是区域（如地区、城镇等）发展的动力。传统的规划中，往往将重心放在“基础设施”的打造上，如老基建的水务、桥梁、高铁；新基建的通信塔、数据中心等，而往往忽视生活、人文与生态的规划，导致区域协同发展较为困难，这也是近年来尽管部分地区（如产业新城、园区等）硬件设施建设较好，但招商和人才引进困难的原因。因此，规划时，区域的经济功能与人文、社会和环境功能必须协调一致、统一规划，这是进行数字经济规划时必须考虑的重要方面。

为了更好地指导我国各地区（区域、省、市、县、园区等）进行合理的数字经济规划，本书作者于2020年提出了数字经济规划的系统框架（PPIGR－SLO框架）。该框架包括一个基础平台（P）、两个动力支柱（P）、三个融合与协同（I）、四个数字化治理（G）、四大资源支撑（R）、一个综合战略定位（S）、四个关联布局规划（L）以及一个运行规划（O）。

该框架包含了数字经济规划的内容设计、战略定位与落地两部分，全面系统地将数字经济规划所需的战略洞察、战略定位和战略执行纳入统一框架，为做好数字经济规划提供了有力的参考和借鉴①。

首先，该框架内容设计部分指出了在进行规划时，要考虑搭建功能完善的数字经济发展基础平台（政府管理数字化平台），这是保证数字经济运行的基础平台。

其次，要打造两大动力支柱，分别为数字产业化和产业数字化。数字产业化是将新兴的数字产业打造成支柱产业的过程，如贵阳市通过若干年的发展，已经基于大数据基础设施的建设和相关软件和硬件产业的发展，将大数据相关产业打造成了支柱产业和城市名片。而产业数字化，则是通过数字技术来改造传统产业，试图通过传统产业的数字化转型升级，将其打造成带动地区经济发展的支柱产业。任何地区未来的经济发展，必然要靠这两个产业来推动，只是需要根据实际情况进行比重的动态调整而已。

再有，各地区在进行未来产业布局时，必然要考虑各产业主体（行业）之间的跨界、融合、共享和生态等问题，特别是要关注新兴的数字产业和传统产业之间如何进行跨界、融合与协同的问题。这是因为传统产业的升级改造本身就需要新兴的数字产业进行支撑，反之，其也可以对新兴的数字产业进行有力的促进。

同时，由于以重大技术突破和重大发展需求为基础、对经济社会全局和长远发展具有重大引领带动作用、成长潜力巨大的产业——战略性新兴产业，是新兴科技和新兴产业的深度融合，具有科技含量高、市场潜力大、带动能力强、综合效益好等特征。因此，各地区在进行未来的产业规划时，也应该考虑战略性新兴产业的培育和发展问题。在国务院已认定的九大战略性新兴产业中，实际上既有和数字产业相关联的产业，又有与非数字产业相关联的产业。因此，各地区在进行未来产业布局和发展时，不仅需要考虑数字产业化和产业数字化之间的跨界、融合、协同问题，而且要考虑这二者与战略性新兴产业之间的跨界、融合与协同发展、创新的问题，这样才能更加系统、均衡地做好地区产业布局，打造出经济发展优势。

---

① 姚建明．数字经济规划指南[M]．北京：经济日报出版社,2020.

各地区在进行数字经济规划时，还应该重点考虑四个方面的数字化治理问题，即大数据综合治理，环境数字化治理，人口、社会、文化数字化治理以及产业跨界融合与协同创新的数字化治理。这是保证整个地区经济建设与社会协同健康发展，有效平衡收益与风险、近期与长远、局部与整体之间关系的基础支撑。

例如，基于 PPIGR－SLO 框架的理念，由中国人民大学中国企业创新发展研究中心（数字经济产业创新研究院）联合中国通信企业协会共同编制的团体标准《县域数字经济发展评价指南》已经于 2021 年正式发布。该指南对于我国县域数字经济的评价、规划及发展具有重要的指导性和参考性意义。

总之，只有各地区不断推进数字经济规划与落地，才可以为企业和其他社会资源主体之间打通相互关联的跨界、融合、链接、共享、共创、共荣的新型关系。这为有效构建数字化产业生态奠定了坚实的基础，进而才能真正实现企业数字化转型的有效落地。国企应该更好地发挥在打造数字经济产业生态中的龙头作用，与政府充分协同，发挥其在地区数字经济规划时的重要作用，助力地区产业协调发展，助力地区经济社会高质量发展。

第 12 章　做好国企数字化转型、创建世界一流企业

12.1　创建世界一流企业的核心是持续创新

党的二十大报告指出，要深化国资国企改革，加快国有经济布局优化和结构调整，推动国有资本和国有企业做强做优做大，提升企业核心竞争力。完善中国特色现代企业制度，弘扬企业家精神，加快建设世界一流企业，这为我国国有企业的改革与发展指明了方向。

2022 年 2 月，中央全面深化改革委员会第二十四次会议审议通过了《关于加快建设世界一流企业的指导意见》，标志着创建世界一流企业工作正式推进。2023 年 3 月，为深入落实中共中央、国务院关于加快建设世界一流企业的决策部署，在中央企业创建世界一流示范企业工作取得积极成效的基础上，国资委组织中央企业和地方国资委同步开展创建世界一流示范企业和专精特新示范企业“双示范”行动，进一步深入推进世界一流企业的创建。

国企、央企创建世界一流企业的核心是持续创新，在新时代的新征程中，通过数字化转型赋能国企、央企持续创新和提质增效是创建世界一流企业的必经之路。

习近平总书记在中央全面深化改革委员会第二十四次会议中强调，要坚持党的全面领导，发展更高水平的社会主义市场经济，毫不动摇巩固和发展公有制经济，毫不动摇鼓励、支持和引导非公有制经济发展，加快建设一批产品卓越、品牌卓著、创新领先、治理现代的世界一流企业，在全面建设社会主义现代化国家、实现第二个百年奋斗目标进程中实现更大发展、发挥更大作用。要推动国有企业完善创新体系、增强创新能力、激发创新活力，促进产业链创新链深度融合，提升国有企业原创技术需求牵引、源头供给、资源配置、转化应用能力，打造原创技术策源地。

可以看出，“产品卓越、品牌卓著、创新领先、治理现代”是世界一流企业的特征。作为国民经济的重要支柱和国家战略的重要承载者，国有企业不论是在经济价值还是在社会价值创造方面都应该发挥引领作用。对任何企业而言，要想打造出卓著的品牌必须依靠卓越的产品，而要想持续地提供出卓越的产品必须通过不断的创新才能实现，在创新引领方面，既需要包括产品的研发、工艺、设备等在内的技术创新，也需要包括文化、战略、组织、制度、流程等在内的管理创新。“创新领先”是建设世界一流企业、提高国企核心竞争力的前提和基础。企业进行持续创新需要动力，需要对内外部各类资源进行盘活和有效利用，在这一方面，推进国有企业现代化治理体系和治理能力的建设无疑是重要的保障。

近年来，很多国企、央企围绕建设世界一流企业进行了数字化转型的探索。

例如，中国铁路物资股份有限公司在进行数字化转型规划设计时，着重考虑世界一流企业建设问题。首先考虑将数字化提升到战略高度，加强顶层设计，绘好数字化转型路线图，实施“1256”战略，即围绕“一个核心”，就是以打造世界一流生产性服务企业集团为核心。目标“分两步走”，就是第一步完成公司数字化整体布局，在线“数字铁物”运转顺畅；第二步数字化能力持续完善，不断整合行业资源，构建良好数字生态。把握“五项原则”，就是以精益为基、创新为要、智能引领、数据赋能、自主可控为数字化转型发展原则。建设“六大平台”，就是建设轨道交通、智能物流、电商交易、协同工作、大数据、“铁物云”等平台，全面打造“数字铁物”。

在打造轨道交通数字化供应链服务平台方面，一是加强工业互联网、智能物联网建设，实现最后一公里服务的自动化、无人化，提升生产作业效率、降低安全风险。二是拓展燃油平台服务能力，部署汽配车辆实时定位、视频监控、电子铅封、电子流量采集应用，研制汽配安全监控大数据引擎和调度指挥管控平台系统。三是完善钢轨大数据分析体系，建立涵盖钢轨全生命周期、国内最全的钢轨运维大数据平台，开展智慧化运维服务，降低运维成本及运输安全风险。四是研究运用 RPA（机器人流程自动化）、OCR（光学字符识别）、NLP（自然语言处理）等自动化技术，推进招投标业务流程自动化。

在建设智慧物流平台方面，一是积极应用自动化技术改造物流基础设施，提高现场作业的自动化、智能化水平，提升工作效率，增强业务效益。二是大力推进“互联网 + 高效物流”行动计划，创新物流行业经营和服务模式，将各类运输、仓储等物流资源在更大的平台上进行整合和优化，扩大资源配置范围，提高资源配置有效性，全面提升社会物流效率。三是积极推进物流行业标准化建设，构建物流行业数据交换平台，实现企业间物流信息交互。四是应用大数据技术，推进应急物流体系建设，确保应急物资供应效率。

在建立大宗商品交易电商平台方面，一是建立大宗商品电商平台，依托终端市场及上游优势资源，加大钢材、煤炭、矿产品等现货经营、代采（销）业务经营开发，以平台为纽带加强上下游客户协同，逐步实施平台化发展战略，打造第三方大宗商品交易电商平台。二是拓展在线供应链金融服务，以平台业务为依托，引进金融提供商，开展融资服务，降低业务融资成本，扩展平台交易规模。

12.2　数字化转型赋能国企持续创新

国企改革三年行动收官之后，面对新的国际国内形势，需要探索如何深化国企改革，提升国企核心竞争力实现高质量发展的问题。2023 年 3 月 5 日的《政府工作报告》再次强调，要深化国资国企改革，提高国企核心竞争力。在新时代的新征程上，不论是建设世界一流企业还是通过科技创新打造企业核心竞争力，都应该通过持续推进数字化转型来进行赋能。可以说，数字经济发展是推动科技创新的动力，这是因为其兼具三个基本特征，即新颖性、长久发展性和广泛影响性。

从长久发展性来看，数字化时代是人类历史上的第五大变革时代，是一个新的时代。既然是一个“时代”，其发展必然是一个长期过程。从广泛影响性来看，数字化是未来较长一段时间推动各行各业以及人们生产生活方方面面持续变革和创新的动力，或者说是推动国家经济和社会全面发展的动力。

2021 年 3 月，《中华人民共和国国民经济和社会发展第十四个五年规划和 2035 年远景目标纲要》已经就我国未来数字经济的全方位发展进行了战略布局，将在经济、政府、社会、生态等方面全面推进数字化转型；2023 年

3 月，中共中央、国务院印发了《数字中国建设整体布局规划》，进一步对经济、政治、社会、文化、生态文明建设的全面数字化进行了战略部署。正因为数字经济具有长久发展性和广泛影响性，才能从全方位带动各行各业的转型与创新，才能赋能国企、央企提质增效创建世界一流企业。

本书前文谈到，在全面做好国企数字化转型时，要用数字技术（数据技术、网络技术、计算技术）全方位赋能国企的管理活动和业务活动，从而创造两个价值（经济价值和社会价值）。

对于任何一个企业而言，在新的时代和新的环境下，实现产品卓越、品牌卓著、创新领先和治理现代都离不开企业在管理活动和业务活动领域的持续创新，因此打造世界一流企业离不开企业管理活动和业务活动的持续创新。

用数字技术全方位赋能国企的管理活动和业务活动，本质上就是助力这些活动的持续创新，数字化转型是企业持续创新的实现抓手，如图 12 – 1 所示。

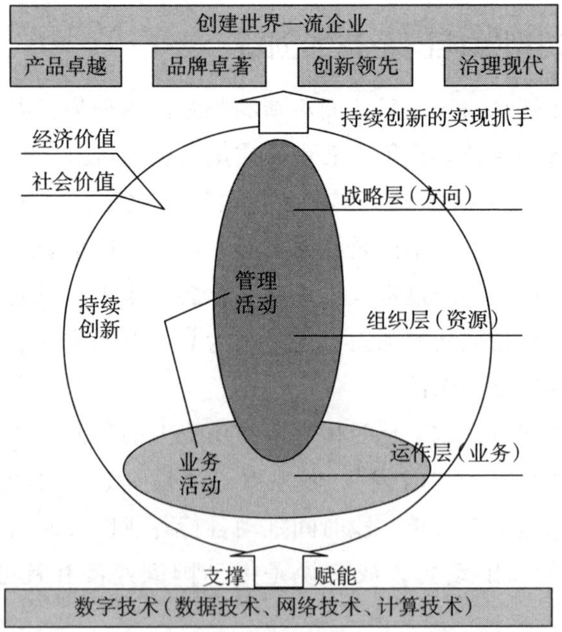

图 12 – 1　数字化转型赋能国企持续创新打造世界一流企业

>>> 在“万物互联”上多做创新

在这里特别需要指出的是，目前现实中很多领域的数字技术不论在硬件还是软件方面都还有很大的提升空间，有的技术还需要进行重点突破与不断完善。

可以说，在数字技术（包括数据技术、网络技术、计算技术等）领域及其关联技术领域的原始性创新和应用对于数字经济的发展具有重要的核心基础作用。企业不应该只关注于人们普遍知道的问题去解决（比如做超市的数字化转型，都知道在“结账”环节去做），更应该在现实中挖掘新的问题（比如关注如何实现超市“称重”的自助化等），这样才能拓展出新的业务增长赛道。

同时，正如前文所阐述，真正想要实现“智能或智慧”，其前提必须实现“基于数据的精准预测”。而要想实现基于数据的精准预测，其前提必然是“万物互联”（也包括对“人”的互联）。

这一前提不论是在智能制造还是智慧服务的过程中都是普遍适用的，因为如果做不到对任何活动所涉及资源以及对其有影响的环境因素进行“万物互联”，资源的相关状态数据以及环境数据就不可能得到及时、准确的获取，而没有资源相关状态的历史和实时数据以及环境数据作为支撑，对资源活动的“预测”就很难准确展开。

对企业数字化而言，“预测”如果做不好，我们的多数信息系统还将停留在记录、存储、分析和决策等“自动化”的功能上，上升不到一个真正的能够对未来活动进行合理决策的“智能/智慧”系统的层面上。

以制造企业为例，尽管当前已经有较多的 ERP 系统和智能管理系统（如 SAP 等），但距离真正意义上的基于“万物互联”的智能系统还有较大的距离。比如，在制造企业的采购、库存、加工、装配等过程中，每一个零部件到底该如何联网？如果每一个零部件因为体积小或者形状受限而无法联网，那么多少个零部件统一联网比较合适？多个零部件统一联网，其内部的关联关系数据又将如何拆解和计算？等等。

尽管在零部件的加工过程中通过目前可视化的监控手段可以对其进行跟踪、检测和检查，及时发现问题，但在仓储、运输、装配等环节，如果不能联网就不能进行全程的精准监控和动态跟踪，就无法真正实现全供应链的无人化智能/智慧生产。

这些问题的解决，也需要在数字技术的创新和应用方面加大力度，从硬件、软件以及其他资源支撑上探索新的解决途径。

例如，日照银行2022年落地了地方城商行的全国首笔原油区块链电子仓单质押融资业务。日照银行青岛分行通过国内领先的能源化工供应链数字化服务商66云链区块链数字仓单平台，为青岛泰和嘉柏能源有限公司提供仓单质押融资服务，办理该行特色数字供应链金融产品——“橙仓通”质押投放“橙信贷”1000万元，电子仓单质押货物为原油，应收账款为上游供应商沥青销售对应款项。66云链是国内能源化工供应链数字服务商，在为产业客户提供“车—船—库”数字供应链服务的基础上，衍生出“区块链数字仓单应用”：基于“车—船—库闭环物流数据”，以区块链、物联网等可信技术赋能可信仓库，由可信仓库开立可信数字仓单，真正解决交付场景下的货物确权难题，使得液化品数字仓单这个“提货权凭证”具备了参与金融应用的可能性。该项业务是日照银行首笔基于区块链、物联网技术的原油数字化电子仓单质押融资，标志着该行“橙仓通”+“橙信贷”数字供应链金融产品的灵活组合应用再上台阶，通过科技赋能盘活库区存货，通过创新产品服务产业链上的核心企业及上游供应商，实现金融活水精准滴灌实体经济发展。

从上述电子仓单的例子可以看出，尽管当前基于区块链技术应用的“电子仓单”为供应链金融服务的落地带来了效率的提升，但其前提是必须将仓单对象“资源”的数据准确地和平台系统衔接。在供应链金融服务的产业链条上，只要有“人”操作的环节，往往就是数据管理和治理的难点和风险点所在。因此，通过技术发展更好地赋能“万物（包括人）互联”才是数字经济真正落地生根的基础。

回顾2022年3月5日第十三届全国人民代表大会第五次会议上的《政府工作报告》对促进我国数字经济的发展明确提出：“要加强数字中国建设整体布局；建设数字信息基础设施，推进5G规模化应用，促进产业数字化转型，发展智慧城市、数字乡村；加快发展工业互联网，培育壮大集成电路、人工智能等数字产业，提升关键软硬件技术创新和供给能力；完善数字经济治理，释放数据要素潜力，更好赋能经济发展、丰富人民生活。”其中，核心提到了建设数字信息基础设施、提升关键软硬件技术创新和供给能力等重要信息，这为未来企业数字化转型中创新赋能的实现奠定了方向指引。

12.3　把握数字化时代新趋势、挖掘新机遇

前文指出，在未来新时代的新征程中，我国将在经济、政治、社会、文化、生态文明建设等各方面全面推进数字化转型，由此也给各行各业的企业带来了巨大的挑战与机遇。

››› 消费互联网向产业互联网转型过渡

前文指出，“数字化转型”是用数字技术（主要包括数据技术、网络技术和计算技术等）赋能各主体（企业、政府等）更好地创造价值的活动。是否能够创造价值是衡量各主体数字化转型方向与举措正确与否的唯一依据。

一般来讲，我们可以将数字经济的发展划分为上、下两个半场。在数字化发展的 20 多年的历程中，上半场更多的是围绕消费互联网领域的创新来进行的。消费互联网是面向终端消费者的数字化赋能模式，如电商、短视频、直播、社交网络、应用 APP 等。

显然，在消费互联网中，包括三大技术在内的数字技术是较为容易实现的，比如，从数据技术角度来看，当我们在电商网站上浏览、购物时，消费者的需求数据很容易获取到；从网络技术角度来看，当前，遍布全国的网络系统，村村通宽带，人手一两部智能终端，网络技术也较容易实现；从计算技术角度来看，经过 20 多年的发展，各行各业消费者需求数据的分析和挖掘，客户画像如何做，大数据营销如何做，甚至大数据杀熟的算法都较为成熟，因此，在消费互联网领域，三大技术都较为容易实现了。

但在下半场的产业互联网（包括农业互联网、工业互联网、服务业互联网等）发展中，与消费互联网的情况不同的是，消费互联网中涉及的环节往往较少，但产业互联网涉及的环节较多，既要考虑企业内部各环节的转型，又要考虑企业外部上下游各环节的转型，也就是全供应链和产业链的数字化转型。转型就是要用包括三大技术在内的数字技术对全供应链和产业链的所有环节进行支撑与赋能。

>>> 各领域全方位的数字化转型带来了巨大的机遇

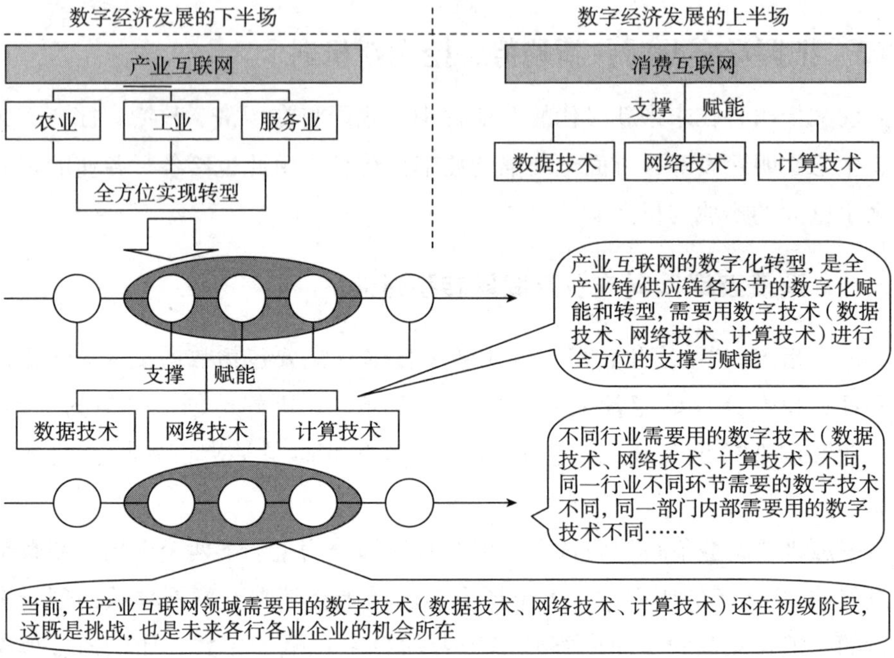

图 12－2　数字化时代的挑战与机遇

显然，如图 12－2 所示，在产业互联网的转型中，不同行业所用的三大技术是不同的，同一行业不同环节所用的三大技术是不同的，同一企业不同部门所用的三大技术是不同的，同一部门内部不同岗位所用的三大技术也是不同的。

而当前，在数字技术的三大类技术（数据技术、网络技术、计算技术）中，数据技术是首先需要进行持续创新和突破的。我们常说的“万物互联”实现的难点往往也是数据技术。如果各行各业各场景下不能准确、及时、动态地获取“物”（各种资源，也包括人在内）的相关数据并将其传到系统上，那么真正的“智能”和“智慧”就无法实现。

从当前数字技术的现状来看，首先，尽管数字技术水平取得了长足进展，但在各行各业的赋能中可提升的空间还很大，很多场景下的问题靠当前技术手段还没办法解决。以企业内部某一环节——档案管理为例，当前的数据技术水平尚不能有效识别出纸质档案的数据并自动将其上传到系统中；而在财务管理环节，当前多数行业还没有能够解决企业原始财务票据数据自动获取的问题；等等。再如，很多制造行业企业的原材料、零部件也都较难识别和监测等。显然，这些都需要通过持续的数字技术创新，特别是原始数字技术创新来进行突破。

其次，对于某些行业和环节相对成熟的数字技术而言，当前其应用也往往还有局限：一方面，可能是数字技术的提供商并没有开发出能够解决客户问题和痛点的设备或系统；另一方面，也可能是开发的设备产品或系统操作过于复杂导致客户很难使用或者使用效率不高等问题存在。

显然，在产业互联网的转型中，对于任何行业存在的问题、痛点而言，对其真正了解和熟悉的还是行业中的企业，而并非外部的技术、设备或系统服务商。因此，在数字化转型工作的推进中，各行各业的企业应该围绕自己的行业领域各个环节深挖问题和痛点，积极探索并创新数字技术的赋能措施。

例如，认真了解企业内外部各环节（如部门、岗位等）工作活动中的问题到底是什么？解决这些问题需要用什么样的数据技术、网络技术或计算技术（如算法等）来支撑？这些数据如何方便快捷地获取？当前的相关技术水平如何？是否需要进行技改和创新？是考虑自己创新还是需要协同外部技术公司？等等。可以说，只有深耕各行业领域的技术和管理创新才能真正用数字技术赋能好各行业领域的活动进而创造更大的经济价值和社会价值。

可以说，从某种意义上来讲，数字化的实现不仅需要软件、网络通信、算法（如人工智能等）等领域的技术突破与创新，也需要硬件技术（如各类传感器等）的突破与创新，这样才能真正全面地做好各行各业的数字化转型，实现数字中国建设。

对国有企业而言，在未来深化改革的关键时期，要推动国有企业完善创新体系、增强创新能力、激发创新活力，促进产业链创新链深度融合，提升国有企业原创技术需求牵引、源头供给、资源配置、转化应用能力，打造原创技术策源地。可以看出，创新已经成为国企改革的重中之重和主攻方向。因此，在数字化转型作为经济和社会高质量发展的大潮下，国有企业应该进一步挖掘数字技术赋能中的相关创新点。把握这一未来的发展机遇，不仅有助于国有企业自身的提质增效，更有利于拓展技术创新这一业务领域，突出做强做专，强化核心功能使命担当，提升核心竞争力，为现代化产业体系打造和经济社会的全方面高质量发展进行赋能，进而打造出世界一流企业，更好地践行国企的经济属性、政治属性和社会属性的有机统一。

12.4 价值引领、创新驱动——创建世界一流企业

正如前文所述，加快建设世界一流企业已经成为国家战略，价值引领、创新驱动在国企未来发展中的重要性不言而喻。

从国家部署来看，2022 年 2 月 28 日，中央全面深化改革委员会第二十四次会议审议通过了《关于加快建设世界一流企业的指导意见》。习近平总书记在主持会议时强调，要坚持党的全面领导，发展更高水平的社会主义市场经济，毫不动摇巩固和发展公有制经济，毫不动摇鼓励、支持和引导非公有制经济发展，加快建设一批产品卓越、品牌卓著、创新领先、治理现代的世界一流企业，在全面建设社会主义现代化国家、实现第二个百年奋斗目标进程中实现更大发展、发挥更大作用。要推动国有企业完善创新体系、增强创新能力、激发创新活力，促进产业链创新链深度融合，提升国有企业原创技术需求牵引、源头供给、资源配置、转化应用能力，打造原创技术策源地。

2023 年 3 月 16 日，国务院国资委办公厅发布了《关于印发创建世界一流示范企业和专精特新示范企业名单的通知》。该《通知》显示，为加快建设世界一流企业，国务院国资委组织中央企业和地方国资委同步开展创建世界一流示范企业和专精特新示范企业“双示范”行动。

近年来，国资央企推动世界一流企业建设提速起势，不断推进创建示范行动、管理提升行动、价值创造行动、品牌引领行动“四个专项行动”。加快建设世界一流企业不仅要在总体规模效益上创建世界一流企业，也要在细分行业或专精特新领域探索世界一流水平。国务院国资委将推动各方面聚焦促进企业提高核心竞争力和增强核心功能，努力打造一批产品卓越、品牌卓著、创新领先、治理现代的世界一流企业和专业突出、创新驱动、管理精益、特色明显的世界一流专精特新企业。

《学习时报》2023 年 2 月刊发文章“关于全面加快建设世界一流企业的工作计划”指出，要强化对标提升和分类施策，分行业建立可量化可操作的世界一流企业评价体系，深化创建示范、管理提升、价值创造、品牌引领“四个专项行动”，建设一批主导全球产业链供应链价值链的龙头企业，培育

一批“专精特新”“小巨人”和单项冠军企业，在不同领域形成百家以上不同层级的典型示范企业。

2023 年 2 月 23 日，国新办举行“权威部门话开局”系列主题新闻发布会进一步谈到央企科技创新问题，指出：“中央企业在破解‘卡脖子’技术难题方面，还有很大的潜力。面向未来，国资委将准确把握中央企业在我国科技创新全局中的战略地位，巩固优势、补上短板、紧跟前沿，强化企业科技创新主体地位，着力打造创新型国有企业。”央企要在三个方面着力，分别是在“卡脖子”关键核心技术攻关上不断实现新突破、在提高科技研发投入产出效率上不断实现新突破、在增强创新体系效能上不断实现新突破。

2023 年 3 月 3 日，国务院国资委召开会议，对国有企业对标开展世界一流企业价值创造行动进行动员部署。会议强调，国资国企要突出效益效率，加快转变发展方式，聚焦全员劳动生产率、净资产收益率、经济增加值率等指标，有针对性地抓好提质增效稳增长，切实提高资产回报水平；要突出创新驱动，提升基础研究能力，充分发挥企业创新决策、研发投入、科研组织、成果转化的主体作用；突出产业优化升级，加快布局价值创造的新领域新赛道，一手抓加快战略性新兴产业布局，一手抓加快传统产业转型升级，更好推进新型工业化。

会议还要求，国资央企要强化改革攻坚，着力构建有利于企业价值创造的良好生态。进一步完善中国特色现代企业治理，加强董事会建设；加快建立科学评价体系，更大力度实施以价值创造为导向的中长期激励；要强化分类改革，建立更加科学精准的考核工作体系，指导推动企业提升价值创造的整体功能。

可以看出，未来不论是国资国企改革还是对标发展世界一流企业，价值创造始终是国企应该关注的核心要点。而科技创新与创新驱动无疑是价值创造的关键。因此，通过国企数字化转型，在包括创新赋能等全方位经营管理活动赋能的基础上有效推进价值创造和创新驱动，是创建世界一流企业，将国有企业做优、做强、做大的必由之路。

12.5　打造数字化发展基石，助力数字中国建设

加快发展数字经济，推进数字中国建设，促进数字经济和实体经济深度融合，深化国资国企改革，加快国有经济布局优化和结构调整，推动国有资

本和国有企业做强做优做大是党的二十大报告明确提出的重要战略。十三届全国人大四次会议《政府工作报告》强调要深化国资国企改革，提高国企核心竞争力。

在新时代的新征程中，除了在京中央企业外，地方国企也迎来新的改革和发展机遇。积极培育壮大新兴产业，推动传统产业改造提升，加快发展数字经济是三年改革行动收官之后国企深化改革的重要方向。地方国企在数字化转型上应该依托地区优势，打造数字化发展基石，助力数字中国建设。地方国企应该进一步把握新趋势、挖掘新机遇，通过全方位创新举措推进数字化转型。要发挥国企在服务国家战略中的重要作用和科技创新中的引领作用，将数字化转型与地区的现代化产业体系打造以及包括经济、政治、社会、文化、生态等全方位数字化转型在内的数字中国建设战略紧密结合。要以全方位价值创造为主线，在数字化转型中做出特色和差异，通过数字化转型助力地区现代化产业体系打造，助力新兴产业发展，推动传统产业改造提升，助力地区经济和社会的全面高质量发展。

在地方国企的数字化转型布局和推进中，要积极探索相关资源的协同创新模式，充分发挥地方政府、国企、行业龙头企业及其他社会主体等在地区数字经济发展中的重要作用，通过多种举措和途径探索出地区数字经济发展的指引者、引领者、牵引者、推进者之间的协同关系，更好地实现经济社会全面协调的高质量发展，助力数字中国建设。国企在国家经济社会中的属性和定位进一步决定了其不能简单地为了“数字化”而进行数字化转型，要通过数字化转型解决自身、地区乃至国家经济和社会发展中的问题和痛点，以免导致社会资源的浪费和流失。

总之，在数字中国战略的引领下，地方国企应进一步探索转型之路，在政府引领下进一步协调和统筹各类资源，以地区特色优势为依托，积极开拓新思路、探索新举措，加快推进数字化转型，助力数字中国建设。

例如，为了更好地推进数字化转型，首先，四川省商业投资集团（以下简称“商投”）站在政治和全局的高度，充分认识数字化转型。通过全面把握《数字中国建设整体布局规划》《四川省“十四五”数字经济规划》等文件精神，积极探索数字化高质量发展路径，突出数据应用，强化信息服务，落实安全保密措施，全力打好数字化发展组合拳，将数字化转型工作放在新时代的大背景中去谋划，放在现代化四川建设大格局中去推动，放在省国资数字化建设大战略中去落实。

其次，通过制定清晰的目标和路线，努力实施数字化转型。一是主动对标学习和深入研究，对数字化转型实施路径进行规划，编制数字化转型方案，明确集团数字化转型发展总体思路、基本原则、目标任务、重点工程和保障措施。二是坚持挂图作战，实施数字化转型“1+3+1+1”战略。聚焦“数字商投、智慧商投”这一总目标，推动“数字化管控平台、数字化业务平台、数字化集成平台”三大平台建设，打造一个数字化生态圈，培养一批数字化复合型人才队伍，构建横向联通、纵向贯通、协同高效的数字化生产经营管理体系，用数字化理念引领企业战略、组织、流程、业务的全面转型。

最后，注重应用示范标杆引领，高调引领数字化转型。过去几年，商投旗下的“蜀光汇”“数商兴农”“单一窗口”“乡村帮扶”“川流天下”“商投先锋”“川工之家”等多个数字化平台相继投运，推动数字化转型工作取得了阶段性成效。集团下属“大宗商品贸易物流金融一体化平台”荣获国务院国资委举办的首届国企数字场景创新专业赛产业协同类一等奖，“国际贸易数字化服务体系建设及跨境集采平台运营”和“基于区块链+大数据+数值人民币的农产品帮扶数字集市”荣获三等奖，数字化转型工作取得了阶段性成效。在此基础上，商投集团的数字化转型将会由试点验证阶段转向全面推广落地阶段。

第 13 章　国企数字化转型的推进与落地

13.1　国企数字化转型的总体指导思想

党的二十大报告明确指出关于国资国企改革的内容：“深化国资国企改革，加快国有经济布局优化和结构调整，推动国有资本和国有企业做强做优做大，提升企业核心竞争力。完善中国特色现代企业制度，弘扬企业家精神，加快建设世界一流企业。”这为我国国有企业的改革与发展指明了方向，也为如何做好国有企业的数字化转型奠定了制度基础。

>>> 国企数字化转型要考虑在两个层面发挥作用

本书前述章节已经从多个层面和主要方面对全方位做好国有企业数字化转型进行了讲解。为了更好地应对数字化转型中普遍存在的问题，从全方位、系统性、立体化的角度做好数字化转型，实现经济和社会的高质量发展，更好地实现国有企业经济属性、政治属性、社会属性的有机统一，在前述相关数字化转型理论与方法的支撑下，国有企业需要结合自身的独有特征，考虑从战略支撑与落地赋能两个层面推进数字化转型，如图 13 – 1 所示。

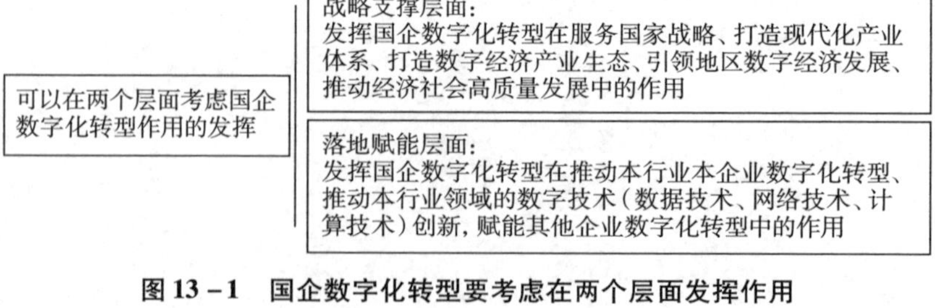

图 13 – 1　国企数字化转型要考虑在两个层面发挥作用

战略支撑也就是要发挥国企数字化转型在服务国家战略、打造现代化产业体系、打造数字经济产业生态、引领地区数字经济发展、推动经济社会高质量发展中的作用，进一步体现出国企在国家战略中的定位，更好地发挥国企的社会和经济价值。

落地赋能层面就是要发挥国企数字化转型在推动本行业本企业数字化转型、推动本行业领域的数字技术（数据技术、网络技术、计算技术）创新，赋能其他企业数字化转型中的作用。本书第 12.3 小节在阐述“把握数字化时代新趋势、挖掘新机遇”中指出了未来在数字技术及其关联技术领域进行创新，特别是原始创新的重要意义。国企具有明显的资源优势，在未来的科技创新中更应该发挥自身作用，有效提升数字技术的赋能水平，这也是新一轮国企改革的重中之重——科技创新。

>>> 国企数字化转型需要全面推进

通过本书前述章节的内容阐述实际上已经看出，国企在国家的战略地位和定位以及其经营管理特点决定了其在新时代的数字化转型工作中更应该从五个视角进行全面、系统的考察、推进和落地，即理念视角、战略视角、组织视角、运作视角和技术视角，如表 13－1 所示。

表 13－1　国企数字化转型的全面推进

国企数字化转型应关注焦点				
转型关注方面	应关注的具体内容			
理念视角	理念变革	思维创新	问题导向	动态跟进
战略视角	政治站位	文化定位	目标引领	模式清晰
组织视角	资源共享	交融共生	综合生态	持续发展
运作视角	跨界融合	价值共创	绿色环保	协同创新
技术视角	技术创新	万物互联	智能决策	安全高效

例如，在理念视角上，国有企业应该认识到数字化转型不应该是简单的信息化改造，更不是用一种技术资源简单地替换另一种社会资源，而是要用数字技术进行支撑与赋能，让所有的社会资源更好地创造出价值，国企更应该承担这一使命。为了更好地实现这一使命，国企数字化转型必须要用新的思维进行引领，特别是进行国企数字化转型的文化和战略决策时，一定要政治站位高、目标和方向明确，充分发挥各类别、各种形式的数据在企业决策

中的重要作用等。

从资源组织角度来看，国企数字化转型的关键是实现资源共享、交融共生，打造综合生态，实现持续发展。而在运作视角方面则主要考虑如何实现跨界融合、价值共创、绿色环保和协同创新。此外，在技术层面，前述提到的有关软硬件技术创新、万物互联、智能决策与安全高效等都是需要关注的重点方面。

例如，中国商飞上海飞机设计研究院在其商用飞机设计研发过程中推行两化融合管理体系，不仅仅是一个流程优化、组织创新、业务转型的改变，而且是发展理念从技术导向向管理变革、组织优化、战略管控的转变，发展目标从技术应用向能力提升转变，运行模式从传统的粗放模式向以数据驱动为核心的精细化模式转变，推进主体从信息化部门向全员参与转变，从而全面提升上飞院的核心竞争力。

再如，在中国电建供应链金融共享服务平台中，数字化不单单是将传统的金融业务转为线上，更是通过建立数字信用，引金融活水，以数字技术和产业数据为手段，用创新的模式开展金融服务，构建和谐稳定、互利共赢的供应链金融生态圈。

13.2 国企数字化现状的综合成熟度评估

正如本书前文所述，国企的属性特征决定了其经营管理更应该从国家战略和系统全局的角度，在有效权衡社会价值和经济价值的前提下，全面系统地做好数字化转型。切不可盲目规划投入，以免导致国有资产流失和社会资源浪费。

为了更好地助力国企从全方位、系统性、立体化的角度做好数字化转型，本书提出了国企数字化转型的“全域—多维—多层—动态成熟度评估模型”（GMMDMEM）（Global Multidimensional Multi layered Dynamic Maturity E-valuation Model），用以进行国企数字化现状的综合成熟度评估。

该评估模型的核心理念是建立在本书前述章节讨论的国企数字化转型指导框架及相关理论、逻辑与方法基础上，从理念视角、战略视角、组织视角、运作视角和技术视角等若干重要评价方面对国企的数字化现状进行综合评估的系统方法。

该综合评估方法不仅考虑了对某国企自身数字化现状的评估，而且考虑了该国企数字化对全局发展贡献的评估；不仅考虑了企业中各岗位数字化现状的评估，而且考虑了该岗位数字化对实现企业诉求贡献的评估；不仅考虑了岗位中各活动数字化现状的评估，而且考虑了该活动数字化对实现岗位诉求贡献的评估；等等。显然，这是一个多层次、多阶段联动，从企业内外部全域视角及多个维度进行综合考虑的评估过程，同时充分考虑局部数字化评估与整体数字化评估、充分考虑短期数字化发展与长远数字化发展的综合评估方案。

由于在该评估过程中，需要涉及全域评估、多维评估、多层次多阶段评估，而且是具有动态性的评估过程，因此，需要通过多维关联动态评价（Multidimensional Correlation Dynamic Evaluation，MCDE）的逻辑进行综合评估结果的计算。多维关联动态评价是充分展示数字化变革理念与国企经营管理特点有机结合的新型评价方法，通过该关联评价，可以直接得出国企的数字化转型综合成熟度评估结果，如图 13－2 所示。

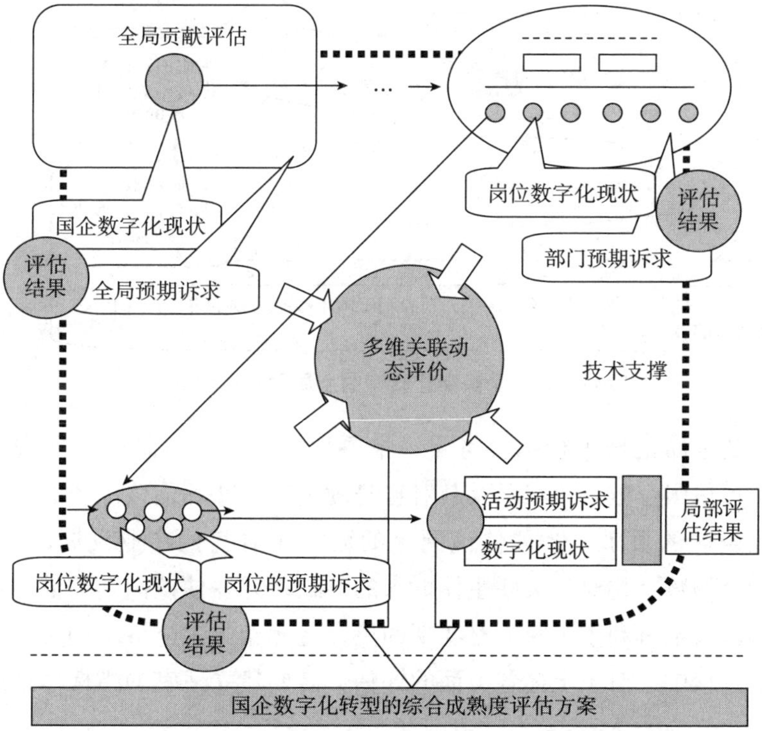

图 13－2 国企数字化转型的综合成熟度评估逻辑

国企数字化转型的全局发展贡献评估

前文所述指出，仅从一个企业的角度来看，是很难衡量出其数字化转型是否合适和优劣的。例如，消费者都用手机扫码支付了，说明小卖部上一套扫码设备的转型是合适的，就没有必要去投入重金上一套没有用的所谓“高级”系统。前文也指出，国企的属性特征决定了其经营管理更应该从国家战略的高度和系统全局的角度进行数字化转型的综合考量。

因此，在图 13－2 所示的模型中，首先考虑了国企数字化转型的全局贡献评估问题。也就是从全局性角度讲，对国企数字化的评估不仅应考虑国企自身的数字化现状，而且要将国企的数字化转型放到更广的全局范畴进行综合考量，如图 13－3 所示。

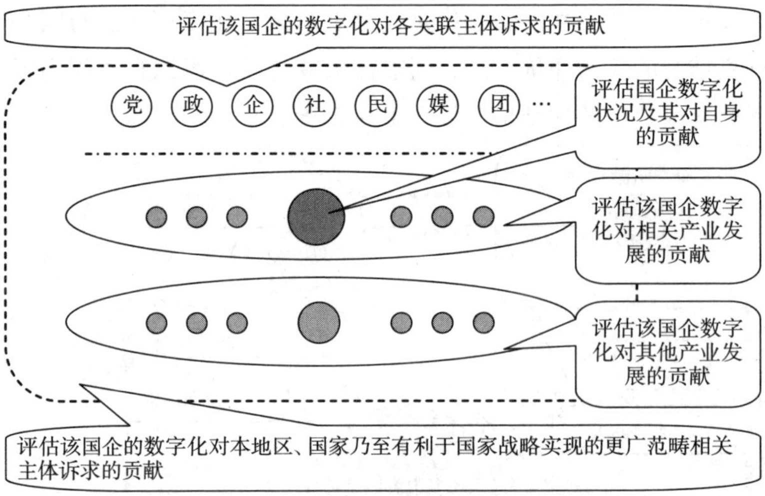

图 13－3　国企数字化转型的全局贡献评估

从更广的全局范畴进行综合考量，主要从如下五个贡献的方面进行评估，即：①评估国企数字化状况及其对自身的贡献；②评估该国企的数字化对相关产业发展的贡献；③评估该国企的数字化对其他产业发展的贡献；④评估该国企的数字化对各关联主体诉求的贡献；⑤评估该国企的数字化对本地区、国家乃至有利于国家战略实现的更广范畴相关主体诉求的贡献。在具体的评估过程中，对于上述各方面的评估，需要建立适宜的指标体系进行落地。

>>> 国企数字化状况及其对自身的贡献评估

在上述全局贡献评价中，评估国企数字化状况及其对自身的贡献是非常重要的一个内容。在实际操作中，由于不同行业、不同地域、不同属性、不同规模等的国有企业其治理结构和组织架构不同，在图 13－2 中所体现出的层次不同，因此需要进行评估的阶段也不同。一般来讲，可以按照国企、分子公司、部门、岗位、活动等几个层次来进行数字化现状的分层评估。

以活动的数字化现状评估为例，企业中每个部门每个岗位需要完成的每个活动需要什么样的数字化技术（包括系统、设备等）赋能都是有其近期及长远目标诉求的。评估时，我们需要根据每个活动对数字化技术赋能的近期及长远目标诉求对当前该活动的数字化技术赋能情况进行评估，并给出评估值。

在对某岗位的数字化现状进行评估时，我们将某岗位需要完成的所有活动的数字化技术赋能情况进行综合考量，并基于该岗位预期的近期及长远数字化技术赋能诉求进行评估结果的输出。其他层次的数字化成熟度评估过程依此类推。

当然，不论是在图 13－2 中哪一层次的数字化成熟度评估过程中，都需要解决几个核心问题，即如何确定不同评估对象（如每个活动、每个岗位、每个部门等）的近期及长远数字化赋能诉求目标，如何对不同评估对象的近期及长远数字化赋能状况进行均衡评估，如何协同不同层次对象之间的数字化赋能情况，在此基础上，如何完成国企数字化现状综合成熟度的评估，并输出评估结果。

在实际操作中，上述这些核心问题可以通过本书提出的多维关联动态评价（MCDE）方法进行解决，从而输出综合评估结果。

可以看出，本书提出的“国企数字化成熟度综合评估方法”可以更好地结合国企的属性和经营特点，从全方位、立体化、系统性的角度评估出国企数字化转型的综合成熟度水平，精准分析出国企数字化转型存在的问题和改进的方向。在评估基础上，可以有针对性、全面地找出国企数字化转型中面临的薄弱环节，同时分析出改进的方向。在此基础上，对数字化转型工作方案进行整体部署和有序推进。

13.3 国企数字化转型的全域驱动与动态推进

国企数字化转型应该从全域驱动的角度进行通盘考虑与动态推进，要明确数字化转型的主体、对象，转型的支撑、环境以及转型的驱动力等之间的关系。

数字化转型的主体是国企。进一步讲，数字化转型的对象是国企的经营管理活动，如前文所述，包括战略层（主要考虑的是目标）、组织层（主要考虑的是资源）以及运作层（主要考虑的是业务）的所有经营管理活动在内。

数字化转型的支撑是技术。这里所说的“技术”并不完全等同于数字技术，是指与企业的战略层、组织层以及运作层的经营管理活动息息相关的各种技术（如材料技术、仪器技术、设备技术、工艺技术、优化技术等）。该技术支撑着战略层、组织层以及运作层的经营管理活动，为其提高活动效率、提升活动效果。该技术也是数字技术赋能企业经营管理活动的桥梁和载体。例如，要想实现档案管理的完全数字化，需要首先开发纸质档案的精确识别设备，才能有效将纸质档案上的信息转换为数据。精确识别设备的技术就属于这里所说的“技术”范畴。近年来，较多国企已经在围绕自身经营管理活动的相关技术应用领域进行了探索。

例如，随着科技的迅猛发展和社会的进步，旅游酒店行业也在进行巨大的变革。数字化已经成为旅游酒店行业变革的趋势。数字化应用不仅仅是为了提升效率，更重要的是为客户提供更好的服务体验，并可以更好地加强酒店的智能化管理。梅溪湖金茂豪华精选酒店的数字化系统（GXP 系统）可实现酒店对客户的全方位智能化管理，包括预订、前台管理、客房运营、餐饮运营、会议需求等。如通过 GXP 系统分析客户的消费记录和行为数据，酒店可以更好地分析出客户的偏好和需求，进而推荐适合客户的餐饮、娱乐和旅游会议活动等，让客人感受到更加舒适便捷的入住体验。

通过酒店管理的数字化，客户可实现在平台自主选择及预订酒店，可根据自身喜好选择适合自己的客房产品。客户预订后会从官网或预订平台直连进入酒店 GXP 系统，系统会根据客户自己填入的信息匹配入住记录、会员信息以及在店的喜好需求等，并通过宾客体验指数平台提供更加个性化的定制服务，增强客户入住体验。例如，通过无接触办理入住和退房手续，客户可以通过 Marriott APP 完成所有手续，省去了传统的排队时间；通过智能客房控制系统，客人在入住时就已经开始智能化空置房间的空调启动，启动电视智能欢迎界面；通过酒店的电话人工智能客服以及智能送餐机器人，更好地提供便捷服务；通过带有语音识别的可学习机器人，可以随时随地与客人进行交流，使客人的问题得到及时帮助和解答；等等。

再如，重庆农商行在“面向感知认知能力的银行智能数字化平台”项目中就重点对相关技术进行了研发突破，通过人脸、语音、语义、图像等技术运用，为客户提供手机银行 APP、微银行、智能柜台等多样化场景接入方式，将对内、对外信息进行整合，通过对用户的身份进行判断，支持员工、客户调取不同的知识信息，精细化地实现知识的准确传播以及有效管理。

数字化转型的环境是对国企数字化转型有影响的内、外部环境的统称。当然，其中包括很多方面的因素，比如外部环境中有对数字化转型有影响的宏观环境因素和微观环境因素，内部环境中也有对数字化转型有影响的各个层面的各个方面的因素等。国企数字化转型的过程，也就是不断适应内外部环境平衡关系的过程。由于环境永远在变，因此，数字化转型永远在路上。我们很难在某一个时间点上给某个企业贴上“数字化转型成功企业”的标签。

>>> 转型的落地要做好两个平衡

可以这样说，国企的经营管理活动，本身就是一个动态平衡的过程，如果不平衡，就没有办法做决策。因为，任何决策都是多目标决策，很少有单目标决策，即便是我们前面谈到的价值的判定也是在“三大法宝”这三个综合指标之间进行平衡的决策。不论是企业，还是个人，其在做任何决策的时候都是在时间和空间两个维度上进行平衡的。

时间维度上就是要平衡近期与长远之间的关系。比如，不论我们是为了迎合考核评估这一短期目标而采用上新系统的方式做数字化转型，还是为了保证企业的长远发展、为了解决问题和痛点而通过深入细致的研究来推进数字化转型等。空间维度上就是要平衡局部与整体之间的关系。比如，我们是把企业局部某环节的数字化转型当作成功数字化转型的目标，还是从企业全局着手，通过抽丝剥茧，逐步深入地做好国企全面的数字化转型等。

与一般的民营企业不同的是，国有企业的特殊性决定了其在经营管理过程中需要考虑的因素众多，需要平衡的各方力量也较多，更需要从时间维度和空间维度上进行通盘考虑，做好数字化转型赋能全方位决策的问题。

例如，广东风华新能源股份有限公司考虑到自身体系庞大、流程复杂的特点，选择分期分批推进各个板块的数字化。通过应用低代码产品，针对不同部门业务的需求特点，搭建了近百个应用，在两年的时间内逐步完成了众多核心部门的标准化管理与数据同步，由此完成了企业数字化的关键一步——数据沉淀。在此基础上风华新能源未来也将持续推进数字化改革。

同时，企业的外部环境、内部环境都是在不断变化的，企业发展的过程就是不断适应内、外部环境平衡的过程。这里需要强调的一点是：一般来说，我们要适应的环境变化，实际上是包括外部和内部环境两个方面，并不完全是要适应外部环境。在这一点上，企业很容易存在理解上的误区。

通过上述分析可以看出，国企的经营管理活动是动态平衡的过程，而数字化转型的本质是支撑与赋能企业的经营管理活动，也是动态平衡的过程。

因此，国企数字化转型的驱动逻辑是，在数字技术赋能驱动力的驱动下，企业对各层面（战略层、组织层、运作层以及为这三个层面赋能的外围技术层等）的经营管理活动不断进行调整和进化，不断地适应企业内、外部环境的平衡，进而推进数字化转型的不断前进。前进的方向是由国企的文化引领驱动力驱动的，以保证国企数字化转型工作的政治站位性和方向的正确性。同时，技术层与战略层、组织层、运作层的经营管理活动双向交互和渗透，保证企业技术的前沿性、先进性、针对性和适用性。这就是国企数字化转型的全域驱动与动态推进运行机理。

13.4 国企数字化转型的推进与落地

在上述国企数字化转型的综合成熟度评估与全域驱动和动态推进机理的指导下，国企需要在生命周期内不断地规划和优化自己的数字化转型方案并进行落地，从而不断地赋能企业成长。

>>> 国企数字化转型路线图（推进步骤）

国企数字化转型路线图如图 13 –4 所示。

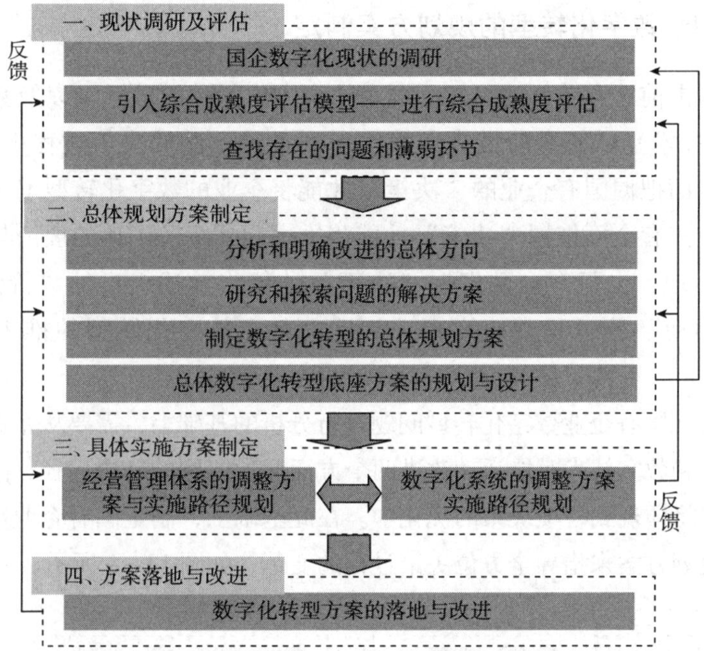

图 13 –4　国企数字化转型路线图

在推动国企数字化转型工作时，主要应进行四个步骤的操作：①国企数字化现状调研及综合成熟度评估；②国企数字化转型的总体规划方案制定；③国企数字化转型的具体实施方案制定；④国企数字化转型方案的落地与改进。

在第一步——现状调研及评估，主要进行数字化现状的全域调研；通过引入综合成熟度评估模型，进行全面、系统的成熟度评估分析；查找数字化现状中存在的问题和薄弱环节。

在第二步——总体规划方案制定，主要通过对存在问题进行分析，明确数字化改进的总体方向，研究和探索上述问题的解决方案；制定数字化转型的总体规划方案；进行总体数字化转型底座方案的规划与设计。

在第三步——具体实施方案制定，主要进行国企经营管理体系的调整方案与实施路径规划以及数字化系统的调整方案与实施路径规划，分别从国企的经营管理逻辑和数字化赋能逻辑角度并行推进企业的数字化转型工作。

在第四步——方案落地与改进，主要进行数字化转型方案的落地与改进。

>>> 国企数字化转型的规划方案制定

通过本书前述章节阐述可知，国企的全方位经营管理活动以及数字技术（包括关联技术）赋能活动最终必将体现到各种活动的决策过程中。因此，只有通过全面把握国有企业的“决策”才能将企业的数字化转型工作进行体系化推进，只有全面把握“决策”才能将本书前述章节阐述的理论与方法进行运用与落地，也只有全面把握“决策”才能将前述提出的“价值驱动”和“数据驱动”等过程真正变现，并且避免在数字化转型的推进中陷入迷茫。

在对目标国有企业数字化转型问题进行分析的基础上，需要从企业经营管理活动改进和数字技术赋能活动改进两个方面探索问题的解决途径，问题的解决途径最终将体现到各项决策的优化中。在此基础上，制定国有企业数字化转型的总体规划方案来指导全方位决策过程的变革，如图 13－5 所示。

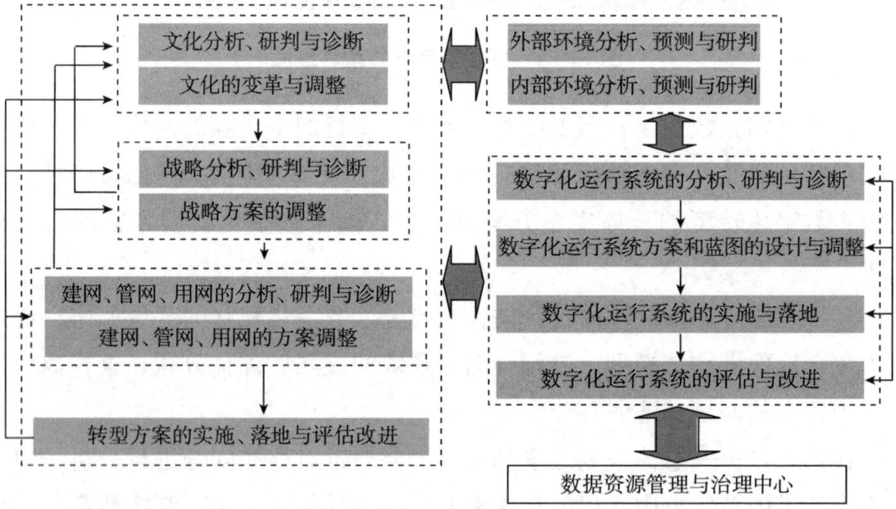

图 13－5　国企数字化转型总体规划方案

总体规划方案主要围绕三部分内容展开，即环境内容部分、国企经营管理内容部分以及国企数字化运行系统部分。

环境内容部分主要围绕国有企业外部环境的分析、预测与研判和内部环境的分析、预测与研判展开。国企经营管理活动内容部分围绕国企的文化、战略，供应链管理中的建网、管网及用网层面（也就相当于对企业的各分子公司、各部门、各岗位的活动等）的分析、研判、诊断以及方案的调整、实施、落地、评估、改进等内容展开规划。

数字化运行系统也就是支撑国企数字技术（包括关联技术）运行的系统。图 13－5 中的数字化运行系统内容部分主要围绕运行系统的分析、研判与诊断，运行系统方案和蓝图的设计与调整，运行系统的实施与落地以及运行系统的评估与改进等内容展开规划。

>>> 数据资源管理与治理中心

由图 13－5 可以看出，在国企数字化转型的总体规划中，还有一个非常重要的内容——数据资源管理与治理中心。

在数字化转型中，对企业数据资源的管理与治理无疑是需要考虑的重要方面。“数据”是数字经济发展和企业数字化转型的基础资源，管理好“数据”资源，使数据“可得、可存、可用、可转（如交易等）”，是数据管理的终极目标；如何保证数据在“得、存、用、转”等过程中的合理性、合法性、便利性、安全性、规范性等则是数据治理要探讨的核心问题。

例如，中国三峡集团的项目“基于大数据分析的跨流域巨型电站群管理云平台在企业智能化运营的应用”通过对云计算、大数据、物联网、移动互联、人工智能为代表的新一代信息技术的集成应用，建立了涵盖公司各项生产经营活动的数据中心，为公司各项业务活动提供“数据全面、数量准确、数值可信”的决策信息，实现精益生产和精细化管理目标。在 2020 年投入使用后，已为集团节省大修时间 325 小时、节约库存金额 3600 万元、节约可控管理成本 3000 万元、节约财务费用超过 7 亿元，库存物资保障率提高到 95.66%。

再如，钢轨全生命周期分为研发、生产、供应、焊接、铺设、养护、下线等七个环节，钢轨全寿命管理要求严苛，需要针对钢轨全产业链相关环节进行海量的信息管理和大数据分析。中国铁物通过开发钢轨全寿命管理平台，已完成平台中的质量监督、钢轨供应、钢轨廓形、探伤管理系统在国内

5个钢厂、16个焊轨基地、国铁集团及18个铁路局的推广使用。平台通过收集钢轨初始质量、钢轨廓形、钢轨伤损等多专业海量数据，实现钢轨全产业链技术业务信息共享，形成与钢轨供应、工务运维等业务的有效联动，已成为面向铁路用户提供数据服务的综合平台。

比如，在线下，轨道集团员工利用近场通信技术，通过电子标签对钢轨进行现场标识，随后只需用手机扫描电子标签即可获知该钢轨从生产到养护整个生命周期的所有信息；在线上，可对钢轨标识、伤损情况、钢轨信息等进行可视化，实现从钢轨伤损到出厂信息的可追溯，为评估钢轨质量、改善生产工艺提供科学依据，有效保障铁路线路的可持续发展。以大数据技术为基础的钢轨全寿命管理平台，为全产业链用户提供智能化的决策依据，提高企业经济运行效率，促进多个关联行业经济要素流动，涵盖数据可视化服务、数据电商、企业数据管理等多个板块。

因此，对任何国有企业而言，需要对数据的管理与治理进行认真规划，要在有效使用数据和利用数据带来价值的同时，做到未雨绸缪、防患于未然。同时，通过数据的不断积累和分析，不断地对企业数字化转型的总体方案进行调整和动态修正，而不能一锤定音。

实践上，上述企业数据资源管理与治理中心并不一定是要规划一个独立的系统，也可以嵌入数字技术运行系统中进行规划，但将其单独拿出来进行阐述，足以见其在企业数字化转型中的重要意义。

>>> 具体实施方案制定

在上述总体规划的基础上，进一步进行具体实施方案的制定。主要应进行国企经营管理活动的调整方案与实施路径规划以及国企数字化系统的调整方案与实施路径规划。

如图13－5所示，这两方面的具体实施方案的制定应该同步推进，相辅相成，因为其中涉及企业经营管理活动转型目标（包括解决问题）与数字技术（包括关联技术）赋能之间匹配协同与协调均衡的问题。由于受到当前数字技术水平的限制与制约，并不是所有的问题和我们想要实现的目标都能靠技术资源和技术手段来解决，或者实施起来投入太大、风险太高。这种情况下，我们需要尝试局部赋能或者通过阶段性改进赋能等途径进行推进。

同时，如果我们想要试图通过数字化转型解决的问题不现实或者我们想要实现的目标较理想，在当前并不具备实施的条件，或者探索的成本太大或风险太高，我们也需要适当进行转型目标和预期的调整，这也决定了企业的数字化转型过程是一个经营管理活动变革与数字技术发展不断平衡的过程。同时，也注定了企业数字化转型工作将是一个不断迭代创新、动态前进的过程，不可能一蹴而就，而事实恰恰正是如此。

总之，在推进国企数字化转型时，需要把握如下几个核心原则：立足长远、总体规划、局部突破、持续改进、融合创新。

例如，近年来，为了更好地从全方位、系统性的角度推进我国国企、央企数字化转型工作，在本书所阐述的国企数字化转型理念与方法基础上，在上述数字化转型路线的指引下，中国人民大学中国企业创新发展研究中心（数字经济产业创新研究院）已经为若干行业国企、央企进行了数字化转型的规划工作，构建出了把握时代特征、独具企业特色的转型蓝图，有效推动了我国国有企业的数字化转型工作。

参考文献

[1]姚建明. 企业数字化转型[M]. 北京:清华大学出版社,2022.

[2]姚建明. 数字经济规划指南[M]. 北京: 经济日报出版社,2020.

[3]姚建明. 战略管理:新思维、新架构、新方法(第2版)[M]. 北京:清华大学出版社,2022.

[4]姚建明. 运营与供应链管理(第2版)[M]. 北京:中国人民大学出版社,2020.

[5]姚建明. 战略供应链管理[M]. 北京:中国人民大学出版社,2014.

[6]姚建明. 不同场景下面向新零售模式的供应链运作优化研究[M]. 北京:经济日报出版社,2022.

[7]姚建明. 面向服务大规模定制的供应链运作[M]. 北京:光明日报出版社,2019.

[8]姚建明. 第四方物流整合供应链资源[M]. 北京:中国人民大学出版社,2013.

[9]姚建明. 大规模定制模式下的供应链调度理论与方法[M]. 北京:中国物资出版社,2009.

[10]姚建明. 数字化转型赋能国央企持续创新[EB/OL]. 人民网,2023.

[11]姚建明. 解读中央经济工作会议:如何推动新质生产力、新型工业化发展?[N]. 新京报,2023.

[12]姚建明. 深挖数据资源价值、推进数据要素市场化改革[N]. 新华社,2023.

[13]姚建明. 财经观察:发展战略性新兴产业 推进数字中国建设[EB/OL]. 人民网,2023.

[14]姚建明. 打造西部数字经济发展新高地,助推数字中国建设[EB/OL]. 人民网,2023.

[15]姚建明．新型数字经济模式助力中小制造业转型升级[EB/OL]．光明网,2023.

[16]姚建明．城市大脑助首都智慧城市建设 打造全球数字经济标杆城市[EB/OL]．新京报,2023.

[17]姚建明．助力实体经济数字化转型[N]．人民日报,2022.

[18]姚建明．深挖创新和价值主线,推进新时代国企数字化转型[EB/OL]．中宏网,2023.

[19]专访人大姚建明．北京专精特新专版可为企业提供更便捷的资本渠道[N]．新京报,2023.

[20]姚建明．开局之年,地方国企积极推进数字化转型,推动数字中国建设[EB/OL]．每日经济新闻,2023.

[21]姚建明．依托地区优势,打造数字化发展基石,助力数字中国建设[EB/OL]．每日经济新闻,2023.

[22]政府工作报告[R]．人民网,2022.

[23]中华人民共和国国民经济和社会发展第十四个五年规划和2035年远景目标纲要[EB/OL]．新华网,2021.

[24]姚建明．数字中国建设助力实体经济高质量发展,推动中国式现代化伟大进程[EB/OL]．中宏网,2022.

[25]姚建明．紧扣时代脉搏,做好数字中国建设,助力实体经济发展[EB/OL]．中宏网,2022.

[26]姚建明．做好平台经济和数字经济治理,推动数字经济持续健康发展[EB/OL]．中宏网,2022.

[27]姚建明．“敬畏”技术,数字化转型才能步入良好赛道[EB/OL]．中宏网,2022.

[28]姚建明．解读《政府工作报告》——2022年新任务、新领域、新关键,稳步推进我国数字经济发展[EB/OL]．中宏网,2022.

[29]姚建明．很多企业的数字化转型存在误区[EB/OL]．财经,2022.

[30]姚建明．数字经济推动科技创新、赋能高质量发展[EB/OL]．光明网,2022.

[31]姚建明．企业如何做好数字化转型[EB/OL]．国企管理,2021.

[32]姚建明．数字化转型的理念框架[N]．经济日报,2020.

[33]姚建明．数字化转型，企业未来对话世界的基础[EB/OL]．搜狐网，2019.

[34]姚建明．发挥首都核心优势，打造全球数字经济标杆城市[N]．新京报，2021.

[35]央视财经频道《中国财经报道》节目。

[36]http://www.comac.cc/xwzx/gsxw/201705/10/t20170510_5191398.shtml.

[37]http://www.aecc.cn/xwzx/jqyw/391549.shtml.

[38]http://www.sasac.gov.cn/n4470048/n13461446/n15927611/n15927638/n16135038/c16732523/content.html.